# 本书编委会

**主　编**　梁玉葵

**副主编**　张　晶

**编　委**　夏艳华　江新飞　李　民　呼小明
胡绮云　罗　敏　彭晓瑜　蒋巧珍
王　岩　崔贵妮　李俊松　吴智文

# 在整合中形成价值导向

## 构建富有区域特色的初中政史地生综合实践活动课程


主　编◎梁玉葵
副主编◎张　晶



暨南大學出版社
JINAN UNIVERSITY PRESS
中国·广州

图书在版编目（CIP）数据

在整合中形成价值导向：构建富有区域特色的初中政史地生综合实践活动课程／梁玉葵主编；张晶副主编．—广州：暨南大学出版社，2018.6
ISBN 978－7－5668－2366－3

Ⅰ．①在…　Ⅱ．①梁…②张…　Ⅲ．①政治课—教学研究—初中②中国历史课—教学研究—初中③中国地理课—教学研究—初中④生物课—教学研究—初中　Ⅳ．①G633

中国版本图书馆 CIP 数据核字（2018）第 079839 号

**在整合中形成价值导向：构建富有区域特色的初中政史地生综合实践活动课程**

ZAI ZHENGHE ZHONG XINGCHENG JIAZHI DAOXIANG：GOUJIAN FUYOU QUYU TESE DE CHUZHONG ZHENGSHIDISHENG ZONGHE SHIJIAN HUODONG KECHENG

**主　编：梁玉葵　副主编：张　晶**

出 版 人：徐义雄
责任编辑：付有明
责任校对：王燕丽
责任印制：汤慧君　周一丹

出版发行：暨南大学出版社（510630）
电　　话：总编室（8620）85221601
　　　　　营销部（8620）85225284　85228291　85228292（邮购）
传　　真：（8620）85221583（办公室）　85223774（营销部）
网　　址：http：//www. jnupress. com
排　　版：广州市天河星辰文化发展部照排中心
印　　刷：广州市快美印务有限公司
开　　本：787mm×1092mm　1/16
印　　张：16
字　　数：268 千
版　　次：2018 年 6 月第 1 版
印　　次：2018 年 6 月第 1 次
定　　价：58.00 元

# 前　言

综合实践活动课是基于学生的直接经验，密切联系学生自身生活和社会生活，体现对知识的综合运用的一种课程形态，是以学生的经验与生活为核心的实践性课程。它强调学生通过实践，增强探究和创新意识，学习科学研究的方法，发展综合运用知识的能力。增进学校与社会的密切联系，培养学生的社会责任感。

我国《基础教育课程改革纲要（试行）》《国家中长期教育改革和发展规划纲要（2010—2020年）》《国家九年义务教育课程综合实践活动指导纲要》等文件均以不同程度强调转变学生以单一知识传授为基本方式的传统学习模式，鼓励各中小学实施以培养学生创新能力、思考能力和实践能力为宗旨的综合实践活动课。

珠海市第九中学成立于2005年7月。学校自成立以来就非常重视综合实践活动课程的开展和实施，然而囿于方方面面的现实原因，学校开展的综合实践活动课程陷入“鸡肋”状态，食之无味，弃之可惜。为摆脱这种被动和尴尬的局面，自2013年始，学校开始着手调整综合实践活动课程的方向，挑选骨干教师，使综合实践活动课程向区域特色靠拢。实践证明，富有区域特色的综合实践活动课程，尤其是“珠海历史名人调查”展示课获得了一致好评和广泛认可。由此我们更加认识到，要有效地开展综合实践活动课程，就要构建富有区域特色的校本课程。大量特色学校创建的成功经验也证明，特色校本课程的构建是形成学校办学特色的重要途径。伴随着本课题的开展和进行，学校的办学特色和发展方向更加明确，也为本地区的其他学校开展综合实践活动课程起到示范引领作用。

经过4年的艰辛探索和教学实践，参与课题研究的教师团队集体推出了本书。本书不但是教师对构建富有区域特色的综合实践活动课程的经验总结，也是一种反思和理论提升，可为各中小学推广综合实践活动课程提供一个良好的范本与相应的指导。

本书以“在整合中形成价值导向”为主题，下设“知”“行（课例分析）”“行（教学设计）”“意”四篇。

“知”篇以理论为主，包括《富有区域特色的初中政史地生综合实践活动课的构建与完善》《关于政史地生综合实践活动课开展情况的实验报告》《构建政史地生综合实践课程的活动模式》和4篇补充论文。《富有区域特色的初中政史地生综合实践活动课的构建与完善》主要总述整个活动课程的形成背景、设计依据、构建思路与过程、构建模式、实践成果、研究价值以及注意问题，由梁玉葵老师完成；《关于政史地生综合实践活动课开展情况的实验报告》包括实施前后的数据整理，实施后的数据主要来自对学生、老师及家长的调查总结，这部分内容由呼小明、梁玉葵老师完成；《构建政史地生综合实践课程的活动模式》以珠海九中开展综合实践活动课程中的一个课例为例，为广大教师提供一个实施综合实践活动课程的统一活动操作模式，由夏艳华、梁玉葵两位老师完成；最后的补充论文部分，主要从政史地生综合实践课课题的选择、资料的搜集整理、成果的展示以及活动评价四个方面说明如何开展好一次高效的综合实践活动课，由张晶、胡绮云、梁玉葵三位老师完成。

“行”篇是以反映各节综合实践活动课过程的课例和教学设计汇总而成，是综合实践活动课程的核心部分。它生动地展现了各位老师安排、指导每一次综合实践活动课中的巧妙构思和具体实施过程。这一板块由课题组老师完成，由夏艳华、江新飞、梁玉葵老师审定。

“意”篇是对老师们关于政史地生综合实践活动课的研究论文的汇总，是对综合实践活动课的理论提升与拔高思考，也包括部分建议。这一板块由课题组老师完成，由李民、梁玉葵老师修改。

“在整合中形成价值导向。”综合实践活动课就是一股推动教学改革、打破以知识灌输为主的传统教学模式、实现教育现代化的“源头活水”。我们期望这样的课程能在更多的学校得以推广和实施，让中国的教育改革真正开展起来。

编　者

2017 年 12 月

# 目　录

## 第三篇　行（教学设计）



## 第四篇　意

# 第一篇 知

# 富有区域特色的初中政史地生综合实践活动课的构建与完善

梁玉葵

## 一、形成背景

20 世纪 80 年代以来，面对科技革命和知识经济的挑战，世界各国都在考虑“为 21 世纪培养什么人”的问题，对这一战略性问题的思考在 21 世纪初引发了一场迄今规模最大、持续时间最长的全球性教育改革运动。世界各国、各地区都推出了旨在适应新世纪挑战的课程改革举措，呈现出的共同趋势是倡导课程向儿童经验和生活回归，追求课程的综合化。课程的综合化趋势不只是改变一种课程组织方式，它在本质上是课程价值观的深层变革。

现行的分科主义课程体系是 18 世纪启蒙运动以来的产物，它追求“工具理性”，把人与其生活于其中的世界割裂开来，倡导对世界的有效控制；它把学科文化强化为“精英文化”，并将之与“大众文化”割裂开来，这实际上是强化了少数人的利益，尽管它以“价值中立”的姿态出现；它最终导致学生人格的“片断化”，因为它使各学科彼此隔绝地向学生的心灵“浇铸”。当时代要求人与其生活于其中的世界和谐共生的时候，当时代要求学科文化向生活世界回归并与“大众文化”融合的时候，当时代要求人格整体发展的时候，课程的综合化就成为必然。于是，一类基于学生的自主探索和研究，面向学生的生活世界和社会现实，以培养学生的创新精神、科学精神和实践能力为基本价值追求的新型课程教学范式在中小学课程教学改革领域异军突起，引起广泛关注，并越来越得到社会的普遍认同，如美国、加拿大 20 世纪 80 年代以来在部分学校开设的“自主研究”课程、项目课程、主题研究，法国在中学开设的“研究性学习”课程，日本于 20 世纪 90 年代后期新设的“综合性学习”课程等。这些课程和研究虽然名称各异，结构、内容有所不同，但基本价值取向和秉承的宗旨却有共同之处，即都注重学生创新精神、科学精神和实践能力的培养，重视学生的自主探究与主动实践，强调学生学习生活与社会生活的紧密联结。这一价值取向反映了当今世界教育改革的基本潮流，是社会发展对教育提出的客观要求，同时也是新的时代条件下教育实现自身变革的必然选择。

我国现行课程体系存在如下缺陷：第一，它基于原子论、机械论的视野认识个人、社会与自然的关系，忽视了世界的整体性，也把原本内在统一的科学、艺术与道德割裂开来；第二，它以谙熟学科知识和训练技能为宗旨，忽视了学生个性的健全发展；第三，它过多倚重了接受学习的方式，忽视发现、探究学习在人的发展中的价值；第四，它把学习理解为封闭在书本上和禁锢在屋子里的过程，忽视了人的社会经验的获得和实践能力的形成。

由此看来，追求课程的综合化也是我国基础教育课程改革的发展方向。新一轮课程改革提出以来，我国把学生能力培养放在非常高的地位来看待。培养学生能力，已成为关系到社会发展和国家竞争力的重要问题。正是基于这一认识，我国新一轮基础教育课程改革明确将“综合实践活动课”纳入新的课程体系，并将此类课程的宗旨定位在“强调学生通过实践，增强探究和创新意识，学习科学研究的方法，发展综合运用知识的能力。增进学校与社会的密切联系，培养学生的社会责任感”。这表明，新一轮基础教育课程改革与国际教育改革前沿是保持同步的。设置综合实践活动课，是落实素质教育、培养学生创新精神和实践能力的重大举措，是新的教育教学观、课程价值观在课程教学领域的具体体现。这类新课程的开设，对于有效改善中小学课程结构，丰富课程类型，切实促进学生学习方式的转变和教师教学观、课程观的更新，将发挥独特的作用。

这样的新型课程，为传统教育模式注入了一股新鲜活力，广大中小学跃跃欲试，积极探索综合实践活动课的实施模式。新的理念、新的方式无疑冲击着师生们的观念，带给他们崭新的体验和尝试。然而，对尝试过程中出现的种种疑惑、障碍与阻力，又给教师和学生带来深深的迷茫与困惑。还未完全从传统课堂中走出来的广大师生，要适应这种挑战性的课程，尚需一个从观念到行为的转化阶段；而综合实践活动课作为新生事物，一切还在探索中，基础理论体系尚未形成，实践中的诸多问题尚待解决，许多概念含混不清尚需界定……整个综合实践活动课从模式到理念，从政策到环境，都还是一个没有成形的东西，亟须通过经验积累与研讨探究来完善其理论、政策体系和实施环境，给广大教师树立一个便于实践操作的明确航标。

珠海市第九中学成立于2005年7月。学校自成立以来就非常重视综合实践活动课程的开展和实施，然而囿于方方面面的现实原因，存在着一些影响综合实践活动课程发展的问题：普遍缺乏个性化教育干预手段和有选择性的丰富的课程内容；缺乏自主、宽松、灵活的管理环境；教学方式单一且过于注重应试训练；教师在组织跨学科、研究型课程学习上缺乏知识准备和指导经验；传统的“教材、教师、课堂”三中心的教学方式以及以考试为唯一标准的评价方式，遏制了学生全面而有个性的发展。以上问题的存在致使我校开展综合实践活动课程陷于“鸡肋”状态，食之无味，弃之可惜。

为了摆脱这种被动和尴尬的局面，自2013年开始，学校开始着手调整综合实践活动课程的方向，挑选学校骨干教师，使综合实践活动课程向区域特色靠拢。实践证明，富有区域特色的政史地生综合实践活动课程，尤其是“珠海历史名人调查”展示课获得了一致好评和广泛认可。这使得学校认识到要有效地开展综合实践活动课程，就要构建富有区域特色的校本课程。大量特色学校创建的成功经验也证明，特色校本课程的构建是实现学校办学特色的重要途径。鉴于此，本校政史地生四个学科的教师在总结近几年教学实践经验的基础上，经过理论研讨，初步形成具有区域特色的理论框架和操作模式，以期能对广大实践者有所裨益。当然，学无止境，课题组成员还会继续在实践基础上进行反复修改、论证，使其日臻完善。

## 二、设计依据

### (一) 政策依据

2001年教育部印发的《基础教育课程改革纲要（试行)》中提到“改变课程过于注重知识传授的倾向”“改变课程内容难、繁、偏、旧和过于注重书本知识的现状”“改变课程实施过于强调接受学习、死记硬背、机械训练的现状”。

《基础教育课程改革纲要（试行)》中提出的《国家中长期教育改革和发展规划纲要（2010—2020年)》也明确提出“坚持以能力为重。优化知识结构，丰富社会实践，强化能力培养，着力提高学生的学习能力、实践能力、创新能力”，并将此确立为我国中长期教育改革与发展的战略主题之一。

《基础教育课程改革纲要（试行）》中指出“综合实践活动课是基于学生的直接经验，密切联系学生自身生活和社会生活，体现对知识的综合运用的实践性课程。从小学至高中设置综合实践活动并作为必修课程，自小学3年级开始设置，每周平均3课时。其内容主要包括：信息技术教育、研究性学习、社区服务与社会实践以及劳动与技术教育”。综合实践活动课作为综合程度最高的课程，它不是其他课程的辅助或附庸，而是具有自己独特功能和价值的相对独立的课程，它与其他课程具有等价性与互补性。

上述政策文件都从不同角度、不同层次强化了综合实践活动课的重要性，强调其作为素质教育的重要内容，担负着全面培养具备探索能力、创新能力、思考能力与实践能力的复合型现代化人才的重任，同时也给各中小学带来新的挑战和新的改革机遇。

**（二）理论依据**

中国古代哲学家认为，不仅要认识“知”，更应当实践“行”，只有把“知”和“行”统一起来，才能称得上“善”。中国古代思想家多有强调“知行合一”“知行相济”者，即书本知识与实践必须紧密结合。如明朝思想家王阳明提出：“大道至简，知易行难，知行合一，得到功成；大道至简，悟在天成。”它是中国古代哲学中认识论和实践论的命题，主要是关于道德修养和实践方面的。他认为认识事物的道理与在现实中运用此道理，是密不可分的一回事。荀子云：“知之不若行之，学至于行之而止矣。”王夫之认为“行焉，可以得知之效也；知焉，未可得行之效也”。朱熹也在《观书有感》中说：“问渠哪得清如许，为有源头活水来。”他反对死读书，强调活学活用，借此比喻学习要多实践，多思考，不要让学习变成死水一潭。另外，朱熹对“知”与“行”的观点是“知先行后”，但认为学习的落脚点是实践，没有践行的学等于不学。

近代陶行知在他的生活教育论中也倡导“知行合一”，认为“行是知之始，知是行之成”。知，顾名思义就是知识，在这里应该是动词，表示学习理论知识。行，是行动，是实践，是亲身体验。陶先生强调“亲知”，即从“行”中得来，亲身得来；而不仅仅是“闻知”，从师得来，或从书本得来。近代伟大革命家孙中山也提出“以行而求知，因知以进行”“行其所不知以致其所知”“因其已知而更进于行”。

马克思主义哲学强调认识对于实践的依赖关系。1937 年，毛泽东在

《实践论》中把马克思主义哲学关于认识和实践统一的理论总结为："实践、认识、再实践、再认识。这种形式，循环往复以至无穷，而实践和认识之每一循环的内容，都比较地进到了高一级的程度。"知行合一，是指客体顺应主体。知是指科学知识，行是指人的实践。知与行的合一，既不是以知来吞并行，认为知便是行，也不是以行来吞并知，认为行便是知。

上述所有真知灼见，反映到教育教学中，自然是以推广综合实践活动课程为要任。传统的学科教育以传授知识、考查教学效果为目标，综合实践活动课程则是鼓励学生积极参与到社会生活的实践当中，除了"知"，更要立足于"行"，只有在大胆的实践中，才能培养出更多具备思考能力、动手能力、探索能力和深层发展能力的青少年，为国家、民族的未来培养一支真正具备国际竞争力的生力军。

**（三）实践依据**

珠海市第九中学自建校以来，一直致力于综合实践活动课的践行与研讨。其间有成功的经验总结，也有不少问题与困惑值得进一步探讨。综合实践活动课本身以"实践"为核心，立足于实践，在实践中去发现问题、解决问题，从而推动这种新课型在理论、操作、政策等各方面的改进和完善，真正达到促进课改、实现素质教育的目的，这就是它的实践依据。随着综合实践活动课在各中小学逐渐推进，其间出现了许多亟待大家去思考、探讨、解决的问题，这些问题有的缺乏理论依据，有的缺乏政策依据，还有一些是需要通过探讨交流并予以科学论证方能有所定论的问题。例如，如何处理综合实践活动课与日常课程时间上的矛盾与冲突？如何在综合实践过程中避免安全事故的发生？如何培养孩子积极主动地参与其中，减少偷懒懈怠行为？如何培养学生持续、自发的探究精神和教师真正的"育人"精神，避免形式主义？如何有效地对学生进行表现性评价？如何在实践过程中培养学生热心公益、关注社会、懂得奉献的优良品质？这些问题都是综合实践课题中亟待进一步研究、解决的问题，需要在实践中不断改进，在理论上不断修正，积累更多的经验，总结更多的良性规则和方法。

## 三、构建思路与过程

### （一）构建思路

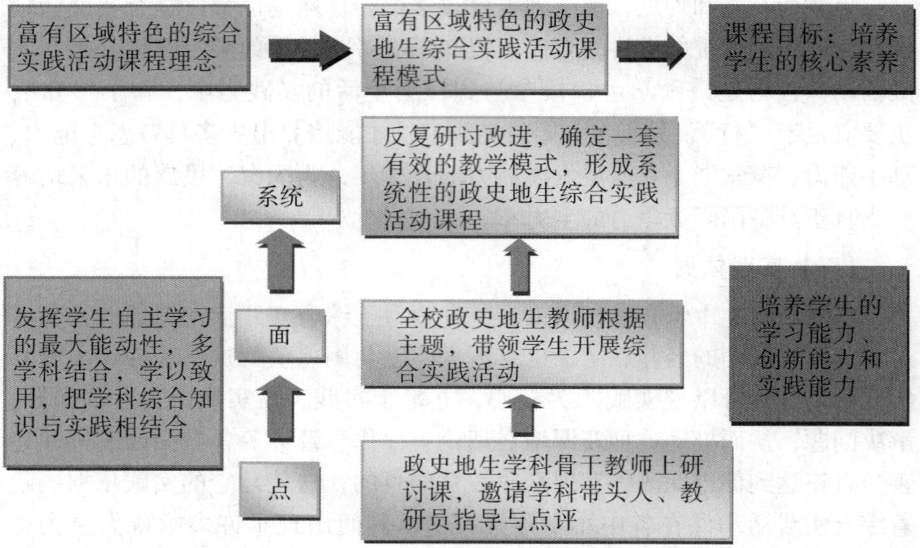


**图 1－1　综合实践活动课构建思路**

在课程学习内容方面，从教师组织选题到有目的、有计划地开发具有区域特色的课程资源，从学生对“某一学科的兴趣”到对“某一领域的探索”，体现出跨学科综合的特点。在课堂组织形式方面，从学生组成“研究小组”，确定研究项目，集中指导方法，课外探索研究，中期反馈到成果交流与展示，学习的时空已超越了课堂的范畴，以改变学习组织形式为突破口，为自主学习的研究提供了一种新思路和实践方式。在学生自主学习方式方面，从对“学科知识的学习”到“解决真实问题的项目研究”，体现出“做中学、研中学”的实践性特点；从研究小组的共同探索展示交流，体现出合作学习的特点。在评价体系方面，应重在培养学生的能力和情感态度，强调人的发展，体现对人格的尊重，是一种“以人为本”的多元化评价体系。

## （二）构建过程

表 1－1 综合实践活动课的构建过程

| 阶段 | 起止时间 | 工作要点 |
|---|---|---|
| 从 0 到 1，从无到有 | 2013 年 7 月至 2014 年 8 月 | 1. 阅读有关综合实践活动课程及课程实施的专著，搜集国内外有关综合实践活动课本土化开发的案例及研究成果，包括查找、调查和了解大量有关珠海本地社会发展、人文历史、自然地理等方面的资料，并加以鉴别、归类、分析和整理，明确研究主题，厘清思路，为研究提供借鉴与参考<br>2. 遵循从易到难、边试边改，从一个教师、一个研究主题、一个班级开始，进行综合实践活动课的尝试与试验 |
| 展示观摩，研讨学习 | 2014 年 9—10 月 | 在试验尝试的基础上，试验教师分三周进行展示汇报课，然后组内研讨，试验教师通过展示介绍自己进行综合实践活动的方式方法、心得体会等，观摩教师取经学习、提供建议，共同研修提高 |
| 修订完善，整理成案 | 2014 年 11—12 月 | 经过展示观摩、研讨学习，试验教师根据自己的成败得失，结合自己进行综合实践活动的主题汇总相关资料，整理成案例，以便自己和同伴可以更好地借鉴学习 |
| 以案为例，自行试验 | 2015 年 1 月 | 政史地生教师研究确定综合实践活动探究主题，老师自行选择在部分班级开展实践活动，学期末上交下学期综合实践活动课设计表格 |
| 各展所长，百花齐放 | 2015 年 2 月至今 | 政史地生四个学科根据自己的学科特点，各教师根据自己的优势和长处，面向所教授的所有班级，每期活动时间为 5 ~ 6 节课<br>1. 进行调查了解珠海区域特色的主题内容，进行多学科的整合与综合研究，实现综合实践课堂教学与区域特色主题内容的完美结合<br>2. 以综合实践活动为研究平台，科学利用各种教学资源，为综合实践活动注入新的内容与实质，进行以校为本的综合实践活动课程的开发与设计<br>3. 发挥学校综合实践活动的优势，建立与本校实际相统一的课程体系，进一步探索综合实践活动课程资源的开发与设计，创建校本资源包以及为有关课程资源选编新的方法和途径 |

## 四、构建模式

教育教学理念是一种先验性的产物，是教学改革的先导。任何先进的教育教学理念都要通过具体的教学流程把它演绎为一种教学的基本行为模式，使理念从理论的王国走向师生活动的课堂。只有这样，教育教学理念才能成为广大师生的教学观念和具体行为。为此，自 2013 年开始，我校挑选政、史、地、生四个学科骨干教师，联合开展综合实践活动课程的研究，以学科知识为基础，透过学科之间的异同，使综合实践活动课程向区域特色靠拢。经过长期艰辛的试验，构建了综合实践活动课程“三阶段十步骤”的活动模式，即：情境导入阶段（步骤一：选择主题；步骤二：制订方案；步骤三：活动准备）、实践体验阶段（步骤四：搜集资料；步骤五：整理资料；步骤六：思考提炼；步骤七：展示成果）和总结交流阶段（步骤八：活动评价；步骤九：分享借鉴；步骤十：资料存档）。它为富有区域特色的初中综合实践活动课程构建了一个基本的操作性较强的活动流程及具体模式，使新课程在理念与观念、理念与行为、过程与环节、主体与主导、课内与课外中演绎着生机与活力，不断地激发着师生的凝聚力和创造力。

“三阶段十步骤”力求使新课程理念与要求融入具体的活动模式之中，是课标、教材与教学的桥梁。

### （一）情境导入阶段

步骤一：选择主题

选择主题是关键。它是活动研究的线索，整个过程会围绕主题进行活动与交流。课题范围包括生活实践、社会热门话题、身边的现象、课本知识延伸等不同的范畴。

为了使研究更系统化，四个学科可以制定一份具有区域特色和学科特色的综合实践活动课程课题体系，课题可以每个学期或学年创新性地循环使用，这样既减轻了教师们构思课题的负担，也有利于课题的深化延伸。主题既可以是教师推荐的，也可以是学生提供的。

步骤二：制订方案

活动方案是保障。完善的活动方案可确保活动顺利、圆满进行。方案要求主题明确，环节清晰，对学生和教师开展活动有指导作用。

教师制订方案时应以课程标准为准则，与有经验的教师、参与活动的学生一起讨论制订。方案应从目的、方法、活动过程到成果展示各方面都有详细说明，并且对活动开展过程中可能会出现的问题以及应对的方法都做具体的分析。教师和学生心中有了方向，才能有条不紊地开展活动。

步骤三：活动准备

活动准备是铺垫。教师和学生都要提前安排或筹划好活动的具体事项，对活动的工作细节逐一落实到位，为后期的活动开展铺路架桥。

教师要制定好评价标准，并且做好学生的培训，培训内容包括活动的主题、目的、时间、调查方法技巧、上交作品的要求及活动基本流程，特别是安全教育要做到位。学生分组后组长也要制订好小组活动计划，组员要分工明确。

**（二）实践体验阶段**

步骤四：搜集资料

搜集资料是基础。它是一切研究的根基，通过理论积累和亲身参与实践调查获得。理论积累是指通过查阅书籍、访问网络等方法借鉴前人的经验，提取对本课题有用的素材作为理论支持。实践调查是指通过问卷调查、参与活动、实验研究等方式获取直接、真实的资料，作为分析的依据。

搜集资料过程中为确保资料的真实完整，应边搜集边记录（制作调查问卷或综合实践活动调查记录表），搜集到的资料要及时上交，教师应及时提出意见和建议。学生在搜集资料的过程中遇到困难，教师要给予及时的帮助指导。

步骤五：整理资料

整理资料是归纳。它需要将大量零散无序的资料整理成册，使研究的内容渐趋完善。这既有利于活动的总结，也可以及时补充缺失的资料。资料除了搜集的以外，也可以自制。资料可以按文字、照片、课件、音像视频、调查报告等门类进行汇集。

步骤六：思考提炼

思考提炼是升华。学生除了整理资料外，还需要思考和解决问题。通过对相关的资料进行讨论，在分析问题的过程中多思考、多提炼，以帮助解决问题，阶段性的讨论能促进每个组员多思考、多钻研，也能使组员之间优势互补，在原有的基础上相互提高。当研究进行到中后期的时候，研究的内容逐渐清晰明朗，教师就可以鼓励或安排学生开始着手撰写科技论文或完成调查报告。

科技论文和调查报告是知识升华的体现，两者都是针对所研究课题的某一个问题或现象进行调查、研究、总结、提升，都具有典型性和科学性。在写作上，科技论文比较着重论证，调查报告比较着重过程的叙述，并且在格式上有要求，教师应根据实际情况指导学生完成。

步骤七：展示成果（表1－2）

展示成果是结晶。成果要体现研究的过程和结果，更要展示学生最真实的感受，并且发挥其分享的功能。展示形式包括展板、电子作品、课堂展示等形式，每种形式可以单独展示，也可以综合展示。各种展示形式各有特色，能营造不同的氛围，可结合需要选择合适的形式进行展示。

**表1－2　综合实践活动课的展示形式**

| 展示形式 | 展板 | 电子作品 | 课堂展示 |
| --- | --- | --- | --- |
| 展示时间 | 研究过程中或研究结束后 | 研究结束后 | 研究结束后，组织1～3节课进行课堂展示 |
| 展示位置 | 班级、年级学校的展示区域 | 班级多媒体平台，学校公共的电子屏幕上 | 有电教平台设备的教室 |
| 展示作品 | 手抄报、绘画、摄影作品、撰写的调查报告、小论文等 | PPT、电子期刊，除手抄报、绘画、摄影作品、撰写的调查报告、小论文外，还可以加入学生拍摄或自制的视频、图像、音乐等 | 学生以小组为单位上台展示，结合展板、电子作品、表演道具等辅助展示 |
| 版面设计 | 主题明确，有活动过程的简明介绍。可直接展示纸质作品，也可喷绘后展示 | 主题明确，活动过程或环节清晰，制作精美 | |
| 优缺点 | 静态展示，操作简单，展览时间比较长；<br>表现的形式比较单一 | 体现信息技术与学科知识相结合；<br>展示需要配套设备 | 学生参与度高，有利于增强综合能力；<br>动态展示，人为影响因素大 |

### （三）总结交流阶段

步骤八：活动评价

评价是维护。没有规则和约束的话，活动就会变成一盘散沙。制定合理的指标或标准，以平等、民主、客观为原则对学生参与综合实践活动的过程进行判断、分析，既是监督也是肯定。根据这个原则，评价主要分为过程性评价和总结性评价。过程性评价贯穿整个活动过程，注重过程生成，评价方式主要采用自我评价、小组成员互评、同学评价、教师评价，评价结果应及时公布，教师应及时监督。总结性评价是活动结束后总体的评价，总结性评价以过程性评价为参考，对学生的能力、体验、收获、解决问题的方式及情感价值观作综合评价。

步骤九：分享借鉴

分享借鉴是修饰。没有反思就没有进步，通过反思总结和经验交流取长补短，为以后的活动扩展更大的空间。

经验交流会可以是大范围的，比如全体同学；也可以是小范围的，比如小组内部。总结交流重在分享与借鉴，学习他人的研究方法和经验，取长短补，以便在以后的学习、研究过程中能更好地发挥自己的才能。

步骤十：资料存档

档案资料保存是延伸。每一次开展综合实践活动留下的珍贵资料和经验都对下一次活动的开展有直接的指导意义，只有这样综合实践活动课程才能常做常新。

资料存档以实物和电子作品的形式保存，模型、标本或者制作的手抄报、绘画等资料，除了保存实物外，还可以拍成照片保留。其他的电子作品设立一个专门针对综合实践活动档案的文件夹按类目保存，内容包括：实施方案、课题资料、学生选题、调查报告、学习成果、作品展示、研究报告、学生小论文、经验交流、评价结果、实施计划、实施总结等，方便以后的查找。随着信息技术的发展，还可以开通微博或微信公众号，开设专题，请专人维护，在活动开展过程中及时更新相关资料，既可分享也可保存。

综上所述，开展综合实践活动课程犹如建一幢高楼大厦，如果说“情境导入阶段”搭建了综合实践活动课程的根基和骨架，那么“实践体验阶段”就给综合实践活动课程这幢高楼大厦添砖加瓦，筑入了“血肉”，而“总结交流阶段”是对综合实践活动课程这幢高楼大厦的维护和修饰。“三阶段十步骤”构成完整的综合实践活动课程模式，每个阶段和步骤环环相扣，层层递进，它们既相互融合、交叉辅助，也相互推动、巩固深化。该模式体现了综合实践活动课程“自主、合作、探究”的理念，鼓励学生勇于创新，激发学生参与研究性学习的热情，促使学生的学习方式发生根本性的转变。更重要的是，它注重学生获得亲身参与实践的积极体验和丰富经验，让学生形成对自然、社会、自我之内在的整体认识，对自然的关爱和对社会、对自我的责任感。不同地域、不同学科、不同主题各具特色，透过模式构建富有区域特色的综合实践活动课程，开辟综合实践活动课程继续发展的新道路。

诚然，“教无定法，贵在得法”，从来就没有一种模式能够解决一切问题，幻想一把钥匙能开所有的锁是荒谬的、反科学的。课堂因师而异，因生而异，因时而异，因内容而异，方法灵活多样。因此，“三阶段十步骤”活动模式在实际运用中也不唯模式，只唯高效。

## 五、实践成果

珠海市第九中学政史地生四个学科针对构建富有区域特色的初中综合实践活动课程，进行了以下几个方面的探索：开发了“跨学科、项目化、开放式”的丰富课程；优化了以“研究项目”为载体的“做中学、研中学”的学习方式；构建了多元化的评价体系。

### （一）初步构建富有区域特色的校本政史地生综合实践活动课程

借鉴美国教育心理学家兰祖利（Joseph S. Renzulli）“丰富教育模式”的理论，以“面向全体、兴趣导向、分层提升”为原则，开发了支持“丰富课程、丰富活动、丰富经历”的课程资源。

在充分考虑珠海在中国近现代史上的人文历史特点、“南方海滨宜居城市”的地域优势及历史名人优势的基础上，珠海九中走出了一条富有区域特色的初中综合实践活动课程的道路。“畅行珠海——水陆空并驾齐驱”“基于珠海城市公园的乡土地理实践的教育研究”“实践领悟身边历史，志愿讲解珠海文化”“寻找城市记忆，感悟珠海名人”等一个个鲜活的接地气题材的综合实践活动深入、扎实地开展起来，让学生们感觉亲切又熟悉，充分调动了学生学习的主动性和积极性。

表 1－3 珠海市第九中学综合实践活动课程体系初步框架表

| 年级 | 阶段 | 活动主题 | 研究项目 | 培养目标 |
|---|---|---|---|---|
| 七年级 | 第一学期 | 过年 | 家族调查：年的记忆 | 人文底蕴 |
| | | | 年俗调查 | |
| | | | 过年美食调查 | |
| | | | 过年食品安全调查 | |
| | 第二学期 | 我爱我“家” | 珠海历史文化名录 | 社会参与 |
| | | | 社区内走档食品安全与健康 | |
| | | | 城市公园的乡土地理实践考察 | |
| | | | 社区内交通拥堵问题研究 | |
| 八年级 | 第一学期 | 我是环保小卫士 | 珠海历史名胜古迹的保护 | 社会责任 |
| | | | 珠海水资源的利用和保护 | |
| | | | 珠海城市环境变化调查 | |
| | | | 环保法规之我用 | |
| | 第二学期 | 身边的科技 | 利用废旧材料进行生物实验的改进 | 实践创新 |
| | | | 科技创新和科技发明法律法规小调查 | |
| | | | 地球仪的制作 | |
| | | | 中国古代科技的发展历程 | |

以上课程均面向全体学生，每一个学生都可以感受到综合实践活动课程的魅力。有的学生通过综合实践活动课程的学习，对某一领域产生浓厚兴趣，加入学校相应的社团，参加一个与社团研究领域有关的校本选修课、研究性学习课题，继续进行学习。丰富的课程，不仅让学生获得更多的知识，还唤起了学生自主学习的激情。

### （二）形成综合实践活动课程的管理机制

综合实践活动课程不同于在学校课堂上课，除了活动前要计划设计，活动中还要及时跟进、随时联系、注意安全，活动后更要及时评价、反思、总结，这就对管理提出了更高的要求，因此与综合实践活动课程相对应的制度一定要健全。为了方便课程的开展，我们制作了综合实践活动过程中的各类表格（表 1－4），通过量化细化来管理，使制度能够得到贯彻落实。

表 1－4　珠海市第九中学关于综合实践活动课程实施、管理、评价表格

| 课程 | 表格 |
| --- | --- |
| 课程实施方面 | 1. 每学期期初制定《珠海九中政史地生四个学科综合实践活动课程的具体安排表》，以 2014—2015 学年为例 |
| | 2. 每次活动时间为 5～6 节课，上课前教师需按《珠海市第九中学综合实践活动课程设计模版》撰写教学设计 |
| 课程管理方面 | 1. 指导小组填写《珠海市第九中学综合实践活动课程小组计划表》 |
| | 2. 活动期间，指导学生填写《综合实践活动小组选题一览表及过程性评分表》 |
| 课程评价方面 | 1. 展示环节，填写《珠海九中综合实践活动课程展示答辩评价量规表》 |
| | 2. 综合实践活动课程结束后，组长针对活动中组员的表现填写《综合实践活动课程组长对组员表现评价表》 |

### （三）优化学习方式："做中学、研中学"，发展学生终身学习的愿望，培养创新精神和综合实践能力

长期以来，中小学生的学习方式单一，不利于发展学生终身学习的愿望，造成能力的片面倾向，表现在重视知识结果获得的单一的接受性学习、偏重认知领域的认知性学习，以及受教材左右的机械的决定性教学等方面。这种在学习方式上的局限性，极大地制约了学生的主动学习，不利于发展学生终身学习的愿望，难以培养学生的创新精神和综合实践能力。

当前，在中小学设计和实施综合实践活动课程，其目的之一就在于，变革学生在教育情景中的学习方式乃至一般生活情景中的生活方式。通过综合实践活动课程的开展，为学生打造一个开放的时空，由学生自主地、创新性地开展学习活动。

作为教师引导下的学生自主进行的一种综合性的学习活动，综合实践活动课程超越单一的课堂知识教学，强调直接经验学习和间接经验学习相结合的重要性。书本知识的学习不是学生获得知识的唯一有效途径。与以知识信息的接受为主的学习活动不同的是，综合性的学习活动改变学生在教育中的生活方式或存在方式，把学生探究发现、大胆质疑、调查研究、

实验论证、合作交流、社会参与、社区服务以及劳动和技术教育等作为重要的发展性教学活动。

学生组成“研究小组”，确定研究项目，他们在查找资料、观察分析、调查走访、科学验证、表达交流的研究活动中，体验探究的过程，并从中学习基础知识，获得自主研究能力，从而促进学生的全面发展。“做中学、研中学”是以“研究项目”为载体的一种学习方式，“研究项目”的问题性、复杂性、过程性，使得这种学习方式具有自主、合作、探究的特点。“研究项目”均与所生活的珠海市息息相关，对问题的研究体现了学生对社会的责任意识，体现了城市主人翁的意识。

综合实践通过综合性的实践学习，改变学生单一的知识接受性的学习活动方式或生活方式，强调学生通过研究与实践，构建一种积极的、生动的、自主探究合作的学习方式，逐步掌握科学的学习方法。

**（四）构建多元化的评价体系**

综合实践活动课的评价体系，应重在培养学生的能力和情感态度，而非重点关注他们获得了多少系统化的知识，或者做出了多少出色的作品。它强调人的发展，体现对人格的尊重，是一种“以人为本”的多元化评价体系。

具体参与评价的主体包括教师、同学、学生本人、家长、小组成员及其他社会成员。评价方式可分为教师评价、同学评价、自我评价、家长评价、小组成员评价和社会人员评价等。

评价应首先以学生的自评与互评为基础，在此基础上再加入教师评与家长评，后者主要起到引导、拔高的作用。通过自评，鼓励学生学会反思，总结经验教训，发现自己的优点与不足，提高辨别是非的能力和自我教育的能力；通过学生间的互评，让学生更全面地了解自己，鼓励他们互相学习、彼此欣赏、加强合作、共同进步。

教师的评价不应简单以一个评级打分匆匆了事，而应全程记录，搜集学生在各阶段、各方面的思想行为表现，并及时做出相应的评价。这样可以随时激励学生培养自信、坚持、努力的品质，帮助他们认识错误，以便学生及时做出改进。例如，在一项活动完成之后，师生间、学生间就可以进行阶段性的成果交流评价，共同分享探究中的快乐和烦恼。因此，评价不一定是终端性、一次性的，它可以是阶段性、多次性、重复性的，动态地贯穿于整个活动的始终。

相较于传统的教师单一评价而言，多元化的评价体系往往更加全面、客观、科学、民主，对学生的成长与发展无疑是有利的。

## 六、研究价值

1. 通过本研究探索的开展，学生运用科学方法解决问题的能力、交流与合作能力、信息的搜集处理与应用能力得到明显进步和提升

（1）运用科学方法解决问题的能力。综合实践活动课程直接指向学生解决问题的能力，而且强调学生在探究和实践的过程中运用适切的研究方法、科学地开展研究和解决问题。学生常用的研究方法有资料搜集法、调查问卷法、参观访问法、实验观察法、尝试实践操作法等。例如，学生们对“潜伏在家居装修中的隐形杀手”这一小项目进行探究时，专门走访了珠海世邦家居、永晟家居城，采访了专业人士，又结合发放调查问卷等多种形式了解目前家居装修中可能含有的有毒物质，使同学们对可能潜伏在家居装修中的隐形杀手有了深刻的认识。在进行探究潜伏在家居装修中的隐形杀手的过程中，学生们为了探究室内甲醛超标情况，自己购买简易版室内甲醛测试盒，组建“哦哦哦哦”科学实验室，对新装修的家居环境进行甲醛测试，用实验观察法获取了第一手科学资料。

（2）交流与合作能力。作为一门实践性课程，综合实践活动打破了常规课堂教学的节奏，常常要求学生走出教室、走出学校，通过社会调查、访问、实验、考察等多种形式来研究问题和解决问题，这一过程常常以课题小组的形式开展，学生需要与课题组同学、指导教师、课题相关的社会人员进行沟通，有助于学生提高自信心，学会合作，提高沟通能力，培养意志力。例如，一学生在实地调查完珠海客运交通方式后写道：“穿梭在机场大厅来往的人群中，从一开始的手足无措，到最后的得心应手，从退缩不前到独自面对，我们的热情获得了路人的认同，问卷调查一份接着一份，有的老人看不清楚字，我们就耐心读给他听。虽然经历了不少困难，遭到了质疑，但我们并没有放弃，而是重新调整心态继续前行。在不知不觉中，我们的交际能力提升了许多。在生活中，我们也会遇到崎岖和坎坷，但只要敢去尝试，敢于突破，就会跨越这些障碍。这次活动的收获不仅仅是知识上的，更是思想上和能力上的。”

（3）信息的搜集处理与应用能力。学生在探究和实践的过程中，通过查阅、调查、走访、实验等多种方式搜集与处理各种第一手资料和第二手资料，并在进行取舍的基础上加以应用，培养和锻炼了学生搜集处理与应用信

息的能力。例如，在综合实践活动探究的成果展示交流会上，小组会逐一上台展示小课题探究的情况，这就要求学生不仅仅要把探究的过程以照片、视频、文字、统计数据等形式记录下来，还要将所搜集到的所有信息资料进行主次分明的梳理、分析、归纳和提炼，并制作成多媒体进行展示应用。

2. 促进教师专业成长，推动复合型教师、专家型教师的涌现

综合实践活动课程的实施对教师的素质提出了很高的要求，而通过开发和指导综合实践活动课程，教师的专业能力也得到了锻炼和提高，一大批教师迅速成长起来了。教师们普遍认为，指导综合实践活动课程使自己的教学观念改变了，组织协调能力提高了，课程开发能力增强了，还掌握了科学研究的方法等。不仅如此，教师们还把综合实践活动课程学习的方法渗透到自己的学科教学中去，真正做到了以学生为主体，开展自主或合作探究，提高了教学效果。很多经验型的教师也成长为研究型、反思型的教师。在指导学生进行项目研究中，本实践探索开设公开课、观摩课 39 节，形成相关的课例 28 个，其中，以下课例在各项比赛中取得优异成绩：

**表 1－5　综合实践活动课成绩表**

| 学科/教师 | 课例 | 奖项 |
|---|---|---|
| 生物/呼小明 | 呼吸作用 | 2015 年“一师一优课，一课一名师”活动“部优奖” |
| 生物/彭晓瑜 | 走进两栖动物 | 2016 年“一师一优课，一课一名师”活动“部优奖” |
| 地理/夏艳华 | 中东 | 2016 年“一师一优课，一课一名师”活动“省优奖” |
| 历史/蒋巧珍 | 实践感悟身边历史，志愿讲解珠海文化 | 2016 年“一师一优课，一课一名师”活动“省优奖” |
| 地理/夏艳华 | 年味 | 2014 年广东省中小学综合实践活动课程展示交流活动优秀课例 |
| 生物/彭晓瑜 | 寻找故乡的味道 | 2014 年广东省中小学综合实践活动课程展示交流活动优秀课例 |

同时，形成教学设计 36 个，撰写论文 30 多篇，共计十几万字。其中 2 篇论文在 CN 期刊发表，分别是：《初中生物小课题探究活动的实践研究》发表在《师道》期刊，《谈谈冲突案例的选择与设计》发表在《中学

政治教学参考》期刊。论文《地理综合实践活动在初中地理教学中的应用》《初中生物小课题探究活动的实践研究》获省级奖项。彭晓瑜老师指导的学生作品《青蛙去哪了》荣获“第十六届广东省中小学生电脑制作活动”初中组“爱自然·爱科学”电子期刊一等奖；夏艳华、崔贵妮两位老师指导学生制作的地理模型荣获“第二十九届珠海市青少年科技创新大赛”科技实践活动类三等奖。汇总形成了学校综合实践活动教学案例集1册，共2万多字；教学录像8G多；学生感想、手抄报等作品集1册，共5 000多字；学生在参加实践活动中自制视频2G多。

围绕本教学实践探索，申请或参与相关课题项目的数量明显增多，如表1－6：

表1－6　综合实践活动课课题项目表

| 课题名称 | 级别 | 主持人或参与者 | 完成情况与时间 |
|---|---|---|---|
| 构建富有地方特色的初中综合实践活动课程——基于珠海市第九中学综合实践活动课程的实践研究 | 省级 | 梁玉葵（主持） | 已结题（2017年5月） |
| 学生运用时事地理分析解决地理问题能力的研究 | 市级 | 夏艳华（主持） | 已结题（2015年5月） |
| 生物“小课题”探究活动的实践研究 | 市级 | 呼小明（主持） | 已结题（2015年5月） |
| 珠海特色初中历史综合实践活动课的实践研究 | 市级 | 张晶（主持） | 已结题（2016年12月） |
| 珠海地方性课程资源的开发和利用 | 区级 | 彭晓瑜、呼小明（参与） | 已结题（2016年5月） |
| 盘活核心案例资源，打造简约有效课堂 | 区级 | 李民（主持） | 进行中 |
| 基于珠海城市公园的乡土地理实践的教育研究 | 区级 | 崔贵妮（主持） | 进行中 |

3. 促进了学校的发展，为建设特色学校打下了基础

综合实践活动课程的实施给学校带来了多方面的变化，特色课程建设便是其中之一。以质量求生存、以特色求发展是学校竞争发展的必然选择。课程作为学校教育的核心，是彰显学校特色的一个重要方面。综合实践活动课程是以学校为主体来开发和实施的课程，学校可以根据学生发展的需求和学校的办学理念或学校所在地的特色资源，开发出富有特色的课程，形成区域性的综合实践活动特色课程。杜郎口中学等大量特色学校创建的成功经验也证明，特色校本课程的构建是建设特色学校的核心，是实现学校办学特色的重要途径。伴随着本课题的开展和进行，学校的办学特色和发展方向更加明确，也为本地区的其他学校在开展实施综合实践活动课程方面起到示范引领的作用。

卓有成效地构建富有区域特色的综合实践活动课程的探索提升了学生的综合能力，同时也促进了学校的进一步发展。如2017年，我校成为珠海市首批十佳创客教育基地。2008年3月，我校《构建富有地方特色的初中综合实践活动课程——基于珠海市第九中学政史地生学科的实践研究》获评“珠海市好项目”荣誉称号。

4. 富有区域特色的综合实践活动课程探索产生了示范辐射影响

在本校的教学实践中，通过综合实践活动课程，形成了丰富的课程资源，优化了学生的学习方式。近几年来，珠海市的兄弟学校来我校交流学习后都陆续开展了综合实践活动课程，指导学生进行“项目研究”，均取得了很好的效果。

2014年8月，课题主持人梁玉葵副校长作为广东省第二批“三区”援藏支教团成员，到林芝广东实验学校支教。对梁校长而言，到林芝教学，不过是在“教学教研”中来了次空间位移。到受援学校后，她始终如一地以“教学教研质量”为先，力争在尊重林芝地区教育实际的前提下，实现珠海九中“构建富有区域特色的初中综合实践活动课程”成果与援教学校的无缝对接，促进藏区教学模式和教学方法的升级换代，开辟了藏区教研的新天地。

总之，在初中阶段，面对当前的中考指挥棒，政治、历史、地理、生物等非中考学科可以跳出分数的禁锢，根据学科特点，挖掘地方特色资源，尝试本土开发，开展综合实践活动课程，并彰显其功能和价值。

## 七、综合实践活动课程实施过程中需要注意的几个问题

### （一）突出综合实践活动课程的综合性和整体性

1. 注重整合综合实践活动课程与政史地生四个学科知识教学的联系，体现四个学科各自学习领域的融通

现行的分科主义课程体系是18世纪启蒙运动以来的产物，它追求“工具理性”，将文化割裂成不同学科，把学科文化强化为“精英文化”，让各学科彼此隔绝地向学生的心灵灌输。而综合实践活动课程则要求打破学科界限，让学生学会运用多学科知识解决生活中遇到的问题。毕竟人的个性具有整体性，个性发展不是不同学科知识杂烩的结果，而是通过对知识综合运用而不断探究世界和自我的结果，这样才能培养学生健全的人格。

在开展综合实践活动中，要注意创设各种情境和条件，加强与政、史、地、生四个学科知识内容的联系，促使初中生学会从不同角度去观察和思考问题。在同一主题下，研究视角的确定、研究目标的定位、切入口的选择、过程的设计、方法手段的运用以及结果的表达等，都可以有较大的灵活性. 选择的内容既要注重四个学科知识的融合，又要使四个学科学习领域的内容彼此渗透、有机整合，帮助学生完整地认识世界。但是综合不是学科的简单交叉，而是深层次的交融，它跟学科既有区别又有联系，综合实践活动的内容可以在各个学科领域的教学中延伸、综合、重组与提升，而所获得的技能又可以在各学科领域的教学中拓展和加深。

例如“丹心耀珠海，铁血书南宋”的主题就是立足于对历史课本中南宋史实的掌握上，对横琴十字门古战场的走访和考察，运用所学的地理知识解读海战胜利的原因。又如在“年味”的活动研究大主题下，纵向上设计了学生对家族成员“年的记忆”的调查，了解不同时代年味的变迁；横向上设计了对不同地域年俗的调查，以及节日饮食的制作方法，包含了历史、地理、生物、政治等方面的内容，体现了学科综合的特点。

2. 综合实践活动的内容本身应成为一个整体，追求活动内容的综合性

研究性学习、社区服务与社会实践、劳动与技术教育、信息技术教育等领域既然对学生发展具有独特的价值，那么初中综合实践活动课程的活动主题和活动方式就应跨越四大领域的界线，体现综合性的特点。学校在

课程内容的开发过程中应综合主题方式，将研究性学习渗透于社区服务与社会实践、劳动与技术教育、信息技术教育之中，或由社区服务与社会实践统摄研究性学习、劳动与技术教育、信息技术教育的内容，亦可从劳动与技术教育、信息技术教育领域切入研究性学习、社区服务与社会实践，实现四大领域课程内容的整合。

如以环境保护为主题的综合实践活动，可以从开展关于环境问题的探究活动开始，使学生认识到人们生活环境中的问题，提出解决环境污染问题的策略。再组织学生开展有关环境治理的社会考察活动、社会宣传活动，进行环境治理的社会公益性活动。并适当参加力所能及的环境保护的生产劳动和技术实践。

综合实践活动内容的设计和组织要体现综合性和整体性，但活动主题和活动方式不求面面俱到。研究性学习、社区服务与社会实践、劳动与技术教育等领域也可以相对独立地来设计，但应具有一定的深度，让初中生通过走入自然，走进社会，获得深刻的认识和丰富的体验。

### （二）开发与利用富有区域特色的资源

我国地域辽阔，地方差异、城乡差异极大，因而，在设计与制定综合实践活动指导纲要的过程中，必须考虑地方差异、社区课程资源和学校传统等基本因素。在设计与实施综合实践活动课程的活动项目和活动领域的过程中，必须研究地方、社区和学校的课程资源，开发与利用富有区域特色的教学资源。不同地区、不同学校开展综合实践活动课程学习是有层次差异和类型区别的。在目标定位上可以各有侧重，在内容选择上也可以各有特点。学校可以根据校内外区域教育资源的状况和自身的传统优势，构建有区域文化特点和学校特色的综合实践活动课程学习内容系列。

课程实施时，首先需要学生和老师一起从身边的社会问题和生活情景当中发现和提出要研究的问题。这一客观要求将成为学生发现问题能力增长的契机。同时，这门课程强调直接体验和亲历研究，这就要求选题要结合地方实际，利用地方资源。课程内容尽可能多关注社区中存在的现实问题，尽可能就地取材，发挥区域优势，充分反映学校和地方区域特色，为学生根据自己的兴趣爱好和具体条件自主选择研究项目留有足够的余地。如我校历史学科的其中一个选题是“寻找城市记忆，感悟珠海名人”，下设子选题研究陈芳、唐绍仪、容闳等珠海名人；地理学科其中一个选题是“畅行珠海——水陆空并驾齐驱”，下设子选题“珠海的水运发展”“珠海的陆运发展”及“珠海的空运发展”。这些好的选题，着手地方，贴近生活，起到了事半功倍的效果。又如在“实践感悟身边历史，志愿讲解珠海文化”的活动主题中，学生担任珠海渔女的志愿讲解员，为游人和市民讲解珠海历史和渔女传说，在服务他人、服务社区的同时，不但能更加深刻地了解社区历史和文化，增强对社区文化和环境的亲切感、自豪感，也增强了学生的服务意识和责任感；在“畅行珠海——水陆空并驾齐驱”的活动主题中，学生通过日常交通工具的搭乘经验和感受，了解珠海交通的发展和变化，并制作了宣传片，从学生的视角展示交通和城市发展之间的关系，同时也尝试为交通拥挤和环境污染寻找解决良方。

**（三）充分发挥学生的主体性，加强教师的指导**

在综合实践活动中，学生成为探究者、活动者；教师成为课题研究的组织者、指导者和管理者；师生是合作者。综合实践活动课程的实施，要落实学生的主体地位，鼓励学生自主、积极实践。从活动主题或项目的提出、活动方案的设计，到活动的具体实施，学生应成为全过程的主体。

（1）在综合实践活动课程学习中，学生虽是积极主动的学习者，并不意味着可以忽视教师的作用。在综合实践活动课程实施的全过程中，都要合理地发挥教师的指导作用。教师能够运用促进性的指导技能，对于综合实践活动课程学习的开展并取得成功与否，具有决定性的意义。

针对初中生文化、科学知识基础比较薄弱和解决实际问题的方法、经验不足的实际状况，在综合实践活动课程学习开始阶段，可以结合实例对学生进行一定的基础训练，帮助学生掌握利用工具书（如索引、文摘、百科全书等）、使用视听媒体、做笔记、进行访谈、对资料做整理和分类等方面的技能，以便于学生比较顺利地进入研究过程。

（2）在综合实践活动课程学习实施过程中，教师要及时了解学生开展活动的情况，有针对性地进行指导、点拨与督促。要组织灵活多样的交流、研讨活动，促进学生自我教育，帮助他们保持和进一步提高学习的积极性。对有特殊困难的小组要进行个别辅导，或创设必要条件，或帮助调整研究计划。教师要在研究性学习的实施过程中实现从知识传授者到学生学习的组织者、指导者、参与者的角色转换。

（3）实施综合实践活动课程学习时，教师要注意争取家长和社会有关方面的关心、理解和参与，开发对实施综合实践活动课程学习有价值的校内外教育资源，为学生开展综合实践活动课程学习提供良好的条件。

(4) 在综合实践活动课程学习实施过程中，要指导学生写好活动日记，及时记录活动情况，真实记录个人体验，为以后进行总结和评价提供依据。

(5) 依据不同的目标定位和主客观条件，综合实践活动课程学习的实施可以有不同的切入口和操作特点。有的可以按完整的过程和规范的要求进行操作；有的则可以截取过程中的某一环节，或根据解决问题的需要，着重做资料搜集工作，或设计解决问题的方案，或根据教师所提供的材料筛选、整理、形成结论等。

面对初中生，既要相信学生的创造力和实践力，又要给予恰当的指导、跟踪与督促。当你面对一个班级甚至一个年级学生的时候，所有的活动过程都是要跟踪进度。因为学生的情况各不相同，能力也是有差异的，不可能每一个学生都会积极地表现自己，这个时候就需要教师及时督促和检查，同时也能够给予恰当的指导。实践本来就是一个尝试的过程，有试对也有试错，在学生找不到方向或方向错误时，教师要及时加以引导，鼓励其前行。

总之，在开展综合实践活动课程中，教师要创设问题情境，激发学生参与实践的内在动机，引导学生提出活动问题或活动主题，并在活动方案的制订、活动的实施过程、活动的总结与评价等环节，给予学生必要的、适度的指导，防止包办代替。

### （四）避免综合实践活动课中的形式主义

综合实践活动课是一种要求学生能真正从中受益，而不是只为完成任务或者形式化体现课改精神而设置的课。这就要求国家、政府、教育机构和学校要真正为综合实践活动课的实施提供适宜的制度土壤，而教师要真正把学生的发展作为培养目标，不能搞形式主义。

形式主义体现在教师只是程序化地完成一堂综合实践活动课，程序化地让学生展示成果给大家看，甚至一味追求学生的成果能不能获奖，能不能获得好评等；而学生，也纯为完成教师布置的任务而去实践，在过程中并不积极主动，也没有去认真探索思考，解决不了的问题最后仍由教师包办等。这样的综合实践活动课没起到真正促进学生发展的作用，甚至白白浪费了时间、精力。因此，应该杜绝形式主义的综合实践活动课。

另外，综合实践活动课也不能只是成为一种“纯技能”培养课，教师除了立足于学生创新思维、实践能力的激发和开拓外，还要注意引导他们形成良性的心态，有效引导学生的情感价值观，特别是关注社会和他人、树立社会责任感、小公民意识和善于奉献的精神。在本校的系列综合实践活动课中，有的政治教师曾组织学生去参观残疾人学校，让学生树立珍惜眼前学习机会、关爱他人的品质；有的生物老师引导学生调查生活中的污染源，培养他们保护环境、尊重他人的意识；还有的历史教师亲自带学生去拜访抗战老兵，让学生学会尊敬、关心这些为国家民族做出过巨大贡献的人。这些实践，都会在学生心中种下“善”的种子，树立他们对自己、对他人的责任感。因此，教师无论在选题环节，还是具体实施环节，都要注意对学生的价值观引导。

# 关于政史地生综合实践活动课开展情况的实验报告

呼小明　梁玉葵

在基础教育课程改革中，“综合实践活动”作为活动课程的一种特殊发展形态备受关注。如何基于实际有效开展综合实践活动，促进学生全面发展，一直是教育理论与实践研究者关注和重视的一个话题。我校于2014年2月至今，调整综合实践活动方向，基于政史地生学科实际开展了综合实践活动，采用了“计划—实践—实验—模式—实践”相结合的探索思路，调查了解珠海地方特色的主题内容，进行政史地生学科的整合与综合研究，进行了以校为本的综合实践活动课程的开发和设计，为综合实践活动注入新的内容和实质。实践证明，科学利用政史地生学科教学资源，开发与本校实际相统一的以校为本的综合实践活动课程资源，构建具有地方特色的综合实践活动校本课程，受到学生、教师和家长的一致认可，促进了学生、教师的发展和综合素质能力的较大提高。

为了更好地了解我校政史地生学科开展综合实践活动的情况和效果，以及学生、家长和教师对本课程的认识情况，总结提炼所取得的成绩，发现实施过程中存在的问题与不足，为后续更加完善地推进政史地生综合实践活动的开展提供参考，本研究在前期实践的基础上，采用自编问卷方式分别对我校初一和初二年级学生、教师和家长进行了综合实践活动开展情况的深入调查，获得第一手研究资料。

我们分别编制了综合实践活动开展情况的调查问卷教师卷、学生卷和家长卷，对我校已实施了综合实践活动的24个班级的教师、学生及家长进行随机抽样，从对综合实践活动课程的认识、反映效果、存在问题等方面对我校政史地生综合实践活动的开展实施情况进行了问卷调查。调查期间，发放教师问卷24份，回收24份，剔除0份无效问卷，得到有效问卷24份，回收有效率为100%；共发放学生问卷1 373份，回收1 373份，剔除无效问卷和不符合要求的问卷后，得到有效问卷1 365份，回收有效率为99.4%；发放家长问卷960份，回收943份，剔除无效问卷和不符合要求的问卷后，得到有效问卷937份，回收有效率为99.4%。

## 一、综合实践活动实施的总体情况

### （一）学生的兴趣及表现

学生对综合实践活动的兴趣和参与的态度在一定程度上可以反映该活动实施的效果。从图1－2中可以看出，94%的学生对我们所开展的综合实践活动感兴趣，92.8%的教师认为学生对所参与的活动充满兴趣，92.6%的家长认为孩子对所参加的综合实践活动感兴趣。由此可见，在对课程的兴趣程度上，教师、家长和学生的统计数据接近，这说明综合实践活动因其自主性和实践性等特征赢得了多数学生的喜欢，对学生产生了强大的吸引力。

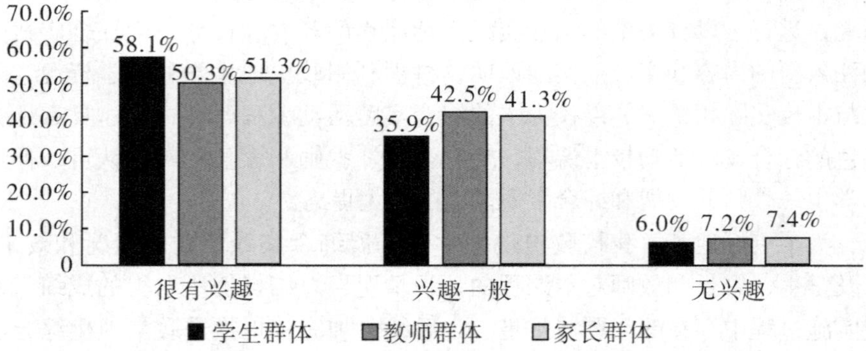


**图1－2　学生、教师、家长对综合实践活动的态度统计图**

### （二）活动的效果

1. 学生的收获

（1）有无效果。

在“你认为参加综合实践活动对学生发展成长所起的作用”的调查中（图1－3），学生群体认为有很大帮助或者比较有帮助的占95.2%，但是仍有4.8%的同学认为没有帮助。这表明通过开展政史地生综合实践活动，大多数学生充分体会并认识到综合实践活动对其发展所起的重要作用。

教师群体中，有80.3%的认为有很大帮助，17.9%的认为比较有帮助。这表明，绝大多数的教师对综合实践活动在促进学生成长方面的价值和意义认识非常到位，对于综合实践活动开展具有相当高的认同度。

相对于教师，在接受调查的家长中，调查显示，认可综合实践活动对孩子成长和发展有帮助的家长占 83.9%，没有帮助的占 16.1%。可见，多数家长对于综合实践活动促进学生发展的价值和意义是持肯定态度的，但也有少数家长受到传统的教育思想影响，仍然持保留态度。

三个相关群体的调查结果，都足以显示教师、学生和家长对开展综合实践活动的价值和作用具有相当高的认可度，这也有助于综合实践活动顺利有序和持续地开展。

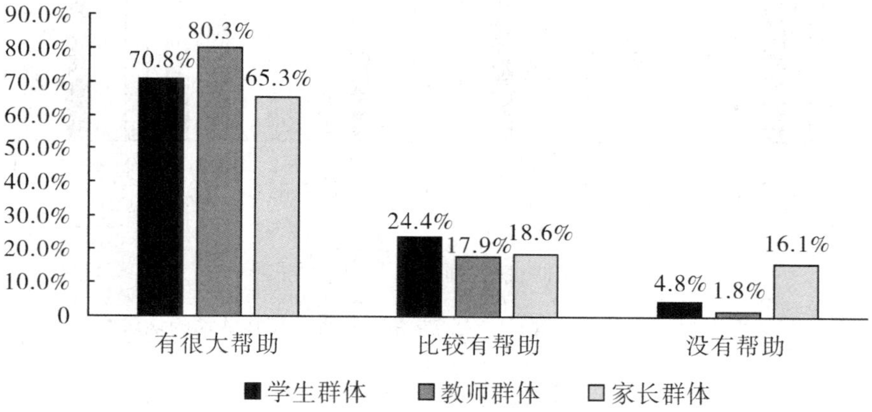


**图1-3 学生、教师、家长对参加综合实践活动对学生发展成长所起作用的统计图**

（2）具体表现。

进一步调查显示，学生在情感态度、能力提高、社会关注等方面都有很大收获。从调查结果可以看出，在教师眼里，综合实践活动给学生带来的变化中，有所加强的前四项能力依次是搜集与处理信息的能力、合作交流意识、更关注身边的生活、语言表达能力。在家长眼里，孩子参加综合实践活动后的变化依次为合作交流方面、学习和解决问题的能力、更关注身边的生活以及语言表达能力。其中，最多家长认为孩子与人合作交流方面的能力提高了。这些数据说明，综合实践活动的开展对于培养学生的合作意识、创新意识和实践能力、关注生活关注社会的意识起到了一定的作用。在学生自身感受方面，关于哪些能力得到了提高，排在前四项的依次是合作与交流能力、搜集与处理信息能力，语言表达能力以及更关注身边的生活（图1-4）。这表明通过开展政、史、地、生综合实践活动，大多数学生充分体会并认识到综合实践活动对其发展所起的重要作用。

综合教师、家长的感受以及学生自己的感受，可以看出，综合实践活动的开展确实给学生带来了变化，它对于学生各方面能力的培养起到了一定的作用。通过综合实践活动的开展，学生的综合素质有了明显的提高，这也正是我们开展综合实践活动的初衷。这些数据都充分说明综合实践活动自身具有的开放性有利于使学生获得自主发展。

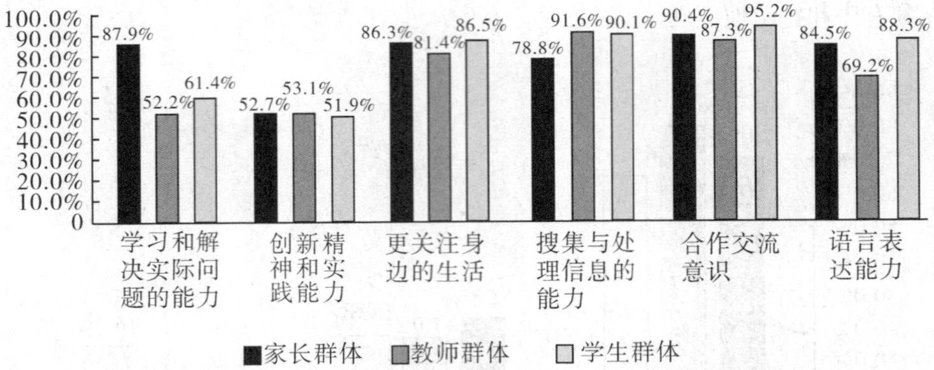


图 1－4　家长、教师、学生对学生参加综合实践活动的认识

2. 教师的成长

综合实践活动的开展对教师的指导提出了很高的要求，同时也培养和锻炼了指导教师的专业素养和能力，使教师们迅速成长起来。从教师的回答中就可以得到印证，95.1%的教师认为通过设计并指导学生进行综合实践活动对自身的教育教学素养提升有帮助（图 1－5）。

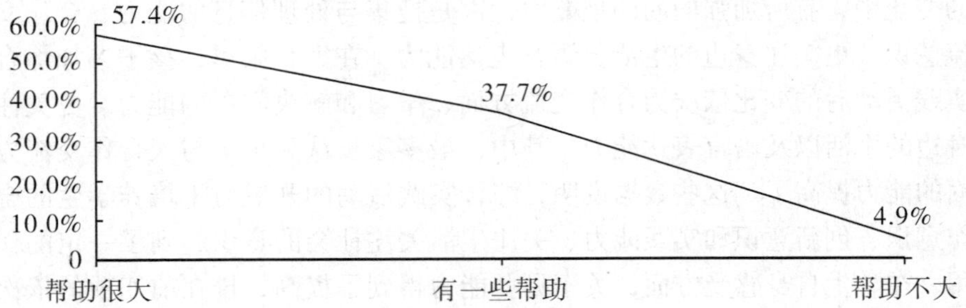


图 1－5　教师对指导综合实践活动是否对自身有帮助的统计图

在进一步关于“在指导综合实践活动的过程中，您觉得自己的收获

是”这一问题上（教师问卷），被调查教师认为开展综合实践活动以来，他们最大的收获是“更新了教学观念，转变了教学方式，提高了教学能力”，其次是“更加明确了自己在教学中的角色”。在具体调查中，老师们认为开展综合实践活动让自己有所成长收获的方面依次是开发利用课程资源方面、教师之间的合作交流意识以及信息技术操作指导方面(图 1 –6)。可见，综合实践活动的开展促使教师在观念和实践层面都得到了收获。

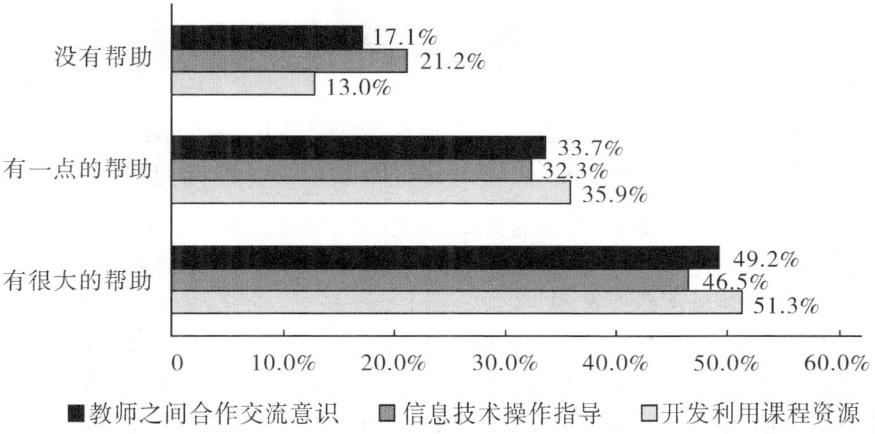


图 1 –6　开展综合实践活动对教师自身的成长表现

## 二、综合实践活动实施的具体情况

### （一）主题

1. 主题的来源

综合实践活动没有教材，只有指定的四大领域。这使得在开展综合实践活动时，可以根据学校、教师和学生的实际情况，选择适用于本校的主题。调查结果表明，政、史、地、生开展综合实践活动时，活动主题来源丰富。66. 8% 的教师选择“当代社会中关注的热点问题”，说明学校和老师选择主题的视野开阔，不仅关注学科课程领域和活动中生成的问题，也关注社会问题。59. 2% 的教师选择“学科教学中出现的问题”，由此可知，部分教师找到了综合实践活动课程与学科课程之间的内在联系。49. 7% 的教师选择“学生在活动中生成的问题”，说明学生在活动中生成的问题的价值，受到了部分教师的重视，并在活动中予以一定程度的实现，学生主体性得到一定程度的体现（图 1－7）。

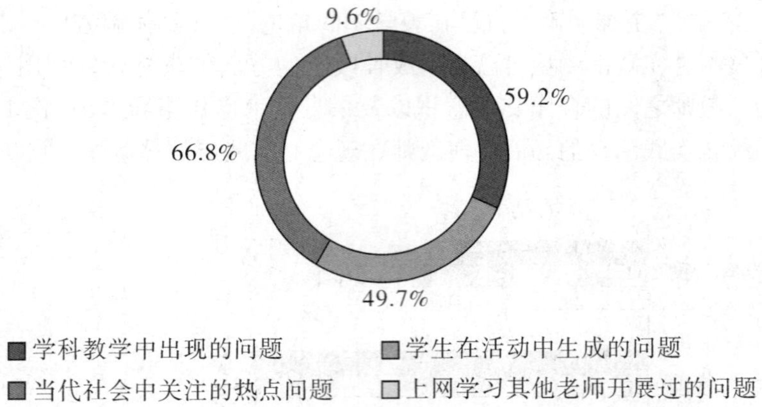


**图 1－7　综合实践活动主题的来源统计图**

2. 主题确定方式的倾向性

确定主题是综合实践活动开展的第一步。一个贴近学生生活、符合学生兴趣的主题不仅能最大限度地激发学生参与的积极性，也能让学生从中获得多方面的进步（图 1－8）。以下调查结果显示：在实际活动开展过程中，教师和学生是具体活动主题设计的共同参与者，但教师参与设计的比重高于学生。可见，对于主题设计工作，教师是重要的参与者、合作者和指导者，但是教师没有忽略学生。从学生反馈的数据也可以发现，主题由师生共同讨论决定的方式，是教师们最常用的选题方式。教师认为师生共同确定活动主题，教师会积极地给予学生必要的指导，这说明，在综合实践活动中，我们的教师还是很好地把握了教师是学生活动指导者的角色，能够站在学生的角度来考虑研究问题的可行性，关注学生的自主探索和研究，重视学生的兴趣和爱好。

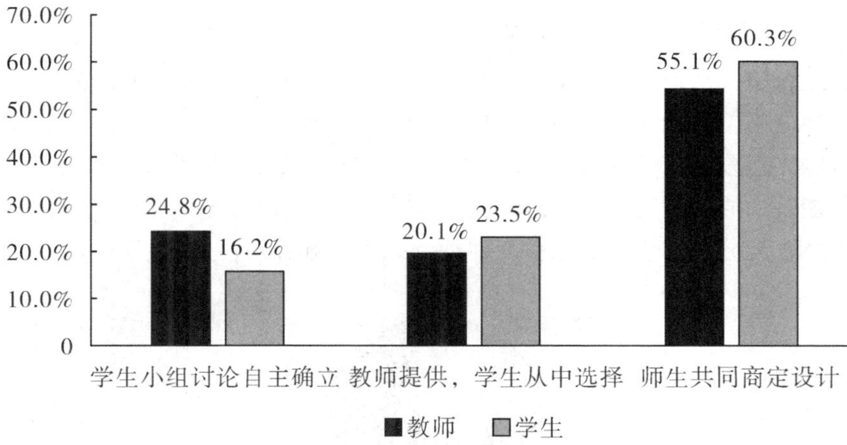


**图1－8 主题确定方式的倾向性统计图**

### （二）组织方式

（图1－9）调查数据表明，班级内小组活动是综合实践活动中学生的主要组织方式，以小组合作的方式来培养学生的团体协作精神和合作意识。跨年级活动和跨班级活动的形式基本没有被采用，虽然这两种方式符合了综合实践活动的理念和要求，但真正实施起来，尚有一定的难度，不仅需要各班级、各年级教师之间的密切配合，更需要学生之间的紧密合作。自主探究的形式也常被采用，而且自主探究与集体讨论相结合的方式更受师生的偏爱，既可促进同学间的合作，又可以促进学生独立思考和探究能力的发展。

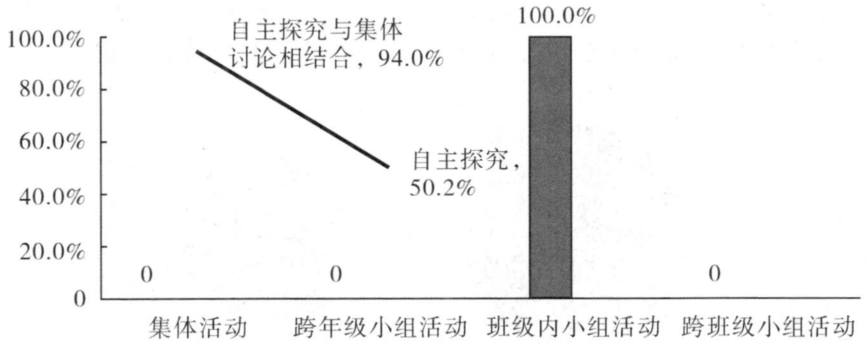


**图1－9 教师组织综合实践活动的方式统计图**

## （三）小组内部组员分工原则

综合实践活动组织学生以小组为单位进行，这就要求小组成员既要合作又要分工，才能完成小组共同的主题任务。调查显示，大多数学生倾向于按照兴趣爱好、力所能及的原则自主选择分工。可见，按照因生不同、力所能及的原则进行小组内部的组员分工是学生们普遍认同的分工原则，这也可以充分调动每位学生参与活动的积极性和热情。

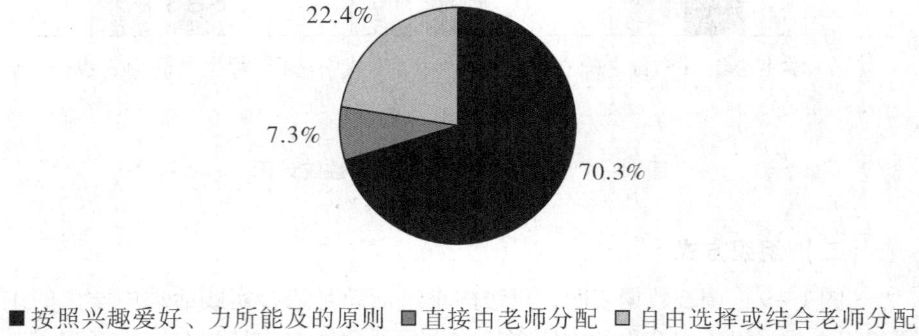


图 1－10　小组内部组员分工原则统计图

## （四）活动方式

有关学生参与活动方式的调查结果表明，绝大部分学生参与过的综合实践活动方式中，排名前四的依次为调查（65.3%）、参观（56.9%）、访问（55.2%）、实验（47.1%）。合作交流和问题探究是综合实践活动的主要活动形式，调查显示，参观等活动方式也有被采用。（图 1－11）说明课程的合作性和探究性得到了较好体现，但社会性和实践性有待加强。

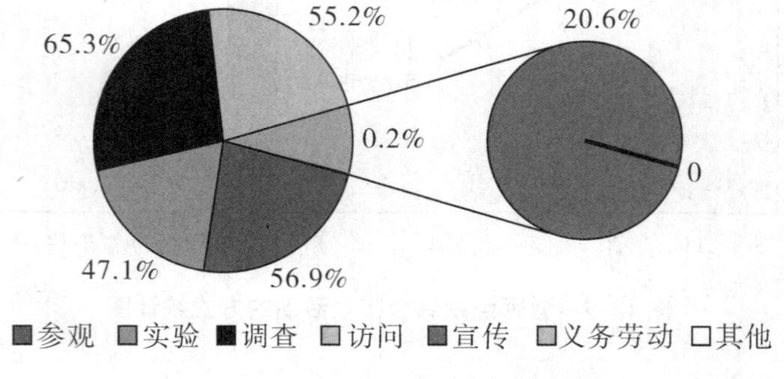


图 1－11　学生参与活动的方式统计图

### （五）资料搜集方式

搜集资料是综合实践活动过程中一项必不可少的环节，通过搜集资料，可以培养学生发现问题和处理问题的能力，进一步促使研究目标的完成。从调查中可看出，学生搜集资料使用的主要方式依次为寻找网络资源、实地调查和访问、直接查找已经出版的各种文献资料。从图中可以看出，学生在综合实践活动过程中，搜集资料方式利用最多的是寻找网络资源以及实地调查和访问，搜集资料最少采用的方式是直接查找已经出版的各种文献资料。可见，随着信息技术的发展，网络资源日益丰富而且便于搜集，成为学生搜集资料的首选方式。

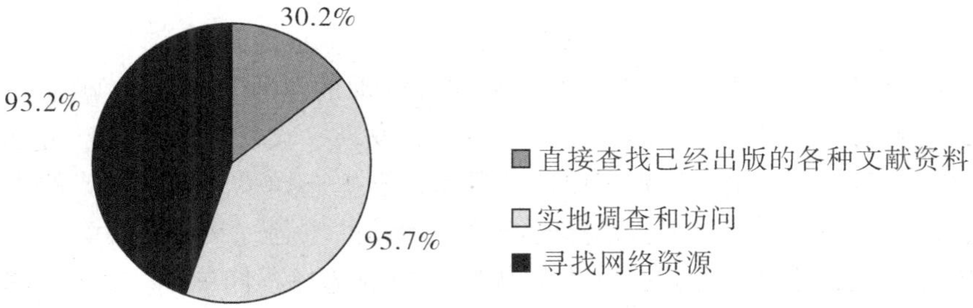


图 1－12　学生资料搜集的方式统计图

### （六）活动展示成果的形式

1. 学生活动展示方式的种类

综合实践活动强调学生的参与，重视学生的体验和感受，成果展示就是对学生活动过程中的参与、表现、体验、感受的总结、反思和提升。综合实践活动的主题不同，活动内容和方式不同，决定了活动成果的展示形式可以多种多样，可以是动态的，也可以是静态的。

通过调查发现，不同活动主题、不同探究者有着不同的过程、体验、发现和收获，成果展示的形式也是多种多样的。多媒体视频和课件、手抄报、展板、小论文、调查报告、实验报告是使用率较高的静态展示形式，交流分享会、辩论赛、实验展示是使用率较高的动态展示形式。而随着现代信息技术手段的提升，多媒体视频和课件成为目前活动成果展示仅次于交流分享会的主要形式。

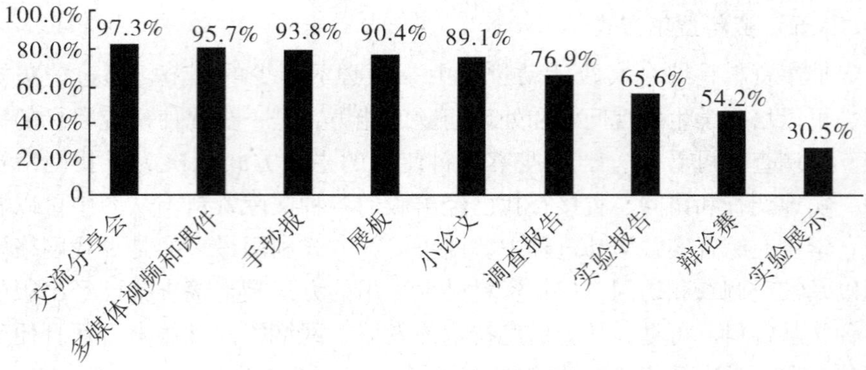


图 1－13　学生活动展示成果的形式统计图

2. 选择不同展示方式的依据

综合实践活动由于活动的主题不同，活动的过程和方法也就千差万别，不同的探究者也有不同的过程、体验、发现、收获。因此，学生进行成果展示时的形式也应呈现多样性。目前，学生选择不同展示方式的主要依据是什么呢？调查发现：选择既能符合活动的主题，又能反映学生的独特体验和收获的展示方式是学生们普遍认同的选择不同展示方式的依据。同时，调查结果也显示，没有任何一位学生选择直接由老师安排成果的展示方式。可见，综合实践活动的成果无论以何种方式来展示，我们都必须尊重学生的自主性，由学生自主决定成果的呈现方式，只有他们自己决定的呈现方式才是学生内心对活动的感受的一种真实反映，更是一种真实情感的自然流露，也正是如此，学生才能发挥个性、施展才能、说出特色，展示活动才能闪耀创造的火花和灵动的个性。

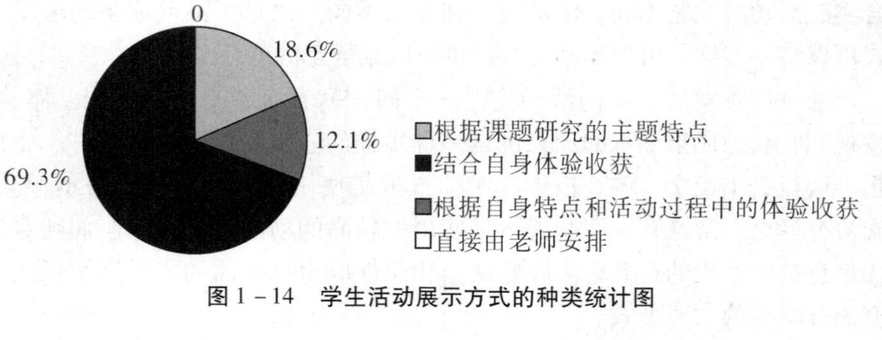


图 1－14　学生活动展示方式的种类统计图

3. 各种展示方式的效果

在综合实践活动过程中，通过多种展示方式，为学生提供展示的舞台，帮助学生找到自信，激励他们全身心地投入学习活动，从而推动主题活动的深入开展。我们的调查结果也表明，通过多样的成果展示方式，可以促使学生学会发现自我、欣赏他人；可以使不同的学生思维发生碰撞；促使学生对整个学习过程进行反思；有利于提高学生自身的能力；有利于学生从整体上把握自己的研究过程。

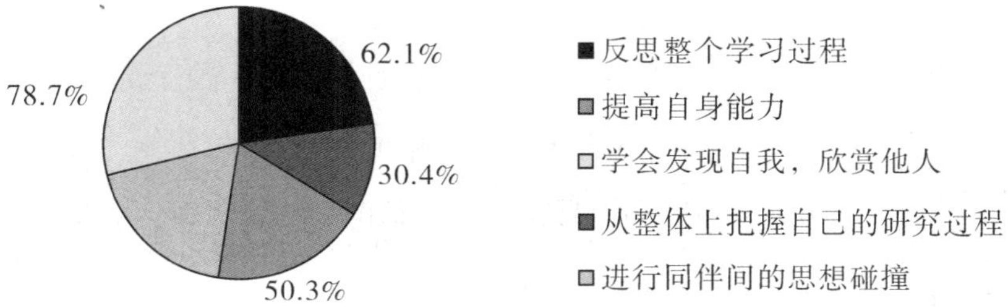


**图 1－15　学生各种展示方式的效果统计图**

## （七）评价方式

1. 评价的作用

及时有效的学生评价对综合实践活动课程的实施起着十分重要的导向、激励和质量监控作用。评价的目的是促进学生的发展，促进学生的潜能、个性和创造性的发挥，使每个学生具有自信心和持续发展的能力。(图 1－16) 调查结果表明，无论是教师群体还是学生群体都普遍认同对综合实践活动进行评价，其作用体现在：有助于引导、激励学生的继续学习和主动发展；有助于个性特长的培养和发展；使学生反思自己的学习过程是否科学合理；了解自己的学习方法是否高效；活动内容是否符合选题要求。由此可见，对综合实践活动进行评价的作用体现在帮助学生认识自我，促进学生在原有水平上发展。这样，更便于教师对学生进行指导和帮助，让学生得到真正的锻炼，个性得到发展，能力得以提升。

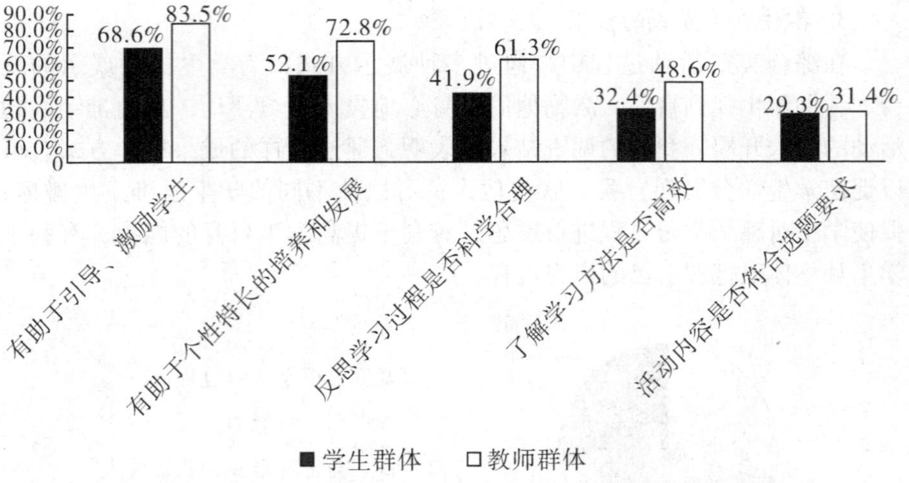


**图 1-16　评价综合实践活动课程的作用情况统计图**

2. 喜欢使用的评价方式

综合实践活动的课程性质和特点决定了活动评价方式不可能像其他学科课程所采取的量化评价方式一样，多元性评价和过程性评价是该课程所倡导的主要评价方式。积极有效的评价方式可以在综合实践活动实施中发挥极大的导向和激励作用，是推动学生活动进展的持续动力。

从图 1-17 中可以发现，98.7%的教师采用成果展示法，采用等级考核法的教师占 77.2%，没有教师采用档案袋评价法及采用书面考试法。由调查数据可见，教师采用的评价方式主要是成果展示法和等级考核法两种方法。两种方法操作方便、简单易行，所以使用率较高。档案袋评价法虽然出发点较好，效果也好，但因其操作耗时费力，难于坚持，而基本不会被使用。同时，从评价主体角度来看，学生自评和同伴互评也是老师们目前采取的主要的评价方式。总体而言，我校综合实践活动的评价观念基本符合综合实践活动课程所倡导的注重过程评价、实现评价主体和评价方式多元化的发展性评价理念。

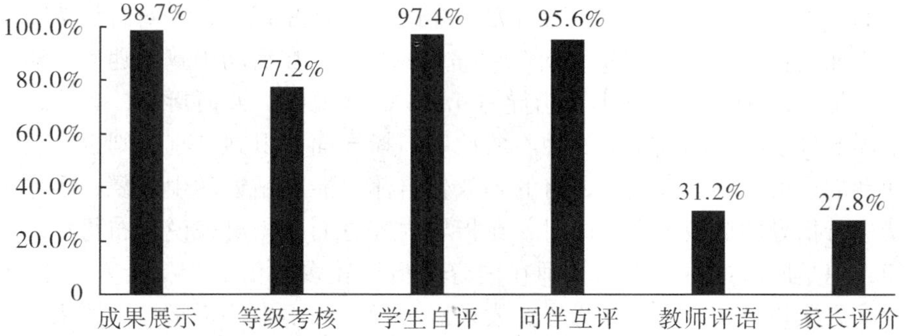


**图1－17 教师对综合实践活动所采取的主要评价方式统计图**

### （八）教师的指导

1. 重要性

综合实践活动注重学生创新精神、科学精神和实践能力的培养。在开展综合实践活动的过程中，教师如果能有意识、有针对性地培养学生进行合作学习、自主探究及主动发现问题的能力，将能更好地践行该课程的理念。在调查中，问及学生“在综合实践活动过程中，您觉得教师的指导重要吗”时，大多数学生肯定了指导的重要性。可见，学生综合实践活动能力的提升，必须以教师的有效指导为前提。

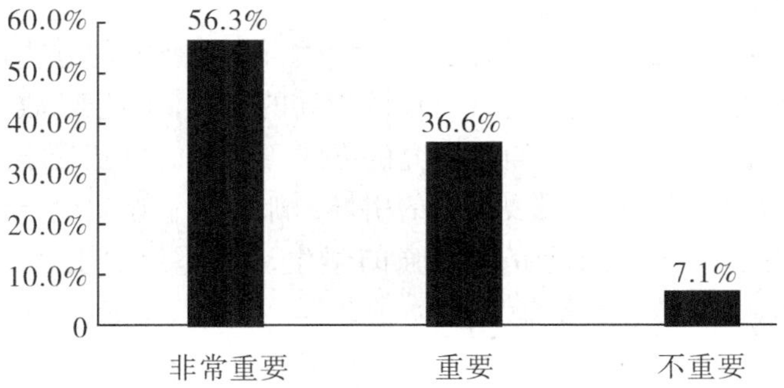


**图1－18 学生对教师指导的看法情况统计图**

2. 指导方式和内容

在学生活动的各个环节，需要教师给予具体细致的经常性指导，离开了教师的有针对性的指导，学生的综合实践活动将会陷入无序和混乱状态。问及“在综合实践活动过程中，教师对您采取的指导方式是”时，学生们认为，对活动过程中的所有方面都进行指导占22.4%，对自认为重要的方面进行指导占41.3%，对学生提出的疑问或在活动中普遍遇到的难题进行指导占31.6%，基本不指导占4.7%。这说明，如何指导，教师们有不同的理解，有的教师对学生不敢放手，指导面面俱到，有的则以自己对活动的理解为中心去指导，有的则放任自流，能够贴近学生需要、雪中送炭进行指导的为数不多。同时，在指导内容方面，相对来说分布得比较均衡，但是同时也对比出，教师在内容上指导较多的依次为：全方位指导、活动方法指导、主题选择指导、成果展示指导和学生评价指导。所占比例最少的是学生评价指导，这说明目前在我校综合实践活动课程实施中，学生评价还是具有一定难度的。

**表1－7　综合实践活动过程中的教师指导情况**

<table>
<tr><th>内容</th><th>选项</th><th>百分比（%）</th><th>内容</th><th>选项</th><th>百分比（%）</th></tr>
<tr><td rowspan="5">指导方式</td><td>所有方面都指导</td><td>22.4</td><td rowspan="5">指导内容</td><td>主题选择指导</td><td>12.7</td></tr>
<tr><td>对重要方面指导</td><td>41.3</td><td>活动方法指导</td><td>37.3</td></tr>
<tr><td rowspan="2">对学生疑问或困难指导</td><td rowspan="2">31.6</td><td>成果展示指导</td><td>7.9</td></tr>
<tr><td>学生评价指导</td><td>1.9</td></tr>
<tr><td>基本不指导</td><td>4.7</td><td>全方位指导</td><td>40.2</td></tr>
</table>

3. 不同指导方式的效果

调查结果表明，采用在教师引导下学生自己去研究的方式及对学生活动中遇到的疑问或困难进行有针对性的指导的方式，学生的收获最大。相比较，教师不管，全靠学生自己研究的方式，学生的收获最小。可见，学生的综合实践研究过程还需要教师的引导，那种放手让学生自己去研究的做法只适用于指导个别研究能力强的学生，大部分学生还需要教师的指导。

**表1－8　教师不同指导方式的效果**

<table>
<tr><th rowspan="2">指导方式</th><th colspan="4">学生总体收获</th></tr>
<tr><th>收获很大</th><th>有所收获</th><th>收获不大</th><th>没有收获</th></tr>
<tr><td>所有方面都指导</td><td>0</td><td>15.7%</td><td>84.3%</td><td>0</td></tr>
</table>

（续上表）

| 指导方式 | 学生总体收获 | | | |
|---|---|---|---|---|
| | 收获很大 | 有所收获 | 收获不大 | 没有收获 |
| 对重要方面进行指导 | 21% | 79% | 0 | 0 |
| 对学生疑问困难指导 | 93% | 7% | 0 | 0 |
| 全靠学生自己 | 0 | 0 | 21.9% | 78.1% |

4. 活动课程对教师提出更高的要求

综合实践活动是一门活动类课程，对教师的要求非常高。教师在指导活动的过程中需要更新观念，不断探索和实践，其在专业素养方面必然会得到发展和提高。因此，综合实践活动的开展和教师之间存在双向互动关系，通过开展综合实践活动可以提高教师的课程意识，促进教师的专业发展。在问及“指导学生开展综合实践活动过程中，您感觉到对自己哪些方面的要求更高”时，48.7%的教师认为综合实践活动要求教师具备较强的资源开发和利用能力；39.5%的教师认为对学生研究过程的指导能力也是对教师们的现实能力要求，对活动是否能够有序开展，达到预期效果起到重要的作用。此外，分别有25.6%和19.8%的教师认为综合实践活动对教师主题活动的选择与设计能力，以及学生活动的组织管理能力要求更高。

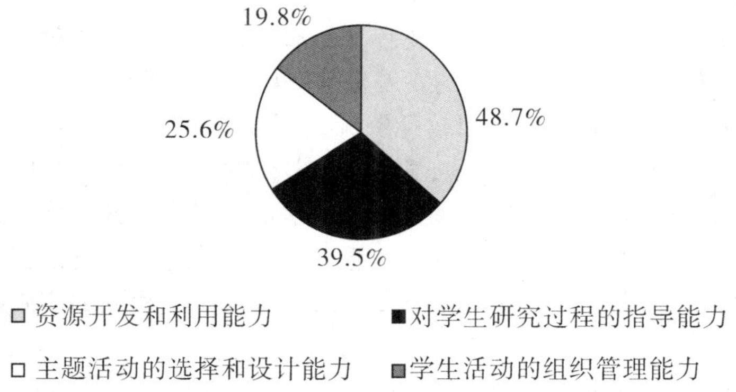


图1－19 活动课程对教师提出的要求情况统计图

## （九）社会人员和家长的支持帮助

综合实践活动以淡化学科界限、加强学科整合为特征，主张课程与生活、学校与社会的有机联系。有效利用学校外部课程资源是综合实践活动常态开发的有力支撑。98.4%的教师和96.3%的学生都认为家长和社会各界的支持，对于综合实践活动课程的成功实践有积极作用。

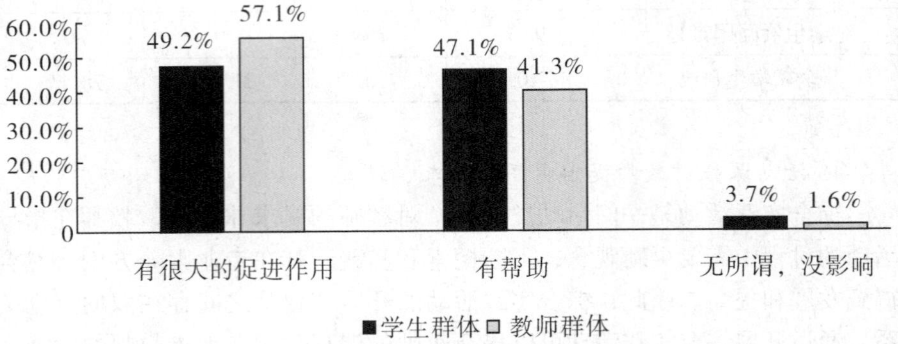


**图1－20　师生认为社会人员和家长的支持帮助是否有作用情况统计图**

通过调查了解到，有活动需要家长支持和帮助的时候，有48.1%的家长会对活动予以支持，肯定活动对孩子成长的作用；35.2%的家长选择不乐意，但会配合；16.7%的家长不予支持。这说明，部分家长关注的仍是孩子的学习成绩，受传统教育思想的影响，他们眼睛只盯着孩子的学习成绩，对与传统学科课程完全不同的综合实践活动不理解、不支持，没有长远地看到孩子全面发展的重要性。而多数的家长在配合度上会“支持”，不难看出，只要是对孩子成长发展有利的活动，家长其实还是乐意给孩子提供支持和帮助的，毕竟孩子的发展是第一位的。

社会蕴藏着大量的活动和教育资源，可以开发利用的内容极为广泛，如博物馆、青少年宫、电视台、气象台、学校附近的工厂、社区等都可以作为课程资源来进行开发利用。充分利用本地的特色来开发课程，会使综合实践活动更有意义，而学生的个人能力、兴趣爱好等也可以得到充分地发挥，争取到社会各界的支持和配合对保证综合实践活动的实施具有重要的意义。

调查显示，有69.3%的社会人士会在行动上给予支持；30.7%的社会人士对学生实践活动的支持和配合情况不太理想。当然，影响社会支持的原因有很多，不仅与协调社会人员有关，也与教师是否在活动前已协调社会资源、社会人士是否足够了解该课程以及学生与社会人员的沟通等有关。

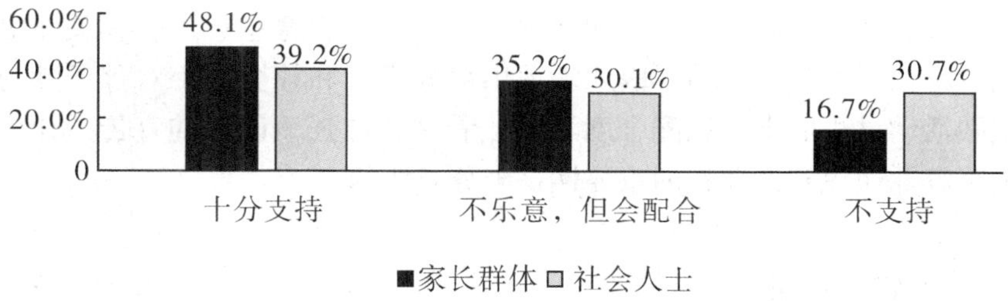


图 1－21 家长和社会人士支持配合活动情况统计图

在进一步调查“如果孩子在进行活动的过程中，需要您的支持和帮助，您愿意在以下哪些方面提供支持和帮助”时发现，家长依次在配合孩子的调查访问、陪同孩子参加活动、关心活动进展情况、适当资助活动经费等方面愿意予以支持和配合。而社会人士则表示愿意在配合孩子的调查访问、通过评语记下活动足迹、给予活动建议这几个方面予以配合和支持。

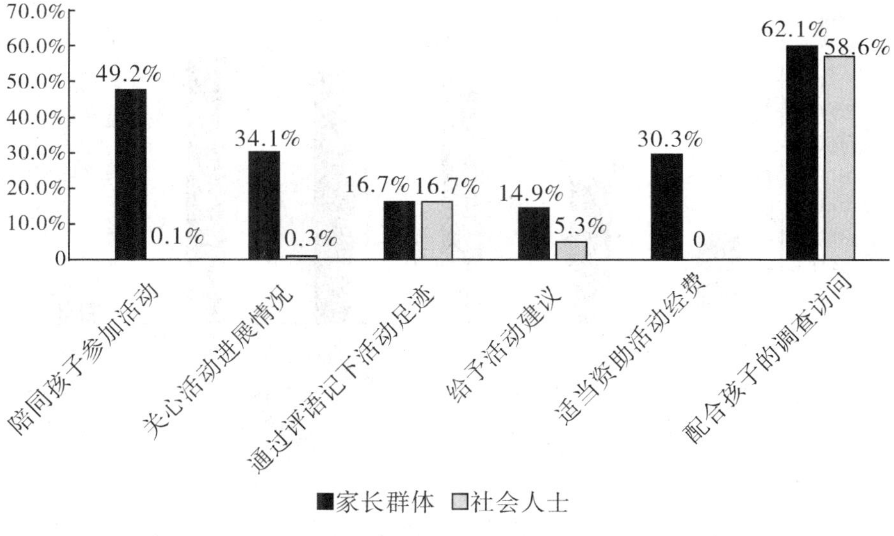


图 1－22 家长和社会人士提供支持帮助方式的统计图

通过数据可见，虽然大家都很认可家长和社会的支持对综合实践活动的促进作用，但部分家长和社会人员对综合实践活动的内容、性质和作用等方面都很陌生，他们不知道综合实践活动对孩子发展的重要性，更不清楚在课程实施中能做些什么。加之受传统的应试教育思想影响，关注更多的仍然是孩子的学习成绩，因此表现出部分家长和社会人士对孩子参与综合实践活动过程的支持和配合度不够。看来，加强该课程的宣传，让更多的人了解并认识到该课程的重要性是十分必要的。

## 三、活动反思

对于政史地生综合实践活动，教师和学生都处在探索阶段，不免会遇到各种各样的问题和困难。在问及教师“您在开展综合实践活动过程中遇到的最大困难是什么”时，教师的反馈数据如图 1－23，教师们认为：在实施综合实践活动课程中遇到的困难依次是缺乏课程资源、学生校外活动的安全问题、活动内容的开发和设计难度大。其中，缺乏课程资源成为教师遇到的最大困难，也成为目前政史地生开展综合实践活动中遇到的主要困难。

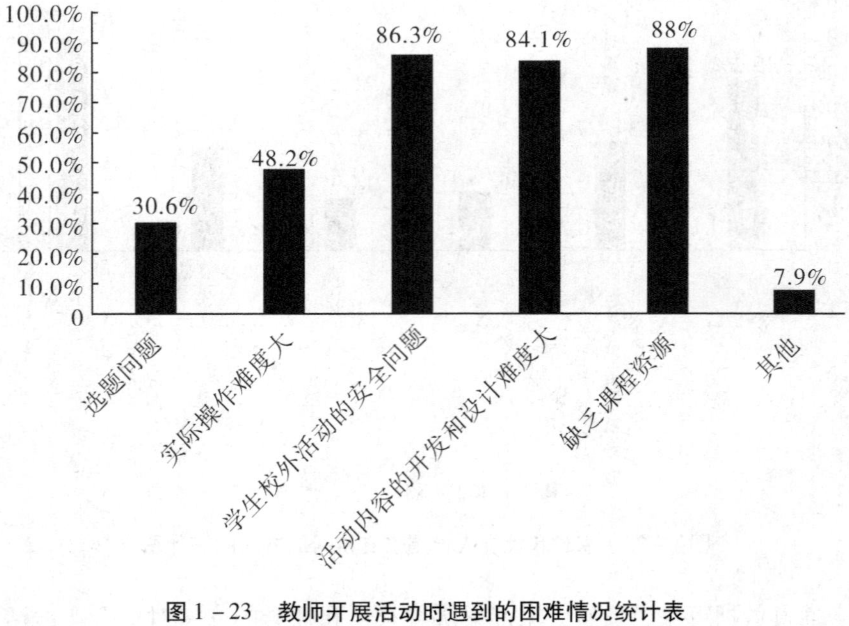


**图 1－23　教师开展活动时遇到的困难情况统计表**

问及学生“在综合实践活动过程中，你感到自己遇到的困难是什么”时，学生的反馈结果如图 1－24。从学生的回答中可以看出，他们在综合实践活动中遇到的困难，排在前三位的依次是时间和精力有限、可利用的资源设备等有限和不知道怎样对问题进行研究，而同时在表中显示教师眼里学生在综合实践活动中的主要困难依次是时间和精力有限、不知道怎样对问题进行研究和可利用的资源设备等有限。综合起来看，教师眼里学生的困难和学生自己所体会的困难相似。因此，可以得出结论，缺乏课程资源和学生时间及精力有限是学生在综合实践活动中遇到的主要困难。

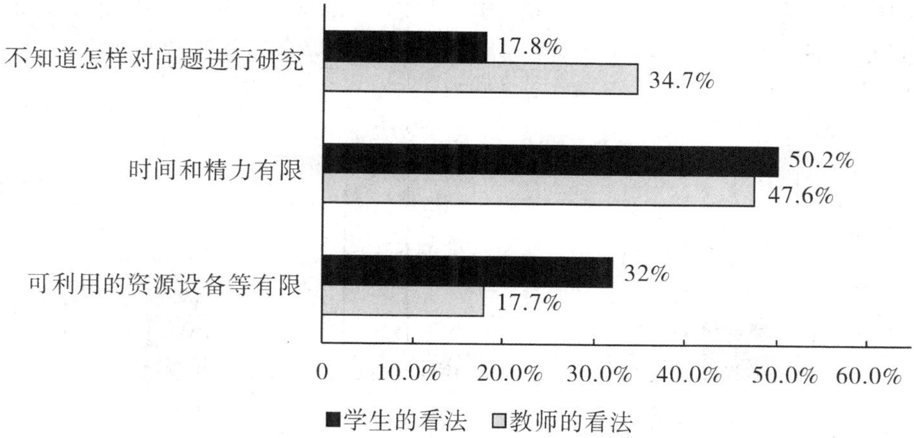


**图 1－24　师生对学生在活动中遇到的困难情况统计图**

综合实践活动课程是由学校根据现实情境、学校所能利用的资源以及学生的心理特点因地制宜进行开发的一种课程。它不同于传统的学科课程，其特有的综合性、实践性、自主性、开放性和生成性，对于习惯了传统学科教学的教师来说，必然是很大的挑战。

在问及家长“在关注和支持孩子参加综合实践活动的过程中，您感到自己遇到的困惑是什么”的问题时，84.2%的家长们的困惑是孩子如果花费过多时间进行综合实践活动，会影响上培训班和辅导班的时间和精力；79.3%的家长们担心对孩子的学科成绩有影响。

这说明，虽然大部分家长对孩子参加综合实践活动的支持度很高，但是家长们还是存在着矛盾心理的。一方面当今社会发展对人的综合素质和能力的要求越来越高，家长们希望孩子能够提高自身综合素质和能力，适应社会需求，不希望孩子成为考试机器、应试高手。另一方面，又客观上屈服于目前升学和分数的压力。由此可见，目前综合实践活动的现实阻力来自升学压力。

虽然在政史地生综合实践活动的探索阶段，教师、学生乃至家长都遇到了各种各样的问题和困难，但在调查“在您进行综合实践活动过程中遇到困难时，您的想法是什么”时，结果显示，不论是教师、学生还是家长，只有少数选择放弃不再开展类似的活动，多数都抱着努力解决问题的心态。可见，在我们进行政史地生综合实践活动的探索阶段，无论是教师、学生还是家长对该活动的实践探索都有信心、有决心，在心态上都是积极乐观的，这也有助于在探索政史地生综合实践活动的过程中能够迎难而上，努力摸索出一套适合校本实际的政史地生综合实践活动实践模式。

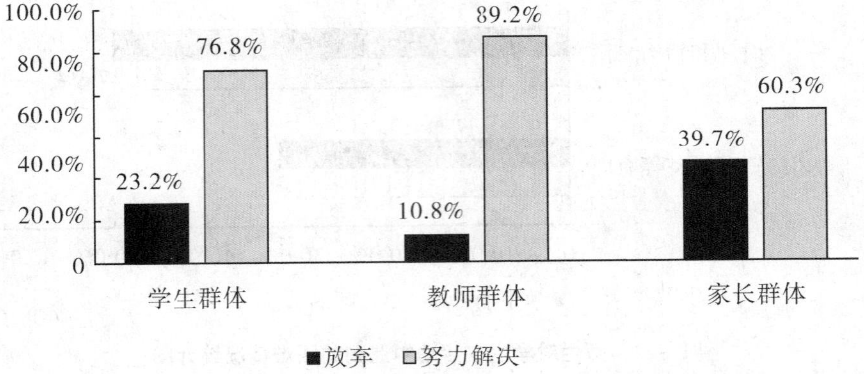


**图 1－25　学生、教师、家长对活动中遇到困难的态度统计图**

综上所述，本调查结果在很大程度上显示了我校政史地生综合实践活动的实际实施效果，通过学生、教师、家长三个群体多维度的问卷调查，我们可以得出以下结论：

我校政史地生综合实践活动的实施效果是十分明显的。政史地生综合实践活动在开展的时间内，取得了一定的成果，调动了学生和教师对活动的兴趣，学生在能力、方法、情感与态度发展方面，均有很大收获。综合实践活动要求学生亲自参与、亲身体验，强调学生的体验和感悟，学生在对各种问题的探究中获得的对自然、对社会、对自我、对同伴的认识和体验，如问题意识、环保意识、科学态度、创新精神、对社会的责任感等，是建立在学生的积极体验和感悟的基础之上的，而不是由教师的灌输所获得的，是任何说教所无法达到的。这些意识和观念将潜移默化地影响着学生的一生。综合实践活动带给学生的这些发展变化是任何一门学科课程所无法替代的，它和学科课程相互补充，共同促进学生的全面素质的提高和发展。同时，三个群体对政史地生综合实践活动开展的态度比较明确，他们在不同程度上认识到活动的必要性和价值，认识到该活动对学生发展的重要性。综合实践活动的开展对相关政史地生学科教师的教学理念、教学方式、教师专业素养等方面也都产生了一定程度的积极影响，大部分教师正逐渐改变自己多年以来的教育观念和教学方式，在活动中，将更多的时间和空间交给了学生，让学生在活动中充当主体，在活动中充分展示自我。

可见，学生与教师在参与综合实践活动过程中的收获都是很大的，是多方面的，是其他课程所无法替代的。这些都将成为综合实践活动课程实施的宝贵财富。同时，也不可否认，我们在开展政史地生综合实践活动的过程中也遇到了诸多现实问题，如课程资源匮乏、活动内容的开发设计难度大、对学生参与活动安全性的担心和顾虑、综合实践活动的支持度仍需提高等。这些问题既具有特殊性也具有普遍性，这些都可以为以校为本的综合实践活动的开展和改进提供借鉴和参考，同时也可以丰富综合实践活动实施的理论。

# 构建政史地生综合实践课程的活动模式

## ——以珠海九中开展地理综合实践课程为例

**夏艳华　梁玉葵**

著名教育家陶行知先生说过："我们的教育，要解放孩子的头脑，让他们能想；解放孩子的眼睛，让他们能看；解放孩子的双手，让他们能做；解放孩子的时间，让他们能学自己想学的东西。"

综合实践活动课程是新课程的亮点，它是在教师的指导下，基于学生经验，密切联系学生的生活和社会实际，由学生自主进行的体现学生对知识综合应用的学习活动。作为一门能让学生想、看、学、做的课程，它鼓励学生主动实践、主动探索、主动创造、大胆探究、敢于质疑，它不仅是课堂教学的补充和延伸，更是推行素质教育的一个重要平台，有利于培养学生的学科核心素养。但目前综合实践活动课程却处在一个尴尬的处境：空白的课程制度、缺乏系统的学校校本课程、教师专业知识和能力缺乏引领以及社会环境的不配合（特别是学生人身安全）……在各种因素的影响下，综合实践活动课程推行不尽人意，流于形式。

自 2013 年开始，我校开始着手调整综合实践课程的方向，挑选学校政史地生四个学科骨干教师，联合开展综合实践活动课程的研究，以学科知识为基础，透过学科之间的异同，使综合实践课程向区域特色靠拢。经过长期艰辛的试验，形成了综合实践课程活动实施的有关方案，构建了一套"三阶段十步骤"综合实践课程的活动模式。实践证明富有区域特色的政史地生综合实践活动课程，尤其是"珠海历史名人调查"展示课获得了一致好评和认可。这就使学校认识到要有效地开展综合实践活动课程，就要构建富有区域特色的校本课程。大量特色学校创建的成功经验也证明，特色校本课程的构建是实现学校办学特色的重要途径。伴随着本课题的开展和进行，学校的办学特色和发展方向更加明确，也为本地区的其他学校在开展实施综合实践活动课程方面起到示范引领的作用。

下面以我校开展的综合实践活动课程"畅游珠海——水陆空并驾齐驱"为例，对政史地生学科开展富有区域特色的综合实践课程的活动模式进行具体的介绍。

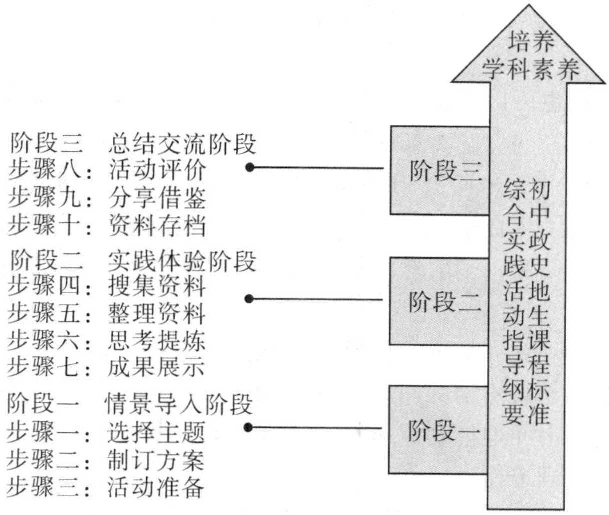


图1－26 综合实践课程的活动模式“三阶段十步骤”结构示意图

## 一、情境导入阶段

1. 步骤一：选择主题

活动主题即我们要研究、解决的问题，在综合实践活动中，一般是以一个主题为线索，围绕主题进行活动与交流。选择和确定主题是开展活动的第一个关键点。主题选好了，选对了，才能顺利地开展活动。

教师可以提供系统的、可行的、富有实效、贴近学生生活的课题供学生选择和研究，根据政史地生学科的特色，课题范围包括生活实践、社会热门话题、身边的现象、课本知识延伸等不同的范畴。选择研究课题时，不仅要充分考虑主题研究的价值，还要从各方面周密地考虑其研究的可行性。为了使研究更系统化，避免重复，四个学科可以制定一份综合实践活动课程体系，即四个学科围绕一个大主题，制定相关的研究课题，各学科再根据不同的角度设立学科小课题，各学科小课题之间既相对独立，又共同为研究大主题服务。同一研究主题，不同学科有不同的研究方向，学生可以选择自己感兴趣的课题进行研究，学生对课题感兴趣，内容又贴近生活，自然就会觉得有物可寻、有话可说，所以学生搜集资料会特别迅速，而且丰富，研究学习起来更投入。这些课题可以每个学期或学年创新性地循环使用，这样既减轻了教师们构思课题的负担，也有利于课题的深化延伸。

当然，我们也可以鼓励学生自行提供课题，教师从中挑选出学生比较感兴趣的作为研究的课题。如课题在活动实践中开展有效，可以把它纳为活动课程体系中的一个研究子课题。如“畅游珠海——水陆空并驾齐驱”这个课题，就是学生在学习了八年级地理“交通运输”这节课后，提出要对珠海交通进行研究，了解珠海的交通运输的发展及其对珠海的影响。

2. 步骤二：制订方案

开展活动必须要有具体的指导思想和实施方案，活动实施方案是针对本次综合实践活动具体情况而制订的行动实施办法细则、步骤等，对将要进行的活动进行书面地计划，对每个步骤进行详细的分析、研究，以保障活动能顺利、圆满进行。

综合实践活动课程作为常规课程的延伸，在制订活动实践方案时必须以课程标准为准则，再结合学校、学科的实际情况，制订本课题的活动实施方案。制订方案时，教师应和有经验的教师、参与活动的学生一起讨论，每一个活动环节、步骤都应考虑周详。通过制订活动方案，教师对整个活动过程了然于胸，并且能提前对可能出现的问题做好应对的准备，有利于活动的顺利实施。

这里要特别提醒的是，综合实践活动课程作为开放性的课程，活动时间的安排跟传统的学校教学时间安排是不一样的，甚至要打破常规的学校教学时间管理。根据近年的实践与研究，我们发现从综合实践活动实施几个基本阶段来看，每个阶段既要有课外实践环节，也不能缺少在课堂中交流学习的环节，在具体的实施过程中，讨论、分享和成果展示一般是通过课堂组织形式进行，而外出的实践调查基本上都需要学生走出户外，可能需要几天、一周或更长时间，学校的教学时间是很难安排的，所以一般会把实践调查安排在周末或寒暑假期间。因此我们制订方案时就要根据实践活动的时间安排每个阶段的工作任务。

从“畅游珠海——水陆空并驾齐驱”的活动方案（附表1），我们可以看到，从时间和操作上，该活动是安排在学期中段时间进行的，所以外出实践活动安排在周末进行，活动期间教师可以做到每个星期对学生进行指导和监督。方案从目的、方法、活动过程到成果展示各方面都有详细说明，并且对活动开展过程中可能会出现的问题以及应对的方法都做了具体的分析。最后对成果的推广和延伸也有一个比较明确的要求，教师心中有了方向，才能有条不紊地开展活动。

3. 步骤三：活动准备

活动准备是指对活动的具体事项做好预先的安排和筹划，对活动的工作细节逐一落实到位。活动准备是为了更好地铺垫活动过程，教师和学生在一起做活动准备的同时也可以发现问题，再及时补充活动方案，为后期活动的开展铺路架桥。

综合实践活动开展的时间大部分安排在课余时间，甚至在周末和寒暑假。如安排在假期，那面临的最大问题就是老师对学生的指导和沟通不够及时到位，所以活动前的准备工作一定要做得更细致。活动准备主要包括教师和学生两方面的准备，两者之间既独立进行，又互相交流（表 1－9）。

**表 1－9　珠海九中综合实践活动课程师生活动准备工作表**

| 学生准备 | 教师准备 |
|---|---|
| 确定组长，明确每个人的职责。做到“人人有事做，事事有人做” | 制定评价标准（包括组长对组员的评价，教师对小组的评价）（附件 2、3） |
| 组长根据课题制订研究的计划，填写综合实践活动课小组计划表（附件 4） | 学生分组，定好小组长。明确组长和组员各自的职责 |
| 搜集每位组员的联系方式，方便在活动期间的联系和沟通 | 对学生进行活动前培训（包括活动的主题、目的、时间、调查方法、上交作品的要求及整个活动流程，还有安全教育） |
| 学生：召开第一次小组会议，组员把疑问提出来，避免在假期开展活动时出现错漏的情况<br>教师：解决每个小组的疑惑 | |

在“畅游珠海——水陆空并驾齐驱”的主题研究中，部分活动时间安排在周末，除了用建立 QQ 群联系这种常规的做法，教师还加入了开发家长资源的做法。这是非常值得借鉴的，不但可以帮助获取更多的资源，还可以增加人力保护学生的安全。当然这些都需要教师提前做好准备工作，以便在活动开展时家长能及时顺利地参与。

## 二、实践体验阶段

4. 步骤四：搜集资料

（1）理论积累。所谓的理论积累，是指通过搜集前人对本课题知识的理解和论述，为了课题的需要，聚集起与课题有用的东西，使课题得以增长、完善。理论积累不但可以让教师和学生了解到目前关于自己想要研究的课题已经研究到什么程度，还可以对研究的课题有初步的了解，并且获得一定的理论支持，这对于初次涉及综合实践活动课程的教师和学生的指导作用是显而易见的。

理论积累作为学生开展实践研究的第一步，更多的是借鉴前人的理论经验。教师要指导学生怎样快速有效地搜集资料，比如查阅书籍、访问网站等，并且要及时做好记录和保存。学生可以分组进行集中搜集，也可以单个进行。

搜集到的资料要及时上交，以便教师及时提出修改意见。学生在搜集资料的过程中遇到困难，教师要给予及时的帮助指导。例如："畅游珠海——水陆空并驾齐驱"研究小组在搜集资料时，第一次上交资料后，教师发现学生上交的资料存在两个问题：一是资料比较乱，没有进行过筛选和整理；二是没有自己的理解和想法。教师发现问题后对学生进行点拨，即便是借鉴别人的经验，也要有所提取，有所思考，而不是一味照搬。在第二次上交的资料中，我们发现，内容明显比第一次上交的更丰富、更饱满了。

（2）外出实践调查。活动、实践、调查是学生搜集资料最直观、最真实也是最生动的方法，也是最考验学生的环节。实践调查就是学生在基于学习理论知识之上，在教师指导和自身经验之下，通过接触社会、参加社会活动，自主进行的综合性学习活动，它既密切联系学生自身生活和社会现实，体现学生对知识的综合运用，同时也是实现人与人之间的交往，丰富感性认识的一种行为。

与理论积累一样，学生通过掌握的调查方法和技巧，一边调查搜集课题资料，一边要把搜集资料的时间、地点、方法、过程及内容进行一个完整详细的记录。实践活动原始的资料记录具有不可复制或恢复难度大的特点，特别是实践活动安排在寒暑假或者调查的地区比较远的情况下，基本是不能恢复的，所以资料一定要保存完整，并通过组建的 QQ 群及时上交。

由于任务比较繁重，也出于安全的考虑，外出实践调查必须以小组为单位进行，禁止学生以个人行为进行实践调查。

在进行外出实践调查时，除了在外出前教师对学生做好培训、小组长做好计划外，还需要明确以下几个事项：

①明确调查内容。小组根据自己负责的小课题明确调查内容，制作成“调查问卷”或“社会综合实践调查记录表”（附件5），以便有针对性地调查。

②明确工作任务。每个小组成员都要有自己的任务，记录、采访、拍照、录像等都必须有具体明确的分工，这样才能确保调查的内容能完整地记录下来。

③明确安全责任。外出调查存在一定的安全问题，要做好学生的安全教育工作。明确小组长和组员各自的责任，保证团队合作。鼓励学生搜集资料遇到困难时要请家长一起帮助找资料。

图1－27至图1－29是“畅游珠海——水陆空并驾齐驱”课题部分小组外出实践调查实地拍摄的照片。照片中的学生非常认真地进行实地调查，遇到困难迎难而上，在每一处有价值的地方都留下努力的足迹。

图1－27 陆路运输调查小组

图1－28 水路运输调查小组

图1－29 航空运输调查小组

“搜集资料”环节是探讨课题最后结果和结论的重要信息来源和基础，没有这些资料的支撑，是很难得出研究结论的。本环节做好了，后面的工作就水到渠成了。

5. 步骤五：整理资料

整理，顾名思义就是把众多事物分析后聚合在一起，当学生从不同渠道、不同角度、不同方法获取大量资料时，资料是零散的，一般来说，搜集到的资料主要有文字、图片、音像视频，另外还有学生自己制作的作品，比如绘图、视频编辑等。此时，我们要把资料分门别类汇集成册，再根据课题需要把有用的资料整理好，这样才有利于我们进行研究总结。

如果说搜集资料是基础环节，那汇总整理资料就是归纳环节。学生搜集资料后，组长要及时回收、分析和整理，教师在亲自查看的同时也要指导学生根据资料的属性进行分类，做到心中有数。按传统的教学原则，应该教师先备课，后讲课，但综合实践活动课程的教学原则是在学生充分准备资料的基础上，让教师去设计课堂教学。由此可见，学生汇集资料是教师备课的重要资源，也是综合实践活动师生互动的重要体现。

图1－30至图1－32是“畅游珠海——水陆空并驾齐驱”负责航空运输调查的小组汇总资料后上交的课件，小组通过网络、实地调查、采访等方式搜集了许多资料，调查探究珠海机场运营方面存在的问题以及问题产生的原因，经过汇总整理出珠海机场运营竞争力低的原因，并且通过案例和配图加以说明，零散的信息一经整理，马上就清晰了。

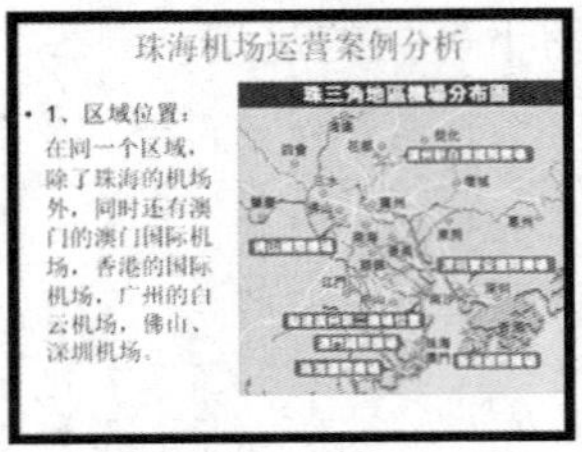


图1－30

图1－31

图1－32

6. 步骤六：思考提炼

综合实践活动的最终目的是学生通过参与活动能获取知识、提升能力，在研究过程中除了搜集、整理资料，学生还需要思考和解决问题。搜集资料是基础，整理资料是归纳，思考提炼就是升华。它主要从以下两方面体现：

**（一）阶段性讨论**

阶段性讨论一般以小组为单位，学生对研究内容进行交流探索，教师旁听并指导。可分固定讨论和随机讨论两种，次数视活动时间长短而定。受学校教学时间的限制，组织讨论是比较难的，所以每一次的讨论都务必做到有效，避免出现“无果”的状况，在讨论过程中需要注意以下事项：

（1）讨论的内容是关键的、不能轻易解决的问题。时间要用在刀刃上。

（2）讨论时以小组中每位成员的独立思考和认真钻研为基础，每个人都要发言，主要是说出自己在活动过程中积累的经验和存在的疑惑。

（3）针对成员提出的疑惑，大家出谋划策，解决问题。强调每位成员的积极参与，避免出现“少数人做，多数人看”“好学生说，其他学生听”，甚至“三个和尚没水喝”的现象。

（4）讨论时要对上一阶段工作进行总结，并对下一阶段工作做好安排。

**（二）科技论文和调查报告**

当研究进行到中后期的时候，研究的内容逐渐清晰明朗，教师就可以鼓励或安排学生开始着手撰写科技论文或完成调查报告。

科技论文可以写成科学实验小论文，即对研究的对象创设特定的条件，经过反复实验，对获取的材料和数据进行分析、综合得出结论而写出的文章，它着眼于对实验过程的客观叙述以及对实验现象的科学解释。也可以写成科学考察小论文，是以调查、访问、实地勘探等考察方式为主要研究手段写出的文章，它着眼于对可靠的资料、对某现象或事物进行解释和说明。实验论文比较适用于生物学科，而考察论文则适用于政治、历史和地理学科。

综合实践活动的调查报告一般属于揭露问题的调查报告或者社会情况的调查报告。报告针对研究课题中对某一问题、某一现象进行分析研究，具有针对性；进一步地了解、剖析问题本质，具有真实性；最终寻找出规律，总结出经验，具有理论性。在完成调查报告过程中，学生不断地理清思路，提取和补充有用的资料，由此及彼，由表及里，对于解决问题具有积极的作用。

比如，“关于珠海公交使用情况调查”（表 1 - 10）是从“畅游珠海——水陆空并驾齐驱”珠海陆路交通调查小组撰写的调查报告中节选的一部分内容。从调查内容上看，“珠海公交使用情况”是陆路交通其中一个，目标明确，学生容易着手调查。表中呈现的数据都是学生通过实践调查得到的，有理有据，学生容易分析。再通过对数据整理和分析得出结论——市民对珠海公交的评价，结论清晰明了，重点突出。其他的交通方式也可以通过这样的形式进行分析总结，整个报告的说服力就很强了。

表 1－10　关于珠海公交使用情况调查（节选）

<table>
<tr><td>科目</td><td>地理</td><td>内容</td><td colspan="6">珠海公交使用情况</td></tr>
<tr><td rowspan="3">调查对象</td><td rowspan="3">路人</td><td rowspan="2">年龄</td><td>25 岁以下</td><td>43 人</td><td>72%</td><td>25～45 岁</td><td>14 人</td><td>23%</td></tr>
<tr><td>46～60 岁</td><td>0 人</td><td>0%</td><td>60 岁以上</td><td>3 人</td><td>5%</td></tr>
<tr><td>性别</td><td>男</td><td>29 人</td><td>48%</td><td>女</td><td>31 人</td><td>52%</td></tr>
<tr><td colspan="9">调查项目、数据及情况分析</td></tr>
<tr><td rowspan="5">出行频率</td><td>经常</td><td>30%</td><td rowspan="5">看重交通工具的优势</td><td>方便快捷</td><td>44%</td><td rowspan="5">考虑因素</td><td>时间</td><td>34%</td></tr>
<tr><td>一般</td><td>50%</td><td>安全舒适</td><td>28%</td><td>价格</td><td>13%</td></tr>
<tr><td>偶尔</td><td>20%</td><td>价格低廉</td><td>8%</td><td>距离</td><td>24%</td></tr>
<tr><td></td><td></td><td>生态环保</td><td>14%</td><td>目的</td><td>20%</td></tr>
<tr><td></td><td></td><td>其他</td><td>6%</td><td>其他</td><td>9%</td></tr>
<tr><td rowspan="4">对交通设施的评价</td><td>很满意</td><td>17%</td><td rowspan="4">情况分析</td><td colspan="5" rowspan="4">从以上数据分析，市民对珠海公交的评价不是特别高，比较满意和一般满意比重比较大。主要问题是车辆班次规划不合理，公交司机的服务态度有待提升。另外还有市民提出的士超载、乱收费的问题一直没有得到解决，对出行影响比较大</td></tr>
<tr><td>比较满意</td><td>47%</td></tr>
<tr><td>一般满意</td><td>30%</td></tr>
<tr><td>不满意</td><td>6%</td></tr>
</table>

科技论文和调查报告都是针对所研究课题的某一个问题或现象进行调查、研究、总结、提升，都具有典型性和科学性。但两者也有不同，科技论文比较着重于论证，如果学生在研究过程有创新的观点或成果的话，可以通过科技论文进行论证；调查报告比较着重过程的叙述，资料性比较强。教师应当帮助学生选择适当的表达形式将研究成果表现出来。不管是论文或是报告，都有规范的写作格式，对学生的写作水平也有要求，教师要给予指导，这对培养学生的学习能力也是很有帮助的。

*7. 步骤七：成果展示*

所谓成果，就是学生经过搜集、整理资料、认真思考、实践研究后，最后提炼出来的学生智慧的结晶。它既有实体的，也有精神的。实践研究的成果除了要有研究的结论外，还要体现整个研究的过程，更要展示学生最真实的感受。展示成果最主要的目的就是让学生从他人手中获取知识和经验，这充分体现综合实践活动课程是一个互相学习、共享资源的课程体系。

**表 1－11 成果展示方式**

| 展示形式 | 展板 | 电子作品 | 课堂展示 |
|---|---|---|---|
| 展示时间 | 研究过程中或研究结束后 | 研究结束后 | 研究结束后，组织 1～3 节课进行 |
| 展示位置 | 班级、年级学校的展示区域 | 班级多媒体平台，学校公共的电子屏幕上播放 | 有电教平台设备的教室 |
| 展示作品 | 手抄报、绘画、摄影作品、撰写的调查报告、小论文等 | PPT、电子期刊等，除手抄报、绘画、摄影作品、撰写的调查报告、小论文外，还加入学生拍摄或自制视频、图像、音乐等 | 以小组为单位学生上台展示，结合展板、电子作品、表演道具等辅助展示 |
| 版面设计 | 主题明确，有活动过程的简明介绍。可直接展示学生原始的纸质作品，也可喷绘后展示 | 主题明确，活动过程或环节清晰，制作精美 | |
| 优缺点 | 静态展示，操作简单，展览时间比较长<br>表现的形式比较单一 | 体现信息技术与学科知识相结合<br>展示需要配套设备 | 学生参与度高，综合能力强<br>动态展示，人为影响因素大 |

从成果展示方式表（表 1－11）可以看到，展示成果的汇报方式是多样化的，主要有展板、电子作品、课堂展示等。不同的展示方式有不同的效果，既可以单独进行，也可以综合进行。它们既有共通之处，在实际操作上也有自己的方法。

### （一）展板

展板是展示成果最基本也是最简单的方式，大部分的学生都能完成，它能快速地体现学生的劳动成果，操作也比较简单。比如在活动研究过程中在班级宣传栏进行阶段性展示，既鼓励了学生，也有利于了解各小组的进度。如果条件允许，还能结合学校开展的科技节、开放日等大型活动进行成果展示，就更能提升成果展示的价值了。

### （二）电子作品

比较常用的电子作品有PPT和电子期刊。它们都是非常好的多媒体表现形式，兼具了平面与互联网两者的特点，且融入了图像、文字、声音、视频、游戏等相互动态结合来呈现给读者。此外，还有超链接及时互动等网络元素，它是一种动态的展示方式。制作PPT或电子期刊需要掌握一定的软件使用技术，对于一些电脑操作技术比较好的学生来说是一个很好的展示平台。所以教师在平时的活动中要善于发现学生这方面的长处。

相对于展板来说，电子作品最大的优势在于不但展示形式多样、新颖、容易吸引学生眼球，更重要的是作品可以永久保存、方便查阅。

学生在展示过程中除了将作品展示给同学看以外，一定要详细介绍。对优秀的作品，让学生反复参观，以他们为榜样，激励其他学生多学习。

图1－33

### （三）课堂展示

课堂展示是指通过课堂组织，学生以情境表演、游戏或介绍分享等形式向同学展示活动实践的研究过程。课堂展示是一个综合性的展示，可以结合展板和电子作品一起展现（图1－33）。

与展板、电子作品展示相比，课堂展示是最复杂，也是难度最大的一种方式，它的最大的特点是调动学生参与的积极性，培养学生的团队合作能力。但课堂展示同时也面临一个问题，就是人为因素的影响比较大。为减少人为因素的干扰，达到良好的效果，建议教师与学生一起完成。教师是导演，而学生是主角。做法也因人而异，比如说某个小组他们的想法比较成熟，学生能力比较强的，那么从学生制作的PPT、音像视频、准备的道具和台词、排练等，教师只要适当给出建议和指导即可。如果小组进行起来是比较吃力的，教师辅助的力度可以大一些，帮助学生搭建一个框架，学生根据框架和环节进行排练。不管是哪种做法，要记住教师和学生是平等的，教师切不可限制学生的行为，学生提出的可行的想法要得到肯定。

“畅游珠海——水陆空并驾齐驱”的成果展示主要选择了“课堂展示”

这一方式。展示时既有共同之处，比如每个小组都采用了情景表演的方式，小组全体成员上台介绍，学生的参与度非常高，也有自己的特色，如第二小组介绍珠海机场位置时利用谷歌动态地图制作了具有地理学科特色的地图，学生能直观看到珠海机场的经纬度位置和位于珠海的方位；第八小组精心制作的珠海交通宣传片，对珠海交通发展的昨天、今天和明天进行回顾和展望，视频的制作手法让在场的老师和同学叹为观止；第六小组还设置一些问题在展示时与同学互动，吸引同学们的关注……值得借鉴的地方是这个课题还组织了一节校级展示课，邀请学校教师现场观摩。由此可见，虽然课堂展示对学生的活动组织、语言表达、信息技术、团结合作各种能力要求很高，但展示的效果是最好的。

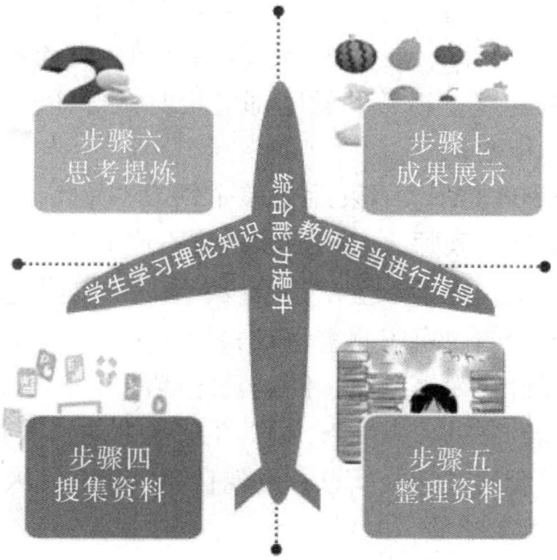


**图 1－34　“实践体验阶段”的核心体现**

“实践体验阶段”是整个综合实践活动的核心，学生通过亲身的实践调查，既掌握了综合知识，又培养了动脑动手的能力，搜集信息和处理信息的能力肯定也会大大地提高。活动过程中学生不断与同学老师磨合，也提高了学生合作、分享的交往能力。在调查过程中遇到困难，突破自己，培养了学生积极进取的良好个性品质，从而提高学生的综合素质，为其终身发展奠定了基础。最明显的是学生能够直接体验课本知识的应用过程，获得一定的直接经验，并学会一定的科学研究方法，这些都是书本知识、课堂教学不能替代的。

## 三、总结交流阶段

8. 步骤八：活动评价

评价是指通过一定的指标或标准，对学生参与综合实践活动的过程进行判断、分析后得出的结论，评价作为综合实践活动课的教学目标之一，也是维护活动有效进行的法宝。关于综合实践活动课程的评价方式有很多，无论哪种评价，尽量在平等、民主、客观、和谐的氛围中进行，教师要放下话语权，给学生以充分表达、积极反思的机会。根据这个原则，评价主要分为过程性评价和总结性评价。

（1）过程性评价。过程性评价贯穿整个活动过程，评价方式主要采用自我评价、小组成员互评、同学评价、教师评价。评价的指标应该在“活动准备”环节就制定好，组长和教师都应定时做好评价记录并及时公布，起到监督和促进的作用。

（2）总结性评价。活动结束后对整个活动过程应该有一个总体的评价。评价的主体主要是教师，但教师的评价不应简单以一个评级打分匆匆了事，而应全程记录，搜集学生在各阶段、各方面的思想行为表现进而做出总体的评价。评价的内容应侧重于观察学生的能力、体验、收获、解决问题的方式及情感价值观等方面，促进其潜能的开发。过程性评价可以作为重要的参考指标，必须重视学生在学习过程中的自我评价和自我改进，使评价成为学生学会通过实践反思、发现自我、欣赏别人的过程。

9. 步骤九：分享借鉴

正所谓没有反思就没有进步，活动结束后应组织交流会或沙龙，通过反思总结和经验交流让学生与学生、学生与老师互相分享、互相借鉴、取长补短，为以后活动的开展扩展更大的空间。

分享借鉴是对整个综合实践活动的修饰，它能让学生更深刻体会到综合实践活动课程是在自主、合作、探究中获取知识、发现问题、解决问题的一种学习活动。学生总结学习的收获、益处，学习他人的研究方法、经验，弃糟粕取精华，在以后的学习、研究过程中才能更好地发挥自己的才能，更上一层楼。

经验交流会可以是大范围的，如全体同学，也可以是小范围的，如小组内。如果需要有重点培养的学生，还可以有针对性地进行总结和后续培训，让这些学生在以后相关的活动中能成为教师得力的小助手。

10. 步骤十：资料存档

每一次开展综合实践活动应该把珍贵的资料和经验保留下来，这些资料和经验对下一次活动的开展有直接的指导意义。从另一个角度看，其实是上一次活动的延伸，它能让下一次的活动开展得更顺利、更精彩，所以活动结束后一定要做好档案保存。

档案的保存大致分为实物保存和电子作品保存。实物保存一般是活动过程中学生制作的模型、标本或者手抄报、绘画等，鉴于实物保存的时间不长，这些作品应该拍成照片保存。电子作品是档案保存的主要方式，应设立一个专门针对综合实践活动档案的文件夹，内容包括：实施方案、课题资料、学生选题、调查报告、学习成果、作品展示、研究报告、学生小论文、经验交流、评价结果、实施计划、实施总结等，将相应的资料投放在相应的内容下，方便以后的查找。随着信息技术的发展，还可以开通微博或微信公众号，开设专题，请专人维护，在活动开展过程中及时更新相关资料，既可分享也可保存。

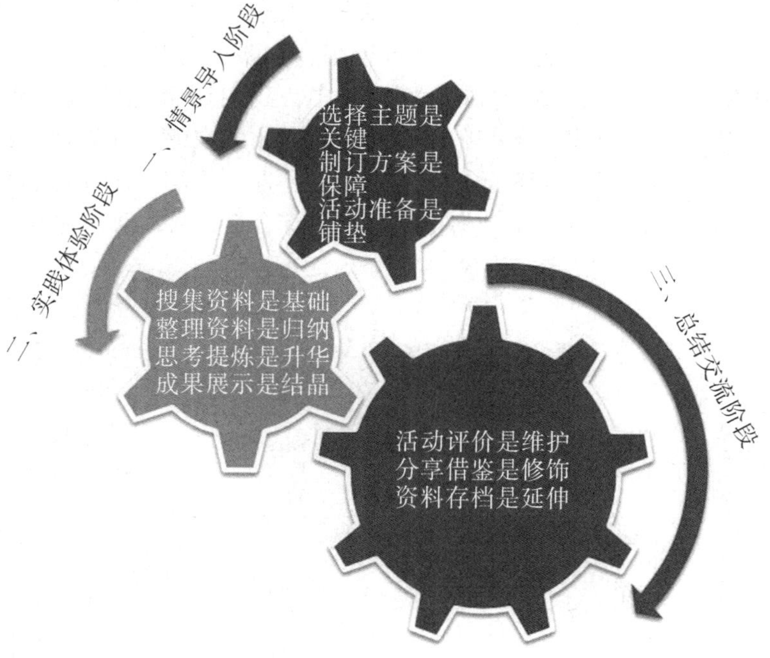


图 1－35　综合实践课程的活动模式“三阶段十步骤”结构关系图

综上所述，开展综合实践活动课程犹如建筑一幢高楼大厦，如果说“进入问题情境阶段”搭建了综合实践活动课程的根基和骨架，那么“实践体验阶段”就给综合实践活动课程添砖加瓦，筑入了“血肉”，而“总结交流阶段”是对综合实践活动课程的维护和修饰。“综合实践课程活动模式”的“三个阶段”层层推进，“十个步骤”环环相扣，它们既相互融合、交叉辅助，也相互推动、巩固深化，构成完整的综合实践课程的活动模式。该模式体现了综合实践活动课程“自主、合作、探究”的理念，以学生为主体，以教师为引导，鼓励学生的新的想法和创意，努力激发学生参与研究性学习的热情，使得广大学生主动参与研究性学习，在学习中积极实践、勇于创新，有利于促使学生的学习方式发生根本性的转变。更重要的是注重学生获得亲身参与实践的积极体验和丰富经验，让学生形成对自然、社会、自我之内在的整体认识，对自然的关爱和对社会、对自我的责任感。

“一百个读者心中就会有一百个哈姆雷特”。诚然，综合实践活动课程已经在各地各学校开展多时，加上不同学科有不同的要求，为了展示学科特色、地域特色也会有自己独特的研究方法。而我们也不应该只套牢在一种模式上，这也不符合综合实践活动课程开放性、自主性的特点。“三阶段十步骤”模式的形成也是在我校推行综合实践活动调和期间不断积累、修改和总结而成，在以后的研究和实践中，我们还会继续摸索和更新。“三阶段十步骤”模式也还存在着一些问题，比如在综合实践活动课程与课堂教学的有机结合、管理的难度上还存在不足。在以后的实际操作过程中，还需要不断地完善，充实各个步骤，让综合实践活动课程常做常新。

附表 1：

**珠海市第九中学政史地生综合实践活动课方案**

<table>
<tr><td>课题名称</td><td colspan="3">畅行珠海——水陆空并驾齐驱</td></tr>
<tr><td>设计者姓名</td><td>崔 × ×</td><td>学科</td><td>地理</td></tr>
<tr><td>所教年级</td><td>八年级</td><td>联系电话</td><td>180 × × × × × × × ×</td></tr>
<tr><td colspan="4">一、研究课题设计</td></tr>
<tr><td colspan="4">课题设计背景：<br>“上知天文，下晓地理”这是人们常说的一句话，学习地理、用好地理是对学生们的要求，并且要让学生们学习对生活有用的地理才是最终的目的。<br>交通是一个城市经济发展的先行官，尤其是学生所生活的珠海，在改革开放年，邓小平同志南行将珠海设立为经济特区，从此珠海就开始了开天辟地的变化，从原来交通闭塞的小渔村发展为现在的水陆空等多种现代交通运输方式齐全，这对学生们来说有很大的吸引力。尤其是广珠城轨的连续开通、有轨电车的正在修建对学生来说都非常贴近，更让他们对未来珠海的交通方式产生兴趣和期望。<br>因此该活动主题的制定遵循了方便易做、贴近生活、趣味性强的原则，能最大程度提高学生的积极性和参与度。</td></tr>
<tr><td colspan="4">二、综合实践活动课的教学目的和方法</td></tr>
<tr><td colspan="4">（一）教学目的和意义<br>1. 通过本次活动课，巩固教材中交通运输章节知识。要求学生学会运用教材中交通运输知识，分析、解决现实生产、生活中的问题，培养知识的运用能力。<br>2. 通过本次活动课，使学生初步掌握观察、调查、统计、归纳、分析等地理学习方法。使学生学会发现问题、分析问题和独立思考，合作解决问题的能力得到进一步提高。使学生学会合作，增强合作学习的观念和意识。<br>3. 最终体现了地理的实用性，学对学生有用的地理，将所学的地理知识应用到生活当中。<br>（二）过程与方法<br>1. 通过网络搜索、实地考察、问卷调查、查找年鉴等多种方法采集珠海交通方式的发展历史、现状及发展方向，学会搜集、整理和分析资料的方法。<br>2. 学会结合课本地理知识分析珠海交通方式的多样性及独特性。<br>3. 能用 PPT、视频等形式进行资料加工，多角度展示成果作品。</td></tr>
</table>

（续上表）

| 三、参与者特征分析（重点分析学生有哪些共性、哪些差异，尤其是开展综合实践活动课过程中可能会出现的问题及解决办法） |
| --- |
| （一）共性<br>1. 学生的集体观念比较强，对于本次活动的开展都非常支持，这是保证活动能顺利开展的基础。<br>2. 大部分的学生很有创意，也喜欢表演，综合实践活动给了他们一个发挥的平台。<br>（二）差异<br>1. 能力：这次的分组是按照班级原来的分组，所以一个组里有优秀的学生，也有能力相对弱一点的学生，在组织能力、协调能力、动手能力、表达能力等各方面都存在很大的差异。<br>2. 性格：一部分学生开朗大方，一部分学生好动，也有一部分学生内向。<br>（三）可能出现的问题<br>1. 学生只能在周末开展调查活动，老师不能做到及时的监督检查。<br>2. 有学生对活动不上心，或者不参与活动。<br>3. 组员之间出现分工不公或意见分歧，影响小组活动开展。<br>（四）解决办法<br>1. 教师加入学生班级 QQ 群或建立联系组长 QQ 群，与组长保持联系，不定时进行督促。<br>2. 老师建立班级综合实践活动 QQ 群，及时联系学生，督促学生按时按阶段上交材料，并及时给学生上交的材料打分，提高学生的积极性。<br>3. 学生对活动不上心，首先看学生是否有困难，如果有要及时给予帮助。如果是能力较弱一点的学生可安排简单的任务。如果是因为态度懒散而不积极的学生，一方面做思想教育，一方面要用制度来约束，明确不参与活动的后果，并在活动过程中要不断地监督。<br>4. 及时了解各小组的情况，发现问题马上解决。做好组长和组员培训，让组长起到带头作用，对于分工方面，不管事情大小，力求做到人人有事做，事事有人做。<br>5. 活动与班级管理联系在一起，用班级制度约束每一位学生。 |
| 四、综合实践活动课的预期成果及其表现形式（活动的最终成果以什么样的形式展现出来，是论文、实验报告、实物、网站、多媒体还是其他形式） |
| 活动最终成果展示形式：活动展示课、PPT、视频宣传片<br>成果延伸：论文 |

（续上表）

| 五、资源准备 | | |
|---|---|---|
| 家长资源：通过家校通邀请家长一起参与活动。<br>技术支持：在整理材料时（如剪切视频、音乐合成、PPT 制作等）需要用到的编辑软件，要提前安装和学习使用。 | | |
| 六、综合实践活动课的阶段设计 | | |
| 综合实践活动的阶段 | 学生活动 | 教师活动 |
| 第 10 周 | 选择小主题<br>填写小组活动计划表 | 确定课题<br>布置任务，提出活动要求，讲解评分表 |
| 第 11—13 周 | 周末开展户外调查活动<br>在校期间小组成员交流任务完成情况，及时解决活动中遇到的问题 | 对学生进行培训<br>对学生的活动进行跟踪检查，完成第一次过程性打分 |
| 第 14 周 | 上交和整理资料 | 了解学生活动进展，及时给予建议，并对小组完成第二过程进行打分 |
| 第 15 周 | 整理资料，准备展示课 | 准备展示课，了解学生活动进展以及预期成果展示方式 |
| 第 16 周 | 各小组自行排练，准备展示课，教师起到指导作用 | 培训学生，为展示课做最后准备 |
| 第 17 周 | 各小组准备好最终成果展示 | 展示课 |

附表 2

**综合实践活动课组长对组员表现评价表**

| 班级 | | 组号 | | 组长 | | 选题 | | | | 小组总分 | |
|---|---|---|---|---|---|---|---|---|---|---|---|
| 序号 | 评价标准 | | 分值 | 1 | 2 | 3 | 4 | 5 | 6 | 7 | 8 |
| 1 | 积极参与活动，认真倾听同学的观点和意见 | | 20 | | | | | | | | |
| 2 | 主动和小组成员配合，乐意帮助同学 | | 20 | | | | | | | | |
| 3 | 服从小组活动安排，按时完成分配任务 | | 20 | | | | | | | | |
| 4 | 积极动口、动手参与展示，不怕辛苦困难 | | 20 | | | | | | | | |
| 5 | 主动提出设想建议，对小组的学习做出贡献 | | 20 | | | | | | | | |
| 总分 | | | | | | | | | | | |

备注：

1. 组长根据组员在活动中的表现打分，每项满分为 20 分。
2. 组长得分由任课老师进行评价。

附表 3

## 珠海九中综合实践活动课展示答辩评价量规表

班级： 组号： 日期：

| | | | |
|---|---|---|---|
| 课题名称 | | | |
| 课题组长 | | 报告陈述人 | |
| 其他组员 | | | |
| 评价项目 | 评价标准 | 分值 | 评分 |
| 展示与交流 | 1. 观点明确，表述规范 | 10 | |
| | 2. 依据充分，材料齐全 | 10 | |
| | 3. 信息来源丰富多样 | 10 | |
| | 4. 成果展示形式恰当，呈现方式多样 | 10 | |
| | 5. 预期成果达成度高，作品成果呈现有新意 | 10 | |
| | 6. 展示过程井然有序，学生讲述大方得体，互动性强 | 10 | |
| 陈述与答辩 | 7. 声音响亮，语言表达流畅 | 10 | |
| | 8. 回答问题思路清晰，表述准确 | 10 | |
| | 9. 应答能力强，成果演示效果好 | 10 | |
| | 10. 重点突出，内容充实，时间掌握恰当 | 10 | |
| 展示答辩总分 | | | |
| 过程评价总分 | | | |
| 最终小组得分 | | | |

附表 4

### 珠海市第九中学综合实践活动课小组计划表

<table>
<tr><td>班级</td><td></td><td>小组名称</td><td></td><td>组长</td><td></td></tr>
<tr><td>学科</td><td></td><td>指导老师</td><td></td><td>记录人</td><td></td></tr>
<tr><td>参与成员</td><td colspan="5"></td></tr>
<tr><td>活动主题</td><td colspan="5"></td></tr>
<tr><td>活动目标</td><td colspan="5"></td></tr>
<tr><td>活动分工</td><td colspan="5"></td></tr>
<tr><td rowspan="4">具体进度</td><td colspan="5">第一次：</td></tr>
<tr><td colspan="5">第二次：</td></tr>
<tr><td colspan="5">第三次：</td></tr>
<tr><td colspan="5">第四次：</td></tr>
<tr><td>预期成果展示方式</td><td colspan="5"></td></tr>
<tr><td>活动体会、感想、收获</td><td colspan="5">年　　月　　日</td></tr>
</table>

附表 5

## 社会综合实践调查记录表

科目：　　　　　　　　　　　　　　　　　　　　时间：　年　月　日

<table>
<tr><td>班级</td><td colspan="2"></td><td>姓名</td><td></td><td>地点</td><td></td></tr>
<tr><td>采访人</td><td></td><td colspan="2">器材和工具</td><td colspan="3"></td></tr>
<tr><td colspan="7">调查内容记录</td></tr>
</table>

# 如何选择综合实践活动课的主题

## ——以政史地生学科为例

张　晶

综合实践活动课是新课程改革对基础教育课程体系的结构性突破，与传统课程有着本质区别。综合实践活动课没有具体的教材，没有专职的教师，更多的是考验一线教师对资源深加工的能力，无论是哪种活动模式，最重要的无外乎是课题的选择。俗话说“良好的开端是成功的一半”，一个恰当的主题有利于整个活动课的顺利开展和实施。那么该如何选题呢？结合这几年综合实践活动课开展的实践经验，笔者认为需要把握好以下几个方面：

（1）要对综合实践活动课有清晰准确的定位。综合实践活动课是一种以学生的经验与生活为核心的实践性课程，又具有整体性、实践性、开放性、生成性以及自主性等特点。所以定位课程本质的第一个关键词应该是“活动”，它要求突破教室的局限，打破接受式的学习方式，以发现、探究学习获取经验和认知。例如培养学生爱国主义教育一直是历史学科的重要目标之一，但爱国不是靠宣传和教育出来的，所以“抗日战争”主题的综合实践活动课中，蒋老师就首先组织学生去养老院看望、采访抗战老兵，在跟老人接触的过程中，孩子们听到了亲历者的真实故事，让教科书中的记载变得有血有肉。在最终展示探究成果的时候，孩子们落泪的真情流露，充分体现了综合实践活动课体验和感受的教育意义。

第二个关键词是“综合”，它要求打破学科界限，学会运用多学科知识解决生活中遇到的问题。毕竟人的个性具有整体性，个性发展不是不同学科知识杂烩的结果，而是通过对知识综合运用而不断探究世界和自我的结果，这样才能培养学生健全的人格。但“综合”不是学科的简单交叉，而是深层次的交融，它跟学科既有区别又有联系。综合实践活动的内容可以在各个学科领域的教学中延伸、综合、重组与提升，而所获得的技能又可以在各学科领域的教学中拓展和加深。例如“丹心耀珠海，铁血书南宋”主题就是立足于对历史课本中南宋史实的掌握上，通过对横琴十字门古战场的走访和考察，运用所学的地理知识解读海战胜利的原因。

（2）要有一双善于发现的眼睛，能紧密联系学生自身生活和社会生活。综合实践活动是以学生的现实生活和社会实践为基础发掘和实施的，弥补现有课程脱离学生生活的局限，只有跟学生生活相关的资源才能激发学生学习的兴趣，获得真实有效的感受和体验。

（3）要遵循一定的原则和技巧：

第一是要以学生为主体，尊重学生的兴趣爱好。综合实践活动课的理念是坚持学生的自主选择和主动探究，为学生个性充分发展创造空间。自主选择就是尊重学生的选择意愿，但在体现学生自主性的同时，也不能忽视教师的指导作用，要在实施过程中逐渐调整学生和老师主体性的比例。例如刚开始确定综合实践活动课主题的时候，老师可以先“抛砖引玉”，先提出一些课题让学生选择，老师对学科知识有着深刻而全面的理解和掌握，在立足学科基础以及生活经验的时候提出的主题更有助于学生的成长。初中阶段综合实践活动的主题除了是让学生要感兴趣，还要务实，并有探究的价值。在有了探究意识之后，再引导学生主动观察生活，尝试提出自己的看法，培养发现问题的能力，为以后主动探究打下良好的基础。同时主题的选择还要有亲身体验和实践的可能才更符合综合实践活动课的特点。

第二是要体现学校的特色，有学校层面的综合。现行的分科主义课程体系是18世纪启蒙运动以来的产物，它追求“工具理性”，将文化割裂成不同学科，把学科文化强化为“精英文化”，让各学科彼此隔绝地向学生进行心灵灌输。但综合实践活动要想打破学科界限，得首先在学校层面达成共识，先创设好学科综合的大环境，才能更好地体现综合实践活动课的理念。例如在“年味”的大主题下，纵向上设计了学生对家族成员“年的记忆”的调查，了解不同时代年味的变迁，横向上设计了对不同地域年俗的调查，以及节日饮食的制作，包含了历史、地理、生物、政治等方面的内容，体现了学科综合的特色。

第三是要体现地方特色。知识经济的到来，给学生提出的要求不仅是需要掌握系统的科学理论知识，更需要有较强的社会责任感和良好的公民品质。社区服务与社会实践就是新课改方案中新提出的概念。它以获得直接经验和提高综合社会实践能力为主旨，帮助学生主动参与社会生活，是培养学生社会责任感的基本手段。综合实践活动的主题要体现地方特色，特别是挖掘社区资源。例如“实践领悟身边历史，志愿讲解珠海文化”主题中，学生担任珠海渔女的志愿讲解员，为游人和市民讲解珠海历史和渔女传说，在服务他人、服务社区的同时，不但能更加深刻地了解社区历史和文化，增强对社区文化和环境的亲切感、自豪感，也增强了学生的服务意识和责任感。在“畅行珠海——水陆空并驾齐驱”主题中，学生通过日常搭乘交通工具的经验和感受，了解珠海交通的发展和变化，并制作了宣传片，从学生的视角展示交通和城市发展之间的关系，同时也尝试为交通拥挤和环境污染寻找解决良方。

第四是选题要面向学生的日常生活，帮助学生体验生活并学以致用。综合实践活动课的本质是通过实践，增强学生探究和创新的意识，学习科学研究的方法，发展综合运用知识的能力。但初中学生的认知会受年龄和生活阅历的局限，所以综合实践活动主题的选择面向学生的日常生活，会更容易抓住学生的兴趣点，有了感兴趣的话题，才能激起学生主动探究的热情。而通过实践得出的感悟和认知更能贴近学生的实际需求，解决学生面对的实际问题。例如“身边的诱惑”主题活动，学生通过对上网原因、上网时间、上网内容以及上网环境的调查和走访，客观全面了解网吧的利与弊，立足自身的需求从而得出切实有效的解决对策；“家居污染”主题活动，学生通过走访调查生活中家居污染的来源和具体表现，由此寻找解决方法，提高解决实际问题的能力。

总之，综合实践活动主题的选择关乎整个综合实践活动课的顺利开展，选题既不能过于简单，也不能脱离实际生活；既要源于学科知识，又要运用知识解决实际问题。要在了解学生兴趣爱好的基础上，在开发良好的地方资源的前提下，才能选择好主题，开展好活动，才能让综合实践活动课程真正成为新一轮课改的亮点。

# 综合实践活动课资料的搜集与整理

胡绮云

在综合实践活动课中，对资料进行搜集、分析与整理是必不可少的环节，也是整个综合实践活动课的“奠基”工程。不论是教师还是学生，都要进行一定的资料准备工作，且培养学生搜集、分析和整理资料的能力，也是教师在综合实践活动课中的任务之一。

由于现代媒体的多样化，中小学生也有他们自己获取信息的渠道，但他们所接触的信息往往杂乱纷呈、缺乏系统性，针对某个专项课题的资料搜集、分析与整合，除少数学生在这方面有极强的能力之外，大部分学生还是会有些茫然，或者找来的信息资料散乱无章，不懂如何分析和整理。

因此，怎样搜集、分析、整理和利用好有关的资料，成为综合实践活动课中的一大难题，教师有必要对学生进行这方面的指导。下面笔者从资料的搜集、分析和整理三个方面谈谈如何在综合实践活动课中整合有关的资料信息。

## 一、资料的搜集方式

在综合实践活动课实施过程中，一般在以下几个阶段有搜集资料的活动，各阶段搜集活动的注重点皆有不同，需要分别掌握：①活动前搜集资料：确定活动主题。在活动主题确定以前，学生能从平时搜集到的资料中发现一些问题，挖掘活动主题。②活动中搜集资料：深化活动主题，解决具体问题。活动主题确定后，要围绕主题来搜集资料，与自己活动主题无关的资料要尽量舍弃，或者留着作为以后的活动材料，搜集的资料要为本次活动的主题服务。③活动后搜集资料：拓展活动主题。综合实践活动课的主题是可以继续拓展和延伸的，如果我们在活动中发现了自己感兴趣的新主题，可以继续深入研究下去。搜集资料的另一目的是看看别人怎样阐述有关问题的，从他们的阐述中得到启发，从而进发出自己的思维火花。

资料的来源通常有四种途径：一是各种纸质的文献资料；二是影视媒体及各种电子出版物（光盘资料）；三是网络资料；四是通过实地调查、访谈获得的一手资料。通过这四种途径，衍生出以下几种搜集资料的方式：

### （一）查阅文献资料

文献资料的种类很多，这里讲的文献资料主要是指纸质的文献资料。纸质的文献资料包括文字文献资料、数字文献资料和图片文献资料。文字文献资料包括词典、书籍、期刊、报纸、特种文献、档案、年鉴、地方志等；数字文献资料如统计年鉴、统计报表等；图片文献资料如地图、图录、各种图画出版物等。

此类资料又包括已出版资料和未出版资料。前者可以通过图书馆、书店、报刊亭等地点进行搜集；后者通常包括政府部门文件、内参、各单位档案文献、私人文献等，往往要通过一定的人事沟通渠道才能获得。就学生而言，通常以搜集前一类资料为主。

### （二）获取影视媒体资料

这类资料，可以到有关的音像馆或电台、电视台以及学校音像资料保管室去寻找，也可以将有关的电台、广播台节目拍摄、录制、下载下来，或在看电视、听广播时将有关信息笔录下来。

### （三）查找网络资料

网络资料丰富易找，已成为现代人搜集信息资料的主要渠道之一。教师可以指导学生了解搜索引擎，用不同的搜索引擎找到最佳的搜索工具。例如，许多人习惯使用百度，除了百度，搜狐、雅虎、Bing 等也是很好的搜索网站。

当然，使用网络搜索方式最为方便、快捷，但目前国家对互联网信息管理层面的法规还不够完善，网上有些资料错漏之处也很多，教师要引导学生使用网络资料时注意鉴别其真伪。

### （四）实地调查、访谈

综合实践活动往往需要获取第一手资料，这种资料的获得又有以下几个途径：

（1）实地考察。例如对一些地方性的历史遗迹，可以组织学生去实地参观、考察，可以根据课题内容通过拍摄有关图片、视频，摘抄遗址中的图文介绍资料、碑刻文等，获得相应的资料。

（2）实地调查。比如调查某个地区的环境污染状况、小区居民文明行为等，不仅可以实地拍摄一些图片、视频资料，还可通过发放调查问卷、调查表等形式，获得一手资料。

（3）访问交谈。为适应课题的需要，可以对某些特定人物，或对路边行人作访谈式对话，也有利于搜集来自生活中的一手资料。例如本校有历史老师在讲抗日战争地方史时，就带领学生访问当地一位年逾花甲的抗战老兵，获得了许多生动的素材。

当然，访谈的对象还可以是自己身边的亲朋好友或某些专业人士等。这种方式除了可以获取第一手资料，还可以培养学生与人交往、沟通的能力。

以上这些是现代人搜集信息资料的一些常规途径。当然，随着社会的发展，各种新型的资料搜集方式还会层出不穷，例如有些人通过微信、QQ群、百度贴吧以及各种网络渠道进行资料搜集。总之，搜集资料的方式多种多样，不一而足，这项技能也需要在实践中去不断开拓、发展。

## 二、资料的分析

在筛选、整理资料的同时，往往伴随着对资料的分析。对搜集来的资料可以按以下三个原则进行分析：

### （一）真实性原则

资料有时包含虚假成分，这个时候要“去伪存真”，因为资料的错误将直接导致结论的失真。具体的审核方法包括经验审核法、内在逻辑分析法、同类资料比较法、来源分析法等。经验审核法当然是根据经验常识、平时积累的知识以及教师的专业知识进行审核，判断其真伪；内在逻辑分析法是检查资料之间的内在逻辑是否自相矛盾的方法；同类资料比较法是将不同观察者对同一观察对象搜集的资料进行比较，如果二者一致性较高，那么可信度相对较大，反之，则须谨慎；来源分析法是通过考察文献资料的来源来核实资料的真实性。一般而言，当事人的叙述比局外人的可靠，有记录的资料比传说中的可靠，引用率高的文献比引用率低的可靠等。

**（二）适用性原则**

现有的资料在广度和深度上能否得出研究结论，这是个重要问题。针对某个问题的资料越集中越完整，在深度和广度上越是与研究结论相似，资料的适用性就越高；反过来，单一资料则难以验证结论。

**（三）完整性原则**

（1）整体资料的完整性。即实际收到的资料要达到研究要求。就调查问卷来说，有效问卷回收率在30%左右的资料，仅作参考；回收率在50%的，可采纳建议；只有回收率达到70%的，才能作为得出研究结论的依据。

（2）每份资料的完整性。如调查问卷中含有漏答、误答题目的问卷就不具有完整性，必须经过一定的技术处理才能作为有效资料。

## 三、资料的整理

对于所要实践的课题而言，搜集来的资料往往是散乱的，还需要经过筛选、审核、提炼、补充、制作、系统加工等步骤。

**（一）内容上的整理**

（1）筛选：许多学生搜集资料时往往是摘抄大段的原文，或视频全程摄录，不善于筛选，究其原因是对课题的重点不明，主旨方向不明。此时，教师要向他们明确重点，引导他们对材料“该丢的丢，该留的留”，学会有所取舍，学会节选、剪辑、摘录等处理材料的基本手段，即“去粗取精”。

（2）加工制作：把不需要的内容抛弃，需要的内容保留下来以后，要对留下的材料内容进行重新组装、修补、提炼，加入自己的见解和思想，使之系统化、成果化。换言之，就是要通过自己的思考、设计、提升，将其重新整合一遍，转化成自己的脑力成果。

此阶段，可以要求学生把搜集来的资料做成手抄报、调查报告、访谈录、PPT、剪辑加工后的视频、图文手册、小论文、总结体会等。

**（二）形式上的整理**

有时候由于资料多而散乱，形式也多样，学生不知如何保存管理，可以教给他们一定的管理方式。

首先，学会对资料进行分类管理。比如图片资料，可以统一贴到剪贴本上；文字资料写在摘抄本上；网上资料、视频资料，按类建立文件夹，命名保存（其中，图片资料一定要有文字说明）等。其次，还可以建立档案袋的形式将资料有序归档。

总之，对资料的整合是个烦琐、复杂而又必不可少的基础性工程，是对师生耐心和敬业精神的一个巨大磨炼。只有做好这一工作，其他的环节才能有序地进行下去。学生也只有通过这样的磨炼，才能改变浮躁的一面，学会踏实、认真地去做事。

# 综合实践活动课的成果展示

## ——以政史地生学科为例

胡绮云　梁玉葵

在综合实践活动课中，成果展示是十分重要的环节，即学生将综合实践活动中取得的成果以种种形式展现、宣传、推介、分享给大家。成果展示既是学生实践效果的重要显现，也是衡量整个综合实践活动课是否成功的关键性要素。它不仅有利于锻炼学生的表达、展示能力，还有利于考查整个综合实践活动的施行、完成情况，同时对普及课题研究的成果和有关的专业知识起着传播、分享的作用，是整个综合实践活动课的“重头戏”之一。教师们在指导综合实践活动课时，应充分重视这一环节。

实践中，成果展示往往放在综合实践活动课的最后阶段进行，也可以随阶段性成果的取得同时进行展示。

### 一、成果展示的形式

当综合实践活动结束后，进入总结展示交流阶段。由于活动主题、活动方式不同和活动过程的千差万别，展示交流的形式也多种多样，总体可以分为静态的展示和动态的展示两大类。

静态的展示包括手抄报、小报、绘画作品、访谈录、PPT、设计图、录音录像、调查报告（或调查表）、结题报告、小论文、观察日记、小发明、小模型、实物标本、倡议书、校内外刊物等。

动态的展示包括举办小型展览会、专题板报、报告会、答辩会、演讲会、讨论会、交流会、座谈会、宣传会、专题课堂、知识竞赛、文艺演出等。

当然，有很多展示交流是综合性的。在这种展示交流中，既有多样的作品展示，又有丰富的情感体验；既有方法的交流，又有热烈的讨论；既有活动的总结，又有活动的反思；既是前段主题活动的总结，又能从中生发许多新的主题。

由于展示方式的多样化，教师应根据不同的主题类型，指导学生采用最优化的展示形式，并可根据各个学生的特点，鼓励他们扬长避短，选用个性化的展示方式。

## 二、展示交流中存在的问题

1. 展示精英化

由于综合实践活动课堂教学组织的特殊性和局限性，往往需要以小组形式开展活动、设计活动方案。很多教师在方案交流指导时，往往只会选择比较优秀的方案进行点评，不利于其他未进行点评交流的小组对主题活动的了解。

2. 展示单一化、形式化

展示只侧重表演式、展览式的汇报。用诗、歌、舞、小品、倡议书进行展示交流，虽然这类的展示形式也融入了学生的劳动智慧，并且能够在课堂上更加直观艺术地表达某些活动的成果，活跃课堂气氛，学生也喜闻乐见，但它们缺少对问题展开深入的讨论和广泛交流。学生在课堂上的学习模式是单向的，缺少双边互动，使课堂不具生成性，对学生在课堂上生成什么，重新得到哪些认识、问题解决的方法，获得哪些感悟体验则不得而知。这样的课堂学习方式与新课程新课堂追求的同学之间、师生之间互动学习的交流方式不相吻合，更与综合实践活动总结与交流阶段“使学生在对话交流过程中有所感悟、进行反思、重新体验活动方法、提升总结、发展能力”的课程教学目标有着很大的差距。

3. 展示成果化

展示课伊始，各个小组就选择的子课题轮流上台展示汇报活动的成果，尽管展示交流的形式各小组有所不同，但展示交流的大都是些活动的“结果”。甚至有些成果并非“真成果”，无须亲历实践、调查、访问、观察，无须参与一个完整的综合实践活动过程，只要在展示课前上网查一下资料、写一份倡议书、编一段舞蹈、排一份小报、唱一首歌。这样的展示课忽视学生实践过程中所获得的实践能力、情感态度、思想意识和良好个性品质这些无形结果的交流，缺乏综合实践活动课程的过程价值体现。

4. 展示随意化

综合实践活动旨在建立一种新型的师生关系：导师制。教师在活动中的基本职责就是指导、引导、组织、管理与评价学生活动。现实课堂中，习惯“讲授”的教师往往难于胜任“导师”角色。对于自己应该承担哪些职责常常没有目标性和策略性，感到无所适从，要么撒手不管，放任自流，充当旁观者的角色；要么从学生的展示内容到展示形式都由教师统一规定安排，硬性导演展示程序和内容，忽视学生主体地位的表现。

## 三、成果展示的策略

1. 注重展示交流的实效性，拒绝“表演课”和功利化倾向

成果展示环节目的是要起到反馈交流、经验分享、宣传普及的作用，不是为了展示而展示，因此要避免那种纯粹“表演”“作秀”式的所谓“优秀课”出现，避免流于花哨而成为名副其实的“综艺节目表演”。

同时，也不宜追求成果的精致化，如过于显示学生的“发明创造”如何“高科技”，甚至为了获奖、发表而由教师“包办”“代办”学生作品，这些过于功利的做法就明显不符合综合实践活动课原有的宗旨。

2. 强化多维互动，避免单向传授

展示过程要尽可能地提高全体学生的积极性和参与度，创新展示的方式，有效地实现师生间、学生间以及台上台下间的多向交流，切忌出现“台上自我陶醉，台下昏昏欲睡”的局面。台下的学生如果只是充当观众，没参与到展示中来，他们的积极性和学习效果都会大打折扣。

在这个问题上，我校有些教师的指导是非常成功的，例如地理科组的夏艳华老师指导的“年味”综合实践活动课，在展示时有一个小组的学生每人都将自己亲手制作的地方特色小吃让台下的学生和老师们品尝，无疑是展示中的一个“互动”亮点；历史科组的蒋巧珍老师指导的“实践领悟身边历史，志愿讲解珠海文化”，在展示过程中设计了一个“互动热身”环节，即主持人设计三道选择题，让台下的学生猜猜他们熟悉的流行歌曲里的历史内涵（如林俊杰的《曹操》）；生物科组的呼小明老师指导的“呼吸作用”活动展示课上，设计了让学生代表向装有澄清石灰水的试管吹气并让台下学生观察其变化的环节；政治科组的梁玉葵老师开展“践行低碳生活，打造绿色校园”主题活动中，指导学生将活动成果展示环节以“擂台战”的方式进行展示，各小组依次用不同形式展示低碳生活面面观的活动成果，其他小组进行挑战，挑战方提出疑问，擂主进行答辩；双方在交锋的过程中，不断深化活动主题，体验批判思维的乐趣，共享活动成果；再如“亲近传统佳节”主题活动中，各个小组将本组的佳节习俗整理成漫画册、图配文、诗歌集等形式记录到成果漂流册，将漂流册传阅到各

个小组，各小组通过传递写下意见与建议，方便各小组接受意见，改善活动成果……这些生动活泼的展示环节，都能有效地促进台上台下的精彩互动，避免出现死气沉沉的气氛。

3. “研究成果”与“体验成果”并重

综合实践活动课不仅要重视学生的“研究成果”，也要重视“体验成果”。换言之，除了要重视外化成果的显现，也要重视学生内在的经验感受和体验分享。例如，在实践过程中，学生发现了什么问题，遇到了什么困难，怎么解决、克服的，学生怎样与人们交往合作的，采访时被人拒绝怎么办……这些活生生的经验体验、真情实感，如果不加以展示，就违背了综合实践活动课应以关注、促进学生成长为重的本旨，忽视了对学生“情感、态度与价值观”的引导。因此，“体验成果”的分享也是不容忽视的。

4. 摆正教师在学生展示活动中的作用

综合实践活动课的实施在坚持学生自主选择、主动实践的前提下，强调教师对学生的指导。教师要积极参与到展示中来，避免沦为“旁观者”或单纯的“主持人”，最好能事先同学生一起确定好具体展示的方式、流程和注意事项，防止展示的形式化、无序化，还要注意培养学生的表述、答辩等展示技巧。

教师对于学生的活动过程、探究方法、结果呈现方式等都起到引领、导向作用。不包揽学生的工作，不做学生的“守护神”。应让学生在活动过程中亲近并探索自然、体验并融入社会、认识并完善自我，在活动中发展创新能力、实践能力以及良好的个性品质，使学生真正成为活动的主人。此外，还应让学生在活动中有所体验、有所提升、有所感触，真正促进其各方面能力的提高。但是也不能因为其自主性而放任自流，教师应成为学生参与活动的支持者、迷失方向时的导航人，在学生遭遇困难、受到挫折、山穷水尽、不知所措时及时指出光明道路，拿出“锦囊妙计”。把自己的有效指导与鼓励学生自主选择、主动实践结合起来，摆正自己在活动中的位置。

综合实践活动成果展示环节不只是一种学习方式，更是一种态度、一种内需、一种技能，在学生展示时教师要跟踪进程、规范指导，及时调整学生展示方式，努力调动学生主动尝试与担当的潜力，让学生学会展示成果，品尝与人分享成果的快乐。

# 如何构建综合实践活动课的评价体系

胡绮云

爱因斯坦认为："学校的目标始终应当是：青年人在离开学校时，是作为一个和谐的人，而不是作为一个专家……发展独立思考和独立判断的一般能力，应当始终放在首位，而不应当把获得专业知识放在首位。"基于类似的理念，《素质教育观念学习提要》中提出了"评价不是为了排队，而是为了促进发展"，"多一把衡量的尺子，就会多出一批好学生"的观点；《国家基础教育课程改革纲要》中也明确指出：建立评价方式多样、评价项目多元的评价体系，发挥评价的发展功能。这一规定，将评价作为综合实践活动课的教学目标之一。

然而，究竟什么是"评价"，具体的评价指标体系应该怎样确定，目前尚无定论。通常认为评价是对学生在综合实践活动中的表现、进展和变化进行观察、描述、分析、解释的过程。从这个定义可以看出，综合实践活动课的评价对象是学生，评价的客体是学生在活动中的表现、进展和变化，评价的方式是观察、描述、分析、解释等。

评价的方式有哪些？评价应包含什么内容？评价应遵循哪些原则？本文将从以下几个方面进行阐述。

## 一、评价的方式

（1）按评价主体来划分，评价方式可分为自我评价、小组成员互评、同学评价、教师评价、家长评价、社会人员评价等。

在许多学校的综合实践活动课中，教师评价仍然占据主导地位，学生自评与小组成员互评的程度不够。这一点有违学生主体性的原则。综合实践活动课中，我们应让学生真正参与到评价中来。因此，评价应首先以学生的自评与互评为基础，在此基础上再加入教师评价与家长评价，后者主要起到引导、拔高的作用。

通过自评，鼓励学生学会反思，总结经验教训，发现自己的优点与不足，提高辨别是非的能力和自我教育的能力；通过学生间的互评，让学生更全面地了解自己，鼓励他们互相学习、彼此欣赏、加强合作、共同进步。

教师的评价不应简单以一个评级打分匆匆了事，而应全程记录、搜集学生在各阶段、各方面的思想行为表现，并及时做出相应的评价。这样可以随时激励学生培养自信、坚持努力的品质，帮助他们认识错误、及时做出改进。例如，在一项活动完成之后，师生间、学生间就可以进行阶段性的成果交流评价，共同分享探究中的快乐和烦恼。因此，评价不一定是终端性、一次性的，它可以是阶段性、多次性、重复性的，动态地贯穿于整个活动的始终。

无论哪种评价，尽量在平等、民主、客观、和谐的氛围中进行，教师要放下话语霸权，给学生以充分表达、积极反思的机会。

（2）按评价的表现形式来划分，评价方式可分为口头表扬、档案袋记录、研讨式评价、展示性评价、问卷调查表、评级、打分、荣誉表彰等。

展示性评价即成果展示，它也可视为评价的一种方式，在前面已有说明，这里不再赘述。

档案袋记录是综合实践活动课中常用的评价方式，即学校制作每个学生的成长记录档案袋或鼓励学生建立自己的综合实践活动档案袋，不但学生要记录自己在活动中的行为、发现、想法、体会和总结反思，写同伴评价，教师也要积极观察、记录、描述学生在活动中的种种行为表现并记录下来，做出相应的评语。例如，学生可以撰写成长日记，教师可以将即时评语写在师生交流的信息卡上。

研讨式评价，即以讨论、交流、协商等方式进行评价。

问卷调查表，即教师提供调查表由学生填写自己在活动中的种种反思体会。教师也可以根据学生的反馈及时调整活动策略。

荣誉表彰，即教师或学校可以通过颁发奖状、奖章，开表彰大会等形式对在综合实践活动课中表现出色的个人、小组、班级进行表彰。

总之，由于传统的纸笔测验难以对学生的实践活动表现进行考核，综合实践活动课中的评价应多以描述、解释、交流、记录、分析、展示、对话等灵活多样的表现性评价方式进行。

## 二、评价的内容

综合实践活动包含研究性学习、社区服务与社会实践、劳动技术教育和信息技术教育等要素，其评价内容也应涉及劳动技术、研究性学习、社会实践、社会活动等几大板块。如前所述，综合实践活动课以关注学生的发展为核心目标，其评价应侧重观察学生的能力、体验、收获、解决问题的方式及情感价值观等方面，促进其潜能的开发。具体细化下来，应涉及以下几方面的内容：

1．参与度评价

即对学生参与综合实践活动课的态度、课时量方面的评价。该评价可反映一个学生对所参与活动的兴趣度与积极性，还可从侧面反映出他与同学之间的合作意识强不强，以及是否勇于承担责任、解决困难的决心与意志强不强等。也可以将合作意识、克服困难的能力单独作为一个评价指标。

2．体验评价

即对学生在实践过程中获得的经验、体验、感受等状况进行的评价。其最终目的是引导学生形成正确的情感价值观，培养他们关心、热爱国家、社会，关注他人与自然环境等正面情感，树立强烈的社会责任感与小公民意识。

3．知识、方法、技能评价

知识即从实践活动中学到的各种知识；方法包括学习方法、研究方法、解决方法等；技能包括搜集处理信息、与人交往、动脑、动口、动手等各方面的技能，例如某种劳动技能，利用多媒体制作网页之类的信息技术技能等。

4．创新精神与实践能力的发展状况

教师要注意观察学生在发现问题、解决问题、独立思考、创意设计、自我反思等方面体现出来的创新能力、探究能力与实际操作能力，通过积极评价的方式加以鼓励、支持。

5．成果评价

亦可表述为成果展示，即对学生的收获与成果进行评价，与前面所说的成果展示内涵基本一致。

6. 道德价值观评价

即对学生通过实践活动体现出来的社会责任感、使命感等道德价值因素进行评价。

## 三、评价中应遵循的原则

1. 过程性原则

综合实践活动课的评价体系，应重在培养学生的能力和情感态度，而不是重点关注他们获得了多少系统化的知识，或者做出了多少出色的作品。它强调人的发展，体现对人格的尊重，是一种“以人为本”的多元化评价体系。综合实践活动课的评价固然不能完全忽视结果，但过程评价更应成为主流。

传统的评价方式喜欢采用书面考试、划分等级、打分、奖惩等手段，但这类排队式的评价是典型的重结果不重过程、重成败不重成长的评价，不能充分体现对学生的人文关怀。而过程性评价原则，要求对学生在活动过程中的表现、品质、创造性、参与态度、解决问题的能力、与人合作的能力、独立思考的能力，以及所获得的经验、体验、感悟与教训、各种技能等多方面的情感、素质进行评价，与其说是一种简单的“盖棺定论”，不如说是以关注学生成长、适时纠正错误、激发学生情感、挖掘学生潜能、培养学生探究欲为目标的一种人文关怀。它注重的是学生参与活动的积极性、思维方法的合理性、操作程序的科学性、感受领悟的深刻性等，至于研究的结果怎么样，或者能否有一个最终结果，都不是那么重要。

过程性评价原则还体现在评价不一定是在活动终结时进行，它可以贯穿于整个活动的每个阶段；同时，这种教学评价不能仅仅以学生某个阶段的表现作为全部评价的依据，也不能单以学生某一次研究的得失来给他下终结性的定论。

2. 发展性原则

传统的学科教育注重知识的传承，其评价也侧重于关心学习目标的达成情况和成败，不关心学生成败的原因，也不关注学生的个性发展与心理品质。

新一轮课程改革倡导“立足过程，促进发展”的课程评价，体现在综合实践活动课上，必然要求评价的核心理念要立足在“一切为了学生发展”这个基础上。

综合实践活动课主要是培养学生的创新精神和实践能力，其评价目标也应面向未来，以培养学生的持续发展能力为目标，帮助他们形成长期的探究习惯。

因此，综合实践活动课的核心目标一定是以学生的发展为主，要把评价作为挖掘学生潜能的方式，帮助其形成各种良好的素质素养。例如在评价学生时，我们不能单看他们搜集的资料是否丰富，思维是否严密，成绩是否显著，而应进一步关注他们搜集资料的过程与方式是怎样的，遇到困难和阻力怎么解决，通过实践获得的体验、感受，收获状况如何，以及与人合作、交往的状态怎样，是否能有效处理、化解矛盾和分歧等。这样的评价同时也是一个素质教育过程，是师生平等对话、民主协商、共同学习的一个互动过程。通过评价交流，可以及时纠正实践中的错误和心灵成长中的误区，促进、引导学生往健康积极的方向发展。

总之，这种发展性的评价方式要求关注学生在活动中的各种表现，包括情感、意志、兴趣、习惯及价值观等方面的综合发展情况，有利于学生核心素养的培养，而不单是为了评价而评价。

3. 评价主体多元化原则

综合实践活动课作为一种开放性的课程，它所涉及的主体是多元的，除了学生和教师，家长及校外其他社会成员都可能成为活动的主体。因此，它的评价也不应是孤立封闭的，而应是开放的、多元化的。

由于综合实践活动课主要以小组合作的方式进行，除教师外，小组成员之间有着相互合作、深入接触的基础，他们之间的相互评价具有较强的可参照性；而学生本人作为活动的亲历者，对自己的实践有着第一发言权，因此应该鼓励学生积极进行自我评价；家长作为旁观者，也能从一定的角度了解学生参与实践的情况。此外，在活动中同学们接触到的其他社会成员，也可以站在他们的观察角度成为有发言权的评价者。

这样概括起来，具体参与评价的主体可以包括：教师、同学、学生本人、家长、小组成员及其他社会成员。相较于传统的教师单一评价而言，多元主体评价往往更加全面、客观、科学、民主，对学生的成长与发展无疑是有利的。

4. 客观公正原则

学生是未成年人，外在的评价对他们的身心发展影响较大，而且往往影响着他们对自我的评价。因此，在综合实践活动课的评价中，务必要秉持客观公正的原则，避免因为偏颇、不公或者不科学、不合理的评价给学生带来负面的影响。

客观公正原则首先要求教师要放下权威，与学生平等对话，不能以“一言堂”式的话语霸权盖棺定论。同时，要鼓励学生多进行自我评价，小组成员、同学之间互相评价，形成民主、平等、和谐的师生评价交流氛围。当然，小组成员之间、同学之间进行互评时，教师要引导他们注意评价的客观公正性，学会互相包容、彼此欣赏，避免因个人偏见、喜好造成对他人评价不公，或因相互指责而加深矛盾，形成不良的评价风气。

其次，要全面、多层面地评价学生，不能只就某一点或某一方面以偏概全地下定论。例如不要过分强调结果，忽视学生在过程中的经历、体验、努力和认识增长等；再如，过度肯定某个小组、某位同学的成绩，忽视其他小组、其他成员的努力，这些都易造成偏颇，影响学生的积极性。

5. 激励性原则

学生处于成长期，各种认识尚不稳定，彼此之间又存在较大的个性差异，因此对他们的评价应以激励、鼓励为主，充分肯定他们的进步与努力，鼓励学生有个性化、特色化的表现，尽量避免打击其自信心、积极性的现象出现。

此外，教师还可以通过表彰的方式，对活动中表现优秀的个人、小组、班级进行表彰、奖励，达到激励效果。

6. 自主性原则

自主性原则即学生主体性原则，综合实践活动课应始终强化学生的主体地位，鼓励他们积极、主动、大胆、热情地参与到活动中，并引导他们多进行自评与互评，凸显学生的“主角”地位。

综上所述，评价既是教师指引功能和核心作用的重要体现，也是促使学生增进认识，加强学生同他人之间进行情感交流的良好方式，是整个综合实践活动课不可或缺的重要环节。良好的评价能有效引导学生往大家所期望的方向健康成长。因此，重视评价，理应成为综合实践活动课的主旨之一。

# 第二篇 行（课例分析）

# 我爱我“家”

## ——关于珠海市城区建设调查综合实践活动

夏艳华

## 一、指导思想

素质教育和核心素养的培养是当今的教育方向，综合实践活动作为新课标的“亮点”，以全面提高学生的综合实践素质，开发人的潜能，使学生得到全面、和谐、充分发展为宗旨，坚持以“创新、实践、发展”为主线，以活动为主要形式，以实践为主要环节，培养和发展学生综合应用知识的能力。综合实践活动植根于学校课程，但又超越体系化的教材，在开放的空间里促进学生面向社会、面向自然，使学生在不同的程度上认识、发展和超越自我，体现学校的素质教育和核心素养培养。

政史地生学科作为集自然、人文、社会、科学于一身的学科，在平时的学校教学中就经常以活动的形式让学生通过“实验”“探究”“制作”“体验”等一系列活动发现和解决问题，与综合实践活动课程有异曲同工之处，政史地生学科联合开展综合实践活动课程的研究，以学科知识为基础，透过学科之间的异同，让综合实践活动课程向区域特色靠拢。

## 二、活动摘要

珠海是一座年轻的移民城市，部分学生跟随着父母从不同的城市来到珠海并定居于此。不管是珠海本地还是来自外地的学生，对自己生活的城市了解多少呢？“珠海是我家，人人爱护它”这句朗朗上口的宣传标语有没有真正落实呢？本次综合实践活动旨在让学生深入珠海城市建设的各个领域，从身边人和事进行一线考察，结合政史地生学科知识，对珠海在城市建设过程中出现的问题进行调查研究和分析探讨，并对珠海的城市建设提出一些建议。

## 三、活动背景

珠海市申报“全国文明城市”的历程可谓艰辛，经历千辛万苦终于在2015年2月把“文明城市”的牌子捧回来了。香洲区作为主城区，在珠海市申报“文明城市”时是重点的验收地区，老师和同学们也都有参与志愿者活动，为珠海加油出力。同时文明城市的评选标准引起了同学们的兴趣。经过初步的了解，“城区建设”是其中一条重要的评选标准。“城区建设”所包含的领域很多，学生结合近段时间发生的香洲新闻、自己的兴趣，以及从政史地生四个学科角度出发，挑选出部分热点话题，希望通过小组合作方式，通过自己的亲身探索了解珠海主城区建设的情况。通过该次活动，以点带面，让学生通过亲身体会自己生活的城市的发展，以小主人翁的身份参与到城市建设中来，增强“我爱我家”的情感。

## 四、活动目的

（1）通过调查珠海市内历史文化遗址、交通拥堵问题、城市公园建设、流动摊档食品安全与健康，了解珠海市在城市建设方面的情况及出现的问题。树立“主人翁”精神，培养学生“我爱我家”的情感。

（2）指导学生围绕问题开展调查、研究活动，引导学生运用各种手段去搜集、查找、整合信息，让学生体验合作学习的快乐，提高学习能力。

（3）培养学生生疑、质疑、探疑、解疑、再生疑的能力；学会客观地分析和辩证地思考，养成敢于发表自己的见解的意识，并乐于与人分享交流，使学生体验自我效能感。

（4）体现政史地生四学科合作开展综合实践活动的优势，为创建富有区域特色和学科特色的综合实践活动校本课程打下基础。

## 五、活动方法

调查研究：采用问卷调查法和访谈调查法。

整理总结：将资料按类别、科目进行分类归纳。

情景表演：有目的地引入或创设生动具体的场景，以更好地展现研究的成果。

交流分享：自我学习、相互学习、资源共享。

## 六、活动时间、地点和人员

活动时间：2015 年 5 月

表 2－1

| 组别 | 活动地点 | 考察时间 |
|---|---|---|
| 第 1 组 | 珠海图书馆、杨氏大宗祠、梅溪牌坊 | 两周 |
| 第 2 组 | 容闳、唐绍仪、苏曼殊、陈芳故居 | 两周 |
| 第 3 组 | 南屏海鲜街、学校附近的食街 | 一周 |
| 第 4 组 | 学校附近食街 | 一周 |
| 第 5 组 | 海滨公园、石景山公园 | 一周 |
| 第 6 组 | 香山驿站和石溪公园、梅华城市公园 | 一周 |
| 第 7 组 | 上冲关口、拱北隧道、前山立交桥 | 两周 |
| 第 8 组 | 路边交警值勤岗 | 一周 |

## 七、活动研究过程

1．准备工作

（1）制订活动方案、评价标准，确定活动主课题——我爱我“家”。

（2）围绕主课题多方选材，选取容易凸显城区建设的内容作为调查内容，并确定小课题。

（3）参加人员划分小组，以小组为单位，分配综合实践活动小课题的任务。

表 2－2

| 小组 | 研究课题 | 小组 | 研究课题 |
|---|---|---|---|
| 第 1、2 小组 | 构建珠海市内历史文化遗址名录 | 第 5、6 小组 | 珠海市城市公园的建设 |
| 第 3、4 小组 | 分析珠海市食品安全与健康 | 第 7、8 小组 | 珠海市内交通拥堵问题研究 |

（4）教师准备：开展学生动员工作，明确活动目的和意义，讲解活动流程（制作 PPT 进行讲解，并把 PPT 内容打印分发，每个小组一份）和培训学生进行调查研究的方法。因涉及四个学科，不同学科的小组可以分开进行培训。

（5）学生准备：小组长填写好小组活动计划表，做好组员分工，明确任务，做好定时定点定量上交资料和作品的计划。

（6）搜集组员联系方式，方便在活动期间联系和解疑。时刻做好安全教育工作。

2. 调查过程

（1）资料查阅：各小组根据自己负责的课题通过网上查阅、到珠海市图书馆查找资料等途径了解和搜集珠海市城区建设的现状。

（2）现场采访：

表 2－3

| 组别 | 采访内容 | 采访对象 | 采访方式 |
|---|---|---|---|
| 第 1 组 | 了解名录是怎么制作的？<br>到杨氏大宗祠、梅溪牌坊等历史遗址了解 | 图书馆、杨氏大宗祠、梅溪牌坊的工作人员 | 文字记录、录音、拍照、拍摄 |
| 第 2 组 | 分批到容闳、唐绍仪、苏曼殊、陈芳故居，了解名人故事 | 故居工作人员 | 文字记录、录音、拍照、拍摄 |
| 第 3 组 | 到南屏海鲜街、学校附近的食街搜集珠海美食 | 食街店铺经营者 | 拍照、拍摄 |
| 第 4 组 | 在学校门口和学校附近食街调查流动摊档的经营情况 | 流动摊档经营者 | 拍照、拍摄 |
| 第 5 组 | 到海滨公园、石景山公园考察城市公园现状 | 公园游客 | 拍照、拍摄、问卷调查 |
| 第 6 组 | 到香山驿站、石溪公园和梅华城市公园考察城市公园现状 | 公园游客 | 拍照、拍摄、问卷调查 |
| 第 7 组 | 上冲关口、拱北隧道、前山立交桥实地观察交通拥堵问题 | | 拍照、拍摄 |
| 第 8 组 | 学校周边主要路口和交警值勤点 | 值勤民警或志愿者 | 文字记录、拍照、拍摄 |

（3）问卷调查：关于城市公园建设的研究小组自行设计问卷。随机向公园游客进行调查，了解市民对珠海城市公园建设的想法，问卷回收后进行统计和分析。

关于城市公园建设的调查问题如下：

**表 2－4**

您好！我们是珠海九中珠海城市公园建设研究小组，正在为珠海城市公园建设进行调研，请您根据实际情况填写问卷，在选择的答案处打“√”，谢谢支持！

1. 您的性别：

A. 男　B. 女

2. 您的年龄：

A. 18 岁以下　B. 18～29 岁　C. 30～39 岁

D. 40～49 岁　E. 50～59 岁　F. 60 岁以上

3. 您的职业：

A. 机关事业人员　B. 企业职员　C. 学生　D. 离退休人员　E. 其他

4. 您通常采用什么交通方式到达城市公园？

A. 步行　B. 骑车　C. 公共交通　D. 驾车　E. 其他

5. 您从居住地到达城市公园的时间是：

A. 10 分钟以下　B. 10～20 分钟　C. 20～30 分钟　D. 30 分钟以上

6. 您常在城市公园玩多久？

A. 1 小时以下　B. 1～2 小时　C. 2～3 小时　D. 3 小时以上

7. 您选择城市公园通常会考虑哪些因素？（多选题）

A. 公园距离　B. 交通便利性　C. 公园设施丰富性

D. 卫生环境　E. 主题文化　F. 其他

8. 您觉得该城市公园的出入口布置、数量是否满足需要？

A. 完全满足　B. 比较满足　C. 一般满足　D. 较不能满足

E. 不能满足

9. 您觉得园内停车场、自行车停放处的布置、数量是否满足需要？

A. 完全满足　B. 比较满足　C. 一般满足　D. 较不能满足

E. 不能满足

10. 您认为城市公园的建设在提供公共服务方面最需要做些什么？

A. 提供充足的休息空间　B. 提供宽敞的广场空间供娱乐使用

C. 加强安全管理措施　D. 提供充足的服务设施和建筑

E. 其他

11. 您对珠海城市公园建设有什么建议？

3. 资料搜集整理

（1）原始资料归类、整理：

①组员每周五下午之前将该周搜集的书面资料上交，照片、视频等资料通过 QQ 上交。

②组长按照课题需要将资料进行归类，根据笔录对照片、视频及时整理，以免时间过长遗忘或错漏。

（2）老师与组长一起筛选资料，将有用的、精彩的资料保存。每周五进行一次简单的整理，及时补充缺失的材料。

（3）整理和制作作品，包括课件、视频。老师至少审核两次以上。

（4）各小组选择了“课堂展示”为主要的展示方式，老师根据学生的内容安排课程流程，学生自行编写“剧本”，准备道具进行排练，表现形式要体现学科特色和小组特色。

4. 成果展示

（1）展示方式：课堂展示，邀请政史地生科组老师听课。

（2）展示时间：80 分钟。

（3）展示内容：

①播放珠海获得“全国文明城市”的视频，主持人引入本次活动展示课：珠海是一个美丽文明的宜居城市，相信同学们都非常喜欢这个城市。作为“文明城市”，珠海的城市建设现状是怎样的呢？经过一个多月的努力，“我爱我家”综合实践活动来到了收获成果的阶段。同学们在研究的过程中收获了很多在课堂上学不到的本领，今天我们会用自己独特的方式展示出来，让我们一起期待同学们的精彩表现。介绍展示规则和要求。请出第一研究团队展示。

②“构建珠海市内历史文化遗址名录”研究小组（第一、二小组）课堂展示：

环节一：第一小组组员上台，通过图片和视频介绍珠海的历史遗迹。

环节二：第二小组组员上台，分三对搭档通过微课、视频、PPT 方式介绍历史遗迹的背后独有的故事，向同学们宣扬故事背后的精神。

第一对搭档，通过微课展示容闳和唐绍仪的故事和名言。第二对搭档，通过视频展示苏曼殊的故事和名言。第三对搭档，通过 PPT 展示陈芳的故事和精神。

环节三：第一小组和第二小组组长上台进行活动小结，两个小组互相分享自己的感受。

环节四：师生点评，现场就第一、二小组成员展示的内容、展示的方式、展示的效果进行点评。学生评委和听课老师打分。

主持人过渡：没错，一个现代化城市建设并不代表要将历史忘却，历史沉淀的精神和力量奠定了一座城市建设的文化底蕴。说到文化，当然就离不开“民以食为天”的饮食文化啦。下面我们来玩一个游戏：珠海美食知多少抢答赛（展示图片，进行抢答）。

那到底饮食跟我们的城市建设有什么关系呢？下面我们就有请第二研究团队上台展示。

③“珠海市食品安全与健康”研究小组（第三、四小组）课堂展示：

环节一：第三小组视频展示珠海特色美食（视频提前准备好），展示过程中分享同学们和家长一起做的特色美食。

现场重点展示部分美食的制作过程以及在制作过程中可能产生的食品安全隐患。

环节二：第四小组通过舞台剧《美食的代价》的展示，引起同学们对食品安全的重视。

环节三：扮演医生的同学为大家讲解食品安全的知识，特别是对流动、无牌摊档的食品应该拒绝。

环节四：第三、四小组组长上台小结，并分享活动感受。

环节五：师生点评，现场就第三、四小组成员展示的内容、展示的方式、展示的效果进行点评。学生评委和听课老师评分。

主持人过渡：食品安全大于天，城市建设过程中对民生问题的关注必不可少。特别是刚刚说到的流动、无牌摊档会大大地影响市容市貌。所以城市的环境建设也同样是城市建设的重要方面。下面有请第三团队上台展示。

④“珠海市城市公园的建设”研究小组（第五、六小组）课堂展示：

环节一：视频导入：珠海城市公园宣传片（视频来源于网络和第五小组学生实地录影，由学生制作而成）

环节二：第五小组通过 PPT 介绍珠海在城市公园建设上的成就，通过问卷调查的数据和采访视频，展示珠海市民对于城市公园的评价。

环节三：第六小组通过 PPT 介绍石溪公园和梅华城市公园的环境价值。

环节四：第六小组根据本小组在网络和在城市公园中搜集到的不文明现象，发起倡议书，倡导同学和家长爱护我们的城市花园。

环节五：第五、六小组组长上台进行活动小结，并分享活动感受。

环节六：师生点评，现场就第五、六小组成员展示的内容、展示的方式、展示的效果进行点评。学生评委和听课教师评分。

主持人过渡：城市公园确实给我们的生活增添了色彩，作为城市建设的民心工程，我们也越来越感受到这个城市的魅力。一个城市的魅力也是大家对这个城市的第一感觉。同学们，你对这个城市的第一感觉会从哪个角度去感受呢？我们来看看第四团队的介绍。

⑤“珠海市内交通拥堵问题研究”研究小组（第七、八小组）课堂展示：

环节一：第七小组视频展示——“拥堵时刻”（学生拍摄的交通拥堵期间的行人和车辆），导入：当你来到一座城市，拥堵的交通会让这个城市的评分迅速下降。

环节二：第七小组组员轮流介绍珠海的交通情况，主要包括：珠海主要交通拥堵点分布图、交通拥堵时间分布图以及各拥堵点形成的原因分析。

环节三：第八小组通过 PPT 细致地分析旺角百货处的十字路口和上冲关口交通拥堵的原因，提出了可以缓解交通拥堵的方法。

环节四：第八小组进行有奖互动，进行缓解交通拥堵小常识问答。

环节五：第七、八小组组长上台进行活动小结，并分享活动感受。

环节六：师生点评，现场就第七、八小组成员展示的内容、展示的方式、展示的效果进行点评。学生评委和听课教师评分。

⑥课堂总结：

学生感想一：第一次参加社会实践，我们走出了校门，了解珠海的历史，听听珠海的故事，是一件美妙的事情，这让我更爱珠海了。一个月的社会实践，一晃而过，让我开阔了视野，增长了见识。

学生感想二：这次活动我最大的收获是与同学之间的关系更紧密了，在这个小组里每个同学都很认真，也很厉害，遇到问题总是能想到办法解决，我在和组员一起解决问题的时候也学到了很多知识。

学生感想三：我们这个小组去进行采访调查，随机找人做问卷调查，遇到了很多困难，比如有些人会怀疑我们是骗子，理都不理我们，也有些人在我们问了几句后觉得不耐烦就走了，当时我们都很气馁。组长给我们打气，经过不断地尝试，慢慢地我们找到了技巧和方法，后面就顺利多了。虽然我们只收回了 50 份调查表，但其实我们采访了至少 100

人，最后还是能完成任务。从这件事情来看，只要有恒心，什么事情都是可以做到的。

学生感想四：我们遇到了很多热心人，那些在路边站岗的志愿者、指挥交通的交警叔叔都非常乐意解答我们的问题。通过我们的活动，让我们更加了解这个城市。以后我们会努力学习，为家的建设出一份力。

教师总结：今天同学们从政史地生四个学科探究了珠海作为一个文明城市应该具备的条件，虽然只是其中的一部分条件，却起到了“抛砖引玉”的作用。一个多月的综合实践活动让同学们收获知识、收获本领，也收获了友谊，更重要的是我们更加了解自己生活的城市，更爱这个家。“文明城市”再也不是只存在于嘴巴上的一个词语，因为我们也为“文明城市”的建设出了一份力。感谢同学们和老师们的辛苦付出。

⑦主持人结束语：此次的综合实践活动汇报课到此结束，感谢同学们和老师近一个月的准备和付出，在这一个月里，通过走进社会，抓住主体问题，我们从政治、历史、地理和生物的角度，分别深入研究了我们的“家”，我相信这会是我们非常难忘的一次学习经历。

⑧根据学生评委和听课老师的评分和过程性评分，评出优秀的展示团队和小组，进行颁奖。

（4）展示课结束后结合上课内容制作主题为“我爱我‘家’”的宣传展板，丰富校园文化。

## 八、活动成果

1. 调查数据

调查时间：第十二周周末。

调查地点：海滨公园、石景山公园、石溪公园、梅华城市公园。

调查对象：公园游客。

本次调查活动，我们共发放调查问卷50份，回收有效问卷50份，回收率100%。

表 2－5

| 问题 | A | B | C | D | E | F |
|---|---|---|---|---|---|---|
| 1. 您的性别 | 男 23 人<br>46% | 女 27 人<br>54% | | | | |
| 2. 您的年龄 | 18 岁以下<br>14% | 18～29 岁<br>12% | 30～39 岁<br>8% | 40～49 岁<br>16% | 50～59 岁<br>30% | 60 岁以上<br>20% |
| 3. 您的职业 | 机关事业人员<br>18% | 企业职员<br>0% | 学生<br>14% | 离退休人员<br>50% | 其他<br>18% | |
| 4. 您通常采用什么交通方式到达城市公园？ | 步行<br>30% | 骑车<br>20% | 公共交通<br>5% | 驾车<br>40% | 其他<br>5% | |
| 5. 您从居住地到达城市公园的时间是： | 10 分钟以下<br>18% | 10～20 分钟<br>50% | 20～30 分钟<br>22% | 30 分钟以上<br>10% | | |
| 6. 您常在城市公园玩多久？ | 1 小时以下<br>10% | 1～2 小时<br>50% | 2～3 小时<br>35% | 3 小时以上<br>5% | | |
| 7. 您选择城市公园通常会考虑哪些因素？（多选题） | 公园距离<br>22% | 交通便利性<br>25% | 公园设施丰富性<br>35% | 卫生环境<br>10% | 主题文化<br>5% | 其他<br>3% |
| 8. 您觉得该城市公园的出入口布置、数量是否满足需要？ | 完全满足<br>30% | 比较满足<br>40% | 一般满足<br>30% | 较不能满足<br>0 | 不能满足<br>0 | |

（续上表）

| 问题 | A | B | C | D | E | F |
| --- | --- | --- | --- | --- | --- | --- |
| 9. 您觉得园内停车场、自行车停放处的布置、数量是否满足需要？ | 完全满足<br>30% | 比较满足<br>50% | 一般满足<br>18% | 较不能满足<br>2% | 不能满足<br>0 | |
| 10. 您认为城市公园的建设在提供公共服务方面最需要做些什么？ | 提供充足的休息空间<br>30% | 提供宽敞的广场空间供娱乐使用<br>30% | 加强安全管理措施<br>20% | 提供充足的服务设施和建筑<br>20% | 其他<br>0 | |

从以上数据可以看到，市民对城市公园建设的评价总体良好。从选择的交通工具来看，步行和骑车一共占了 50%，从到城市公园的时间来看，20 分钟以内到达的一共占了 68%，说明市民选择公园时大部分都是先选择家附近的公园，而这些市民大多都是到公园散散步或者做做运动，这就体现了城市公园的第一个功能——休闲娱乐功能。另外还有 25% 的市民在选择城市公园时考虑到交通便利性，35% 的市民考虑公园的设施是否丰富，他们大多是来城市公园游览玩耍的，这就体现了城市公园的第二个功能——旅游功能。停车场其实也就是城市公园的配套设施，随着汽车数量越来越多，有 20% 的市民认为停车场的数量开始出现不足的情况。还有 30% 的市民对共享自行车的摆放位置有意见，认为在公园应设置专门的共享自行车的停放位置。

2. 对珠海城市建设调查的结论

（1）城市建设要有“面子”。城市建设的目的是为了让生活在这里的居民有更好的生活环境，良好的环境首先就从市容市貌直接体现出来。

据了解，文明城市评选小组暗访调查的时候，会在马路上数烟头的个数，其实就是在调查一个城市的环境是否达到最基本的要求——干净。我们在调查的过程中发现，珠海整体的市容市貌还是不错的，不愧是“宜居城市”，但我们也发现，在一些地方还是存在着一些不文明的行为。比如说流动摊档的乱摆乱放，人流密集的地方垃圾满地的现象也比较严重，这些行为如果不控制或者不整治，就会像人的脸上长斑一样，影响容貌了。

道路就是城市的纽带，联系着不同的区域。试想一个城市到处都交通拥堵，下班回家都要花一个小时，这样的城市怎么会让人觉得舒服呢？道路建设是基础设施建设，是城市建设的重要组成部分。在我们的调查中发现，随着经济的发展，珠海的车辆也越来越多了，道路也变得拥挤，特别是下班时间很多路口塞车非常严重，这也是城市建设中要解决的问题。

（2）城市建设要有"内涵"。有了面子，但只是一个空壳子，这个城市是没有灵魂的，所以还要有"内涵"。

城市发展是有历史过程的，每个城市都有它独特的魅力，这些魅力是由它的"根基"发展而来的。现代化的城市建设处处是高楼林立，每幢建筑物的设计虽不一样，但都是给人混凝土、钢筋水泥千篇一律的感觉，唯有这个城市的历史才能增加它的厚重感。所以在城市建设的过程中不能为了发展而摒弃历史，我们所生活的应该是一个有"故事"的城市。在我们的调查过程中发现，珠海在保护历史文化方面做了很多工作，我们能看到许多遗址都保存得很完整，而且有些遗址还成为参观的景点，不但让生活在珠海的市民能亲密接触到本土的历史，完整真切地感受到珠海的发展过程，还能让传统文化以更好的方式保存和发扬。

城市的魅力还体现在市民的素质上，每个人的一举一动都展示着城市的风采。比如我们在调查城市公园的建设时，发现在公园里的人们都非常爱护公园里的健身设施；在调查交通拥堵情况时发现，就算在拥堵的情况下司机都能相互礼让；珠海的志愿者越来越多，在路边、在社区、在不同的地区都能看到志愿者们无偿地为人民服务……每个人的友善都在丰富着这个城市的"内涵"。

总的来说，城市建设既是看得见的，也是无形的。我们要双管齐下，才能使城市建设真正地带动城市的发展。

3. 建议

（1）城市建设要关注"民生问题"。

我们经常会用"幸福感"来形容一个城市的归属感、认同感、安全感和满足感。"幸福感"来自很多方面：物价（含房价）、人情味、生活节奏、文化底蕴、旅游度假、医疗便利程度和质量、环境和污染程度、养老、教育、住房现状、交通状况、气候、购物便利性、治安、餐饮娱乐和文化体育设施、就业机会、市民个人发展空间、城市发展质量与速度、文明程度、执法规范程度、公共服务水平、对外来人的包容度。细看我们会发现，很多都是民生问题，我们这次调查关于饮食、交通、文体设施等基础设施的内容，都是属于民生问题，直接关系到每一个老百姓的生活。如果这些民生问题一直得不到解决，那么居住在这个城市的市民是不会有归属感的。建议政府部门应该坚持不懈地关注和解决民生问题，人们安居了才能乐业，城市也会发展得更快。

（2）开通多种渠道让市民了解、参与城市的建设。

城市建设并不全都是大事，也有很多小事。从近年来我们开展的志愿者服务活动就可以看到，志愿者做的都是一些小事，但这些小事积聚起来，会给这个城市增添了温暖和色彩。如果我们用广告宣传、公益活动、社区活动等方式多开拓一些渠道，让市民多了解和参与城市建设的话，市民的参与感强烈了，归属感自然也会增强。

（3）逐步建立综合实践活动的校本课程，坚持有效开展综合实践活动课程。

从近几年的中考、会考的情况看，题目越来越接近生活，引用乡土和时事已经成为出题的方向之一，如果我们能把综合实践活动课程坚持做下去，对学生的发展是很有利的。所以我们建议综合实践活动课程与课堂教学相结合，建立综合实践活动的校本课程，才能让综合实践活动课程走得更远。

本次活动是政史地生四个学科联合的综合实践活动，针对一个问题从四个学科不同的角度进行研究分析，展示了学科的特色，也感受了学科之间的融合，学生从活动中感受到了学习的乐趣，也认识到了只要有发现的眼光，处处都有好“风景”。但开展四科联合的综合实践活动需要做好充分的准备，不但学生要配合，学科之间的教师也要配合，千万不能为了活动而活动，这样不但达不到效果，还可能让学生感觉是儿戏，降低了参与度。

## 九、活动感受

历史老师：历史是一本书，要细细阅读。综合实践活动让“读书”多了一种形式，这种形式可以让学生看得到、摸得到，还可以亲自体会到，让历史不再遥远。综合实践活动课程不但让学生有收获，老师同样也是学习的一员。在这次活动中，我感到自己还有很多需要学习的地方，加强引领，向专家请教，向身边的优秀教师学习，大胆创新和实践，不断提高自己的专业水平和科研能力，让学生爱上综合实践活动课，是我今后努力的方向。

生物老师：以身作则，组织和带动学生积极参与课题研究是我这次参与活动的最大感受。生物是四个学科中实验性最强的一个学科，实验不可能每次都一次成功，作为教师应该多鼓励学生尝试，从失败中找原因。综合实践活动过程是非常重要的，我们应该和学生一起感受过程，相信学生，体验和感受活动的魅力。

地理老师："发现身边的地理"是课堂教学的宗旨之一，乡土地理也是课堂教学的重要内容，而综合实践活动课程研究讨论的都是密切联系学生自身生活和社会生活的问题。作为老师，我非常愿意采用不同的教学形式让学生获取知识，看到学生认真、热情地投入到活动中，看到学生经过努力获得学习的成果，我是由衷地为他们感到骄傲。综合实践活动课程带给学生学习的动力，这是第一次尝试四科综合活动，还有很多做得不够好的地方，比如组织活动还不够得力、学生人数比较多难以关注等问题，在以后的活动中会继续改善加强。

政治老师：综合实践活动课程与课堂教学最大的不同是把学生的主体性放在第一位，重在培养学生的动手实践能力，让学生主动获取知识，从而提高学生应用知识和解决问题的能力，一方面培养学生的独立能力，另一方面也增强学生团队合作的能力。其实在这次活动中与历史、地理、生物学科的老师合作，学习着也收获着。综合实践活动课程目前还是一个非常薄弱的学科，我们也在不断地尝试中，希望能有更多的人关注它，让综合实践活动课能够真正地走近每个学生的身边。

# 实践领悟身边历史，志愿讲解珠海文化

蒋巧珍

## 一、指导思想

综合实践活动是现代教育中的个性内容、体验内容和反思内容。与传统教育片面追求教育个体的发展、共性和知识有所不同，综合实践活动提供了一个相对独立的学习生态化空间，学生是这个空间的主导者，学生具有整个活动绝对的支配权和主导权，能够以自我和团队为中心，推动活动的进行。本学期，综合实践活动要切实以综合为特征，以实践为核心，以活动为载体，以培养学生创新精神和实践能力为重点，与校本课程相结合，全面推进素质教育，为我校综合实践活动的发展而努力。

## 二、活动摘要

本次历史综合实践活动课的活动包括八个小主题，包括“印象中的历史”街头采访、家谱历史调查活动、相片历史挖掘活动、音乐历史趣味活动、九中校史小调查、珠海渔女历史传说实地讲解活动（珠海渔女为珠海城市象征，渔女传说是珠海城市文化的一部分）、珠海博物馆历史讲解活动、《珠海历史》阅读分享活动等。

## 三、活动背景

历史是初中新开设的课程，在初一，让学生了解历史学习的意义与培养学生学习兴趣是至关重要的。《义务教育历史课程标准》（2011 年版）中对历史学科的课程性质有着这样的阐述：“人文性，以人类优秀的历史文化陶冶学生的心灵，帮助学生客观地认识历史，正确理解人与社会、人与自然的关系，提高人文素养，逐步形成正确的价值取向和积极向上的人生态度，适应社会发展的需要；综合性，注重人类历史不同领域发展的关联性，注重历史与现实的联系，使学生逐步学会综合运用所学知识和方法对历史和社会进行全面的认识。”

如何在教学中实现历史学科的“人文性”与“综合性”，是义务教育阶段历史学科必须攻克的问题。指导学生通过小组合作，探究分享的方式，开展历史综合实践活动课，无疑是符合当下课改精神的一种有效探索。

在初中阶段开展综合实践活动，不应以学术性为取向，而应该是一个推动学生自我探索、体验自我价值、培养学科兴趣的过程。因此，在选题上，基于初一历史知识储备欠缺的特点，让学生挖掘身边历史、乡土历史，既符合学生能力水平，也切合学生的兴趣要求。“身边历史”包括音乐历史、家庭相片历史、家谱历史、校史等；“乡土历史”包括代表珠海城市形象的珠海渔女历史传说与珠海博物馆浓缩着的珠海乡土历史文化。

而在“实践”形式上，要灵活多样地开展实地考察、历史阅读、历史观点讨论与历史志愿讲解等活动。本活动的成功开展，累积的经验与素材，旨在探索一种具有实用性的历史综合实践活动。

## 四、活动目标

（1）让学生关注身边的历史，关注乡土历史文化，有效地将历史知识和实际生活紧密联系，使学生体验到学习的快乐，同时，培养学生关注家乡、热爱家乡的精神品质，进而激发学生的爱国热情。

（2）通过综合实践活动，培养学生发现问题、自主学习、独立思考、主体性判断以及更好地解决问题的素质和能力。

（3）通过活动锻炼学生资料搜集、社会调查以及整理、归纳、处理信息的能力，培养学生的综合实践能力、独立自主能力和创新精神。

（4）通过组织学生参加志愿讲解活动，培养学生的演讲交流能力，塑造学生的个性与自信，同时，把志愿服务的精神与历史人文精神的宣扬结合起来，让学生在实践中淬炼自己爱家爱乡的高尚灵魂。

## 五、活动方法

（1）文献研究法。文献包括学生家谱《米场进宏祖房谱》《陈氏家谱》，以及《漫漫自由路》（南非首任黑人总统曼德拉自传）《一百个人的十年》《珠海历史》等书籍。

（2）问卷调查法。调查围绕学生历史学习的几种渠道与珠海家乡历史的常识展开设计。

（3）访谈法。走上街头，采访各行各业的人对珠海历史的印象。

（4）实地考察。带学生实地考察珠海博物馆及代表珠海城市形象的珠海渔女雕像。

## 六、活动时间、地点和人员

表 2－6

| 组别 | 活动时间与地点 |
| --- | --- |
| 第 1 组：印象中的历史 | 活动时间：2014 年 4 月 3 日<br>活动地点：学校及周边地区进行采访 |
| 第 2 组：家谱历史 | 活动时间：2014 年 4 月 6 日至 20 日<br>活动地点：家谱历史小组成员家、学校 |
| 第 3 组：相片历史 | 活动时间：2014 年 4 月至 5 月<br>活动地点：小组成员曾 × 婷家里、学校 |
| 第 4 组：音乐历史 | 活动时间：2014 年 4 月至 5 月 3 日<br>活动地点：学校 |
| 第 5 组：九中校史 | 活动时间：2014 年 4 月至 5 月 3 日<br>活动地点：学校 |
| 第 6 组：珠海历史——珠海渔女历史传说讲解 | 活动时间：2014 年 5 月 2 日、5 月 17 日<br>活动地点：珠海渔女雕像处 |
| 第 7 组：珠海历史——珠海博物馆历史讲解 | 活动时间：2014 年 6 月 1 日<br>活动地点：珠海博物馆 |
| 第 8 组：《珠海历史》阅读分享活动 | 活动时间：2014 年 5 月至 6 月<br>活动地点：学校 |

## 七、活动过程

### （一）选题分组

多年来，珠海市第九中学以小组合作模式为核心进行课堂教学改革，卓有成效。因此，在小组构建上，是系统而成熟的，学生自主学习、合作探究、沟通与语言展示能力都很强，这非常有益于开展本次历史综合实践活动课。

针对“实践领悟身边历史，志愿讲解珠海文化”主题，学生通过集体讨论与民主决议，决定各小组各承担一个小主题。

表 2－7

| 选题分组 | 预期成果 |
| --- | --- |
| 第 1 组：印象中的历史 | 印象中的历史（街头采访、问卷调查，了解人们对历史的看法、印象）<br>预期成果：采访视频、问卷调查分析 |
| 第 2 组：家谱历史 | 以学生为实践主体，挖掘生活中的历史<br>预期成果：展示课 PPT、活动纪实视频、朗诵表演等 |
| 第 3 组：相片历史（加入口述历史部分） | |
| 第 4 组：音乐历史（Beyond“光辉岁月”——缅怀曼德拉） | |
| 第 5 组：九中校史 | |
| 第 6 组：珠海历史——珠海渔女历史传说讲解 | 走入家乡历史，以珠海渔女传说、珠海博物馆为活动场所，担当文化宣讲的志愿者<br>预期成果：活动感想文章、展示课 PPT |
| 第 7 组：珠海历史——珠海博物馆历史讲解 | |
| 第 8 组：珠海历史——读《珠海历史》（要求全员参与，第 8 组负责搜集汇总） | 回归文本阅读，更深刻地领悟家乡历史的魅力<br>预期成果：优秀读后感文集 |

### （二）活动计划与成果展示计划

（1）本次活动预计时间是 2 个月，4 月至 6 月是活动实践阶段，6 月底进入成果展示阶段。

（2）根据教师的活动进度安排，小组成员共同讨论，制订自己小组活动计划。另外，教师与组长建立每周反馈制度。

（3）注重过程性评价方案的建立，组长每周根据组员的参与度与贡献度，给组员打分。而教师则根据小组的活动开展情况，建立对组长的定期评价制度。

（4）校外实践活动，包括珠海渔女与珠海博物馆历史讲解，均由指导老师全程带队，并提前进行关于相关历史的讲解、背诵与讲解礼仪的培训。其中，珠海博物馆历史讲解方面，由博物馆专职讲解员蔡馆员负责二次培训。

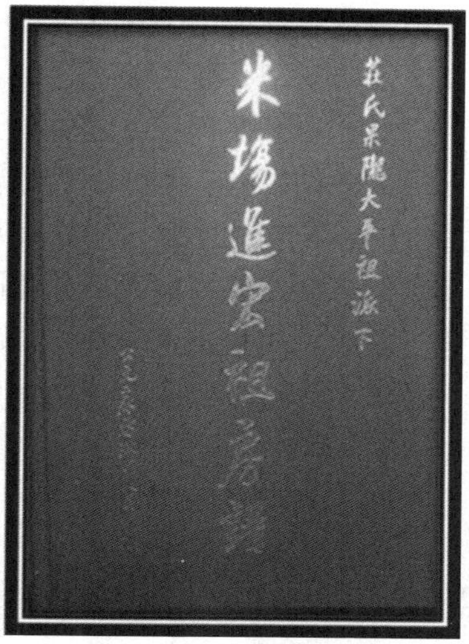

图 2－1

（5）本活动成果分为班级内部展示与区汇报课展示两个部分。

### （三）活动成果展示

1. 班级展示（两课时）

（1）展示活动 1：家谱历史（第 2 组）。

①展示内容：以小组力量为支撑，通过对小陈与小庄两位同学家谱的研究，以及对其家族长辈的采访，经过合作讨论与研究，制作出展示 PPT。主要内容围绕陈氏姓氏考源以及庄氏的家族繁衍迁徙历程，展开介绍。

②展示亮点：小陈同学谈到家谱意义时引用孙中山的观点："我们失去了民族意识，想恢复起来，便要先有小基础，才能有团体，还要团结起来，才能成功。人民和国家的关系，是一级级地放大，家族和宗族之间必须是很实在的，只要有了国和族的团结，还怕什么外患?"此观点富有思想深度，对学生富有教育意义。

（2）展示活动 2：九中校史（第 5 组）。

①展示内容：制作展示 PPT，全面介绍九中创校初期历史与发展历程、九中特色活动（如美国"杜克计划"、李树生老师每周一次的儒家讲坛）、九中校园生活简介、校训校风的解读等。让学生了解母校，更热爱自己的母校。

②展示亮点：图片结合采访内容，生动亲切。另外，小组将九中近年来取得的各项成绩，设计为10道选择题。在展示的过程中，以课堂抢答形式，加强互动，此为亮点。

(3) 展示活动3：《珠海历史》读书交流会（第8组）。

①前期准备：第8组在综合实践课活动开展之始，便通过联系班级家委会，给全班同学复印由珠海市教委教研室编制的《珠海历史》一书。并要求每位同学认真阅读，并在阅读后撰写读后感。第8组对上交的读后感进行审阅，选拔出15篇优秀读后感。

②展示过程：由第8组担任读书交流主持，鼓励同学上台分享读书感受。

2. 录像课成果展示

主持人导入：

主持人介绍本次活动的主题：实践领悟身边历史，志愿讲解珠海文化。宣布展示课开始。

接着，播放第1组采访视频——《印象中的历史》（2分钟），受访者大多对历史的印象是：神秘的、有借鉴性的、过去的……

由此，设置悬念：我们身边是否存在真实的历史？

(1) 展示活动1：相片历史（第3组）。

①展示内容：小组主讲人通过家庭照片，简单回顾其从婴儿时期成长至今的经历，引出他们家族的一本“大历史书”——她的太婆。接着，配以旧相片，介绍太婆传奇的一生。以太婆这一普通人的微观视角，去反映中国从近代到现代的曲折发展历程。

图2-2

A. 幼年时期，享尽荣华。也经历人生最痛——裹小脚。

B. 成亲，家道中落。经历三年困难时期、“文革”等历史事件。

C. 繁衍后代，传承善良、坚强的美好品德给后代。

最后，主讲人动情总结：回顾家庭相册，就是回顾家族的历史，回顾中国人走过的历史，太婆就是中国各时代历史在人身上的缩影，她养育了包括爷爷在内的七个孩子。而我们今日更应该从太婆身上学习，学习与传承她的善良，更应珍惜当下的美好生活。

②展示亮点：

A. 介绍太婆传奇一生时，引用了“口述历史”的概念。

B. 介绍三年困难时期等相关历史时，向同学推荐了相应的历史书目，如冯骥才的《一百个人的十年》，拓展了同学的知识面，也提升了知识的高度。

图 2－3

图 2－4

（2）展示活动 2：音乐历史（Beyond “光辉岁月”——缅怀南非前总统曼德拉）（第 4 组）。

①展示内容：

A. 互动热身：主持人设置三道选择题，让同学们猜猜这些耳熟能详的流行歌曲里的历史内涵，如林俊杰的《曹操》。

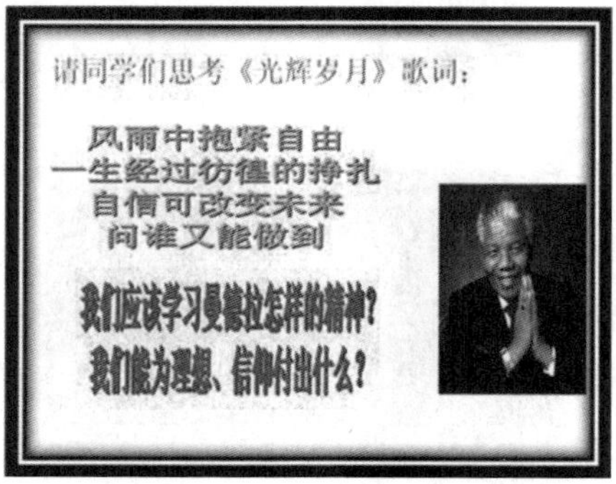


图 2－5

B. 过渡：主持人提问同学，Beyond 的成名曲《光辉岁月》歌颂的是哪一位历史人物？学生回答：曼德拉。

C. 主持人介绍曼德拉的一生：南非首位黑人总统，诺贝尔和平奖得主，一生为消除种族歧视而奋斗的“南非国父”。

D. 配乐朗诵：朗诵的文段摘自曼德拉自传《漫漫自由路》，主要介绍曼德拉成为一名终身致力于消除种族歧视斗士的心路历程。

E. 播放视频，配合朗诵：让同学们了解曼德拉为消除种族歧视，实现民族和解不息奋斗的历史。

F. 情感升华：主讲人由《光辉岁月》的歌词，带领同学去思考：作为学生的我们，能从曼德拉身上学习什么样的精神？我们能否像他一样，为我们的理想与信仰付出一生呢？

②展示亮点：

A. 热身环节，掀起了小热潮。

B. 音乐朗诵表演，内容深刻地展示了南非黑人在种族歧视下的悲惨生活，也揭示曼德拉选择成为种族斗争勇士的原因。朗诵的同学，声音极具感染力，情感真挚，把观众情绪推向高潮。

（3）展示活动3：珠海渔女历史传说志愿讲解活动（第6组）。

①展示内容：

A. 问题导入：珠海城市象征是哪个建筑物？——珠海渔女。

B. 主持人介绍本次活动的主要过程：外出初步考察——制作渔女历史文化传说展板，进行讲解礼仪培训——老师带队，开展珠海渔女历史传说的志愿讲解活动。

C. 播放视频：《观众们的话》（采访现场观众对讲解员的评价）。

D. 现场讲解：最后，由小组代表现场讲解珠海渔女的历史文化传说。

图2－6

图2－7

②展示亮点：

A. 选择志愿服务的方式，去开展历史实践活动，既能锻炼学生的能力，也能让学生在服务他人的过程中获得内心的成长。现场渔女历史传说的讲解，让班级同学对珠海历史有了更充分的了解。

B. 珠海渔女，代表珠海城市形象，而其传说，则代表了珠海城市文化内涵：浪漫、真善美。最后的情感升华，让同学们了解与热爱我们的家乡。

（4）展示活动4：珠海历史——珠海博物馆历史讲解（第7组）。

展示内容：

A. 主持人介绍校内培训过程：介绍10名讲解人员在班级的选拔与培训过程，播放校内培训的记录视频。

图2－8

B. 组员上台分享活动收获：

小杜：我很勇敢尝试讲解，但遭拒绝。那一刻我明白了学会接受拒绝和失败，也是成长的课题。

小赵：虽说讲解遭到一次又一次的拒绝，但我们可不是轻易放弃的人。同学们都互相打气，鼓劲。失败是成功之母，这次的失败，也许就意味着下一次的成功。我们一遍又一遍地练习着动作、手势、站姿。一切准备就绪后，我们开始了第二次尝试……

小邱：第一次讲解之前，我们不停地准备着，但是，当真正讲解的那一刻，根本不用一字不漏地背稿，只需落落大方地介绍就行了，途中，我们还巧遇了杜克大学的大学生，当他们要求英语讲解时，我们又心有余而力不足，最后只能用中文讲解了一番。

图2－9

小李：记得还没开始讲解的时候，我是很紧张的，不断默念稿子，还录音听自己讲的效果，生怕讲错了一个字。但后来发现，真正面对游客，根本无须拘泥于稿子，只需大方地根据自己的理解去真诚表达就可以了。讲过了几拨游客，我也变得游刃有余。

图 2－10

小王：我蓄势待发，就像离了弦的箭。一边拍着文物，一边向游客讲解。他们冷漠的表情变成了微笑，迷茫的眼神变得明朗，这一切就像源源不断的能量，鼓舞着我，激励着我，给我莫大的肯定和鼓励。这一天，我们收获着由志愿精神而来的一份骄傲、勇敢和坚持，也收获了内心的成长。

图 2－11

小张：其实，讲解员与游客是一个互相学习、互相指导的群体。不只我在讲解，别人也在拓宽思路给我讲。有位老爷爷，在我讲解的过程中，忽然问了个我并不知道答案的问题。爷爷看出我的尴尬，呵呵笑了一下，很包容、很慈祥地跟我讲解起来。瞬间，我就变成了虚心学习的“游客”。

小冯：一天过去了，离开时，回头看看那本《西学东渐记》，竟有点留恋。我在想，其实，人生没有所谓的极限，只是不敢尝试而已。有些能力，不过是自己没发现罢了。如果先在能力前画了一条“极限”，那么还有进步可言吗？有时候，勇敢一下，另一个“你”，或许会优秀得吓自己一跳。

C. 现场讲解：最后，由小组成员代表小张，现场讲解博物馆文物——

珠海历史名人唐绍仪编写的《英语集全》。

D.（主持人）结束语：历史的价值，不仅体现在它的厚重，以及给我们带来的感动，还在于我们能用历史为他人、为社会服务！

## 八、活动结果与感受

从学生的角度而言，本次综合实践活动课，持续两个多月，活动形式多样，班级学生参与程度非常高。一共上了三节汇报课，其中包括班级汇报课两节与录像汇报课一节。每个学生都站上了舞台，展示了自己的成果，分享自己的成长与收获，表达了自己对历史的认识。在这个过程中，学生更了解了自己身边的历史和自己家乡的历史。在上台展示的过程中，学生收获了自信，也收获了学习历史的乐趣。

而从教师自身的角度而言，本人认为，有人的地方就有历史，历史其实就在我们的身边。带着学生走进现实，去探索历史的真实面貌，去触摸历史的温度，用己所学，用对家乡单纯的热爱，与学生一起，成为家乡文化的宣讲志愿者，这是教育生涯中一件很美好的事。我更相信，当我们在领悟到历史的生动后，可带着对历史学科更浓厚的热爱，回归到教育与学习中，沉淀成内在灵魂与知识的深刻成长。

# 年味

## ——关于调查春节传统风俗地理综合实践活动

夏艳华

### 一、指导思想

中学阶段开展综合实践活动是时代发展的要求，是课程改革的需求。树立“以学生为本”的思想，新时代的中学生是课堂的“主人”，也是生活的“主人”。让学生带着课堂知识走进生活、感受生活、体验生活，在丰富多彩的科技活动中增长科普知识、开发创造潜能、培养创新精神，最终促进学校的素质教育。

### 二、活动摘要

春节，是中国传统的节日之一。由于各地的自然环境不同，形成了各具特色的“年”文化，充满着浓浓的“年味”。本次活动搜罗了各地各具特色的新年传统风俗，并对新年传统风俗习惯进行调查研究，调查发现许多人已经被现代化的娱乐活动所吸引，逐渐忘却了有着浓厚文化传承的传统风俗。针对这一现象，我们对调查春节传统风俗习惯过程中遇到的问题进行探讨，对保护、传承和发展传统文化提出一些建议。

### 三、活动背景

每年的春节是中国人的一个情结，许多人不惜舟车劳顿，过年的时候一定要与家人团聚，品尝家乡美食，传承家乡习俗，这是延续了几千年的传统。

但在平时的教学当中却发现，学生觉得过年越来越没味道了。珠海是一个移民城市，很多学生都是随着父母在珠海安家落户。大家都喜欢过年，但从小就生活在城市的他们，很多都认为过年意味着可以享受现代化带给他们的刺激，意味着可以毫无负担地游玩。城市里千篇一律的春节游园活动让他们觉得枯燥无味，节日的味道越来越淡了。再加上很少回家乡，对过年的传统风俗就了解得更少了。因此，开展此次综合实践活动，让学生寻找家乡春节的传统习俗，并结合地理、历史等知识了解其含义，从中感受浓浓的年味。

## 四、活动目的

（1）通过寻找家乡过新年的传统习俗，特别是具有特色的家乡风俗，了解传统习俗的含义，培养学生热爱家乡、关注传统文化的意识和习惯。

（2）通过采访、调查、亲身体会等多种方式采集家乡过年传统风俗的资料，了解目前新年传统习俗的保护和发展情况，针对问题提出一些建议。

（3）培养学生热爱科学的情感，通过这项活动的开展让学生了解实践学习的优越性，同时培养团结协作能力，提高综合实践能力。

## 五、活动方法

调查研究、整理总结、情景表演、交流分享。

## 六、活动时间、地点和人员

（1）活动时间：2015 年 1 月至 2016 年 3 月。

（2）活动地点：学生家乡、学校。

（3）活动人员：初二（14）班全体同学。

## 七、活动研究过程

### （一）准备工作

（1）制订活动方案、评价标准，确定活动主课题——对新年传统风俗的调查。

（2）开展学生动员工作，明确活动目的和意义。

(3) 围绕主课题制定若干子课题，子课题包括：

①传统年俗的调查：如派红包、放鞭炮、舞龙舞狮等。

②特色年俗的调查：家乡特有的过年习俗。

③新年美食的调查：专门在新年期间做的小吃或美食。

(4) 参加人员划分小组，以小组为单位，认领综合实践活动子课题的任务。

(5) 在寒假前明确组员的任务和分工，做好安全教育工作。搜集组员联系方式，方便在活动期间联系和解疑。

### (二) 调查过程

图 2－12

1. 现场采访（春节前）

采访内容：关于家乡春节的传统风俗习惯或特色年俗，了解其含义。

采访对象：家人、亲戚、朋友或同学。

采访方法：用文字、照片、录像等方式进行记录。

要求记录得越详细越好，采访完毕后填写调查表。

2. 亲身参与一项新年活动（春节期间）

组员根据自己的任务，在春节期间对家乡新年传统习俗进行采访、调查，并且亲身参与其中一项新年活动或习俗，以照片、录像等方式记录过程。

3. 问卷调查（春节后）

自行设计调查问卷，随机向初一、初二的同学发放问卷，调查其他同学对自己家乡新年风俗的了解情况。问卷回收后进行统计和分析。

关于新年风俗的调查问卷内容如下：

表 2－8

| |
|---|
| 请根据你的实际情况填写问卷，在所选答案处打“√”，谢谢！ |
| 1. 你的家乡（籍贯所在地）： 省 市 |
| 2. 你了解新年的风俗习惯吗？ |
| A. 非常了解　B. 一般了解　C. 不了解 |
| 3. 你回家乡过新年吗？ |
| A. 每年都回　B. 大多数会回　C. 偶尔会回　D. 没回过 |
| 4. 你家乡是否存在具有地方特色的新年习俗？这些特色习俗现在还在沿用吗？ |
| A. 有特殊新年习俗，还有沿用　B. 有特殊新年习俗，已经没有沿用 |
| C. 没有特殊新年习俗　D. 不知道 |
| 5. 你家过新年会购买年花、年橘吗？ |
| A. 会　B. 不会　C. 偶尔会 |
| 6. 如果你购买了年花、年橘，过完年后怎样处理？ |
| A. 直接丢掉　B. 进行修剪后，留在家里继续种养　C. 送到回收点 |
| 7. 你家在新年期间餐桌上有剩饭、剩菜吗？ |
| A. 很多　B. 一般　C. 基本没有 |
| 8. 你家对新年餐桌上剩余的饭菜怎样处理？ |
| A. 全部倒掉　B. 留到下餐食用　C. 基本没有 |
| 9. 你家过新年会放烟花、爆竹吗？ |
| A. 会　B. 不会　C. 不一定 |
| 10. 领完红包后利是封怎样处理？ |
| A. 扔掉　B. 留下来循环再用　C. 无所谓 |

## （三）资料搜集整理

（1）原始资料归类、整理：

①组员将在春节期间调查获得的第一手资料进行归类、整理。

②将调查表按传统年俗、特色年俗、新年美食三个方面进行归类，根据笔录对照片、视频将新年习俗相同或相近的进行汇总。

（2）选出优秀作品，第二次对材料进行补充和提升，制作课件。指导教师进行二次审核。

（3）各小组根据指导教师提出的修改意见进行再次整合，最终形成各具特色的且富有一定价值的调查成果。

（4）各小组确定展示成果方式，自行组织排练，以创新的方式进行交流分享和成果展示。

**（四）成果展示**

1. 手抄报展览、漫画展览、课堂展示

图 2－13

2. 展示课

（1）“传统年俗”小组课堂展示：

环节一：组长带领全组同学给大家拜年，通过 PPT 介绍传统年俗：如派红包、大扫除、买年花年橘、放鞭炮、吃团年饭、写春联等，并讲解这些传统年俗的含义，深入学习中国的传统文化。

环节二：组员表演舞狮（与同学老师互动，感受年味）。

环节三：组员展示调查数据：新年饭桌上剩余饭菜处理、利是封的循环使用情况。

环节四：组长和组员发表自己的感想：这些普遍的年俗给新年增添了很多的年味，看似普通背后却有着特殊的含义。另外从放鞭炮污染空气、年夜饭浪费严重等情况呼吁同学们关注环保，从我做起，从身边做起。

图 2 – 14

图 2 – 15

环节五：评分——全体同学讨论一分钟后对“传统年俗”小组进行打分。计分员统计分数。主持人公布“传统年俗”小组得分。

（2）“特色年俗”小组课堂展示：

环节一：创设情景，组长和组员上演“春节特别节目”，搜罗各地特色年俗。

环节二：每个组员通过照片、故事等介绍自己家乡别具特色的新年风俗，如雷州的“游神”、化州的“年例”、江西的“走庙会”等特色家乡风俗。首先通过地图介绍自己家乡的位置和美誉，再结合家乡的地域特点介绍特色年俗的独特之处及其他含义。

环节三：播放视频（用镜头带领老师同学身临其境，感受年味）。

环节四：组长和组员发表自己的感想：这些风俗是自己家乡特有的，蕴藏着家乡人智慧的结晶，有着家乡人的骄傲。在进行调查采访时遇到很多困难，但都迎难而上。在采访时发现很多人都不了解自己家乡的风俗，现代人只关注潮流，却忽略了身边这些有价值的传统风俗，感觉到传统文化流失太严重了，呼吁大家关注传统文化的保护。

环节五：评分——全体同学讨论一分钟后对“特色年俗”小组进行打分。计分员统计分数。主持人公布“特色年俗”小组得分。

（3）“新年美食”小组课堂展示：

环节一：组长介绍“吃货团”和“美食推荐家”，带领同学们去寻找新年美食。

环节二：跟随“美食推荐家”进入美食之旅。“美食推荐家”用地图展示品尝路线。照片介绍广东的“煎堆”、湖南的“辣炒年糕”、广西的

图 2－16

"叶包子"等新年特色美食，并且介绍食材的选用和美食的制作方法。

环节三：组员把在家里和家人一起制作的新年美食送给同学和老师品尝（品尝新年美食，感受年味）。

环节四：组长和组员发表自己的感想：今天介绍的三个地方都在南方地区，我们发现三个地方美食选取的材料都有相似之处。但由于各个地方的气候、地形等因素存在着差异，人们的饮食习惯也不同。每种食材的种植都与地理环境有关系，只要有发现的眼光，你会关注到身边的事物与地理知识有紧密的联系。这份地理情缘，值得拥有。

环节五：评分——全体同学讨论一分钟后对"新年美食"小组进行打分。计分员统计分数。主持人公布"新年美食"小组分数。

（4）课堂总结：

①学生主持人对同学进行采访，请同学们谈谈本次活动的收获。

"传统年俗"组小林：在调查活动结束后，我们动员了部分同学和我们一起进行了一次成果汇报，汇报课热烈而精彩。组员们出谋划策，非常认真地去设计展示的环节和形式，让大家看到了我们出色的表现。我们希望通过综合实践成果汇报课，带领更多的同学行动起来去参与、去发现、去感受。一次综合实践活动让我们从知识到能力都有很大的收获，这就是它的魅力所在。

"特色年俗"组小陈：综合实践活动蕴藏着老师和同学们智慧的结晶。老师的统筹策划，同学们的实践行动，既是一种尝试，也是一种挑战。我们不但在课堂上学习到知识，还走出课堂，走进家乡去进行主动的探究性学习，这不仅能激起我们的学习兴趣，扩展我们的视野，更是促进我们掌握主动学习方法的途径，提高了学习能力。在活动中我们全组同学分工合作，一起完成任务，培养了我们的团队精神。活动过程中我们不畏惧遇到任何困难，因为可以锻炼意志。一次次的材料整理、一次次的思想碰撞，让每一个感悟都得到升华。

"新年美食"组小张：在本次的实践活动中，我们走进社会走进生活，对家乡新年的风俗进行调查和了解，让我们对新年的传统风俗有了更深的了解。通过采访和亲身参与不仅让我们学习到课内外的知识，也让我们更加热爱自己的家乡。保护家乡的传统文化刻不容缓，是我们义不容辞的责任。

②老师对活动进行总结。

选择“新年风俗”这个主题，一是让同学们更加关注中国的民族文化，希望这些文化在同学们的心里扎根。走进传统文化，传承民族风俗，是每一位中国人应有的责任；二是把这次的综合实践活动跟课本知识联系起来，让同学们学以致用，以提高我们对地理课堂的学习兴趣；三是让同学们了解更多身边的事情，我们应该多走出去，提高我们的学习能力。老师发现，通过这次活动同学们都做到了！你们在活动过程中感受生活、发现生活、总结生活，提出的建议也非常符合当今社会的发展，真正扮演了“小主人”的角色！

③主持人综合全部小组的分数，进行颁奖。

## 八、活动成果

### （一）调查数据

调查时间：开学第一周。

调查对象：初一、初二学生。

本次调查活动，我们共发放调查问卷100份，回收有效问卷98份，回收率98%。

表2－9

| 问题 | A | B | C | D |
|---|---|---|---|---|
| 1. 你的家乡（籍贯所在地）：省（市） | 26.5%是珠海本地人<br>73.5%是外来人口 | | | |
| 2. 你了解新年的风俗习惯吗？ | 非常了解<br>39.8% | 一般了解<br>53.1% | 不了解<br>7.1% | |
| 3. 你回家乡过新年吗？ | 每年都回<br>24.5% | 大多数会回<br>31.6% | 偶尔会回<br>33.7% | 没回过<br>10.2% |

（续上表）

| 问题 | A | B | C | D |
|---|---|---|---|---|
| 4. 你家乡是否存在具有地方特色的新年习俗？这些特色习俗现在还在沿用吗？ | 有特殊新年习俗，还有沿用 57.2% | 有特殊新年习俗，已经没有沿用 12.3% | 没有特殊新年习俗 10.2% | 不知道 20.4% |
| 5. 你家过新年会购买年花、年橘吗？ | 会 63.3% | 不会 30.6% | 偶尔会 6.1% | |
| 6. 如果你购买了年花、年橘，过完年后怎样处理？ | 直接丢掉 66.3% | 进行修剪后，留在家里继续种养 21.4% | 送到回收点 12.3% | |
| 7. 你家在新年期间餐桌上有剩饭、剩菜吗？ | 很多 19.4% | 一般 55.1% | 基本没有 25.5% | |
| 8. 你家对新年餐桌上剩余的饭菜怎样处理？ | 全部倒掉 11.2% | 留到下餐食用 71.4% | 基本没有 17.4% | |
| 9. 你家过新年会放烟花、爆竹吗？ | 会 72.4% | 不会 10.2% | 不一定 17.4% | |
| 10. 领完红包后利是封怎样处理？ | 扔掉 15.3% | 留下来循环再用 72.5% | 无所谓 12.2% | |

## （二）对新年风俗调查的结论

1. 大部分人都离开家乡，对家乡的风俗了解甚少

我们对98份问卷进行统计，我们发现学生对家乡新年风俗习惯非常了解的占39.8%，有53.1%只是一般了解，有7.1%是不了解。98人中有73.5%的学生不是珠海本地人，他们跟随父母来到珠海，从小离开家乡，对家乡的新年风俗也只是通过长辈的口头描述得以了解，很难有机会去亲身体会和经历。而且他们生活在城市里，受到时代潮流的冲击，大家都在关注韩剧里的“都教授”，关注“爸爸去哪儿”，关注什么时候又推出了新游戏，却忽略了身边这些有价值的风俗，甚至觉得这些风俗很老土、很陈旧，要了解、保护传统风俗的意识比较淡薄。再这样下去，这些传统风俗

就会慢慢地消失，这是一件非常可怕的事情！

2. 存在着浪费和污染的现象

一些传统的新年风俗让“过年”显得特别有味道，例如吃团年饭、派红包、放鞭炮、买年花等。但在调查中我们发现存在浪费和污染的情况。

浪费：过年期间聚餐的次数增多，宴请亲朋好友准备的菜式也比较丰富，通常都有过剩的情况。在调查中我们发现，新年聚餐时剩饭剩菜很多的占 19.4%，一般的占 55.1%。对剩余饭菜的处理，选择倒掉的占 11.2%，浪费食物的情况比较严重。但也有发现节约粮食的好现象，选择留到下餐再食用的有 71.4%，这是值得表扬和肯定的。

环境污染：为了增加节日气氛，大多数家庭都会购买年花年橘布置家居，在调查的 98 人中，有 63.3% 的家庭会经常购买。但在新年过后对于年花年橘的处理情况不容乐观。调查中发现 66.3% 的家庭是直接丢掉，这不但增加了环卫工人的负担，如果没有及时处理，也给环境造成一定的影响。燃放烟花爆竹可以增加节日气氛，有 72.4% 的同学会在新年期间买烟花爆竹玩。燃放烟花爆竹产生的烟雾会影响大气环境，造成空气污染。我们了解到在近几年的春节期间，北京有关机构联合进行的一项监测显示，大量烟花爆竹集中燃放，导致大气颗粒物浓度急剧升高，在除夕夜，PM2.5 的颗粒物浓度约增加 9 倍，接近 800 微克/立方米。珠海也同样存在这样的情况。另外产生的爆炸声也会造成噪音污染，燃放完毕后也会产生许多垃圾，对环境造成污染，更何况烟花爆竹是危险品。

循环利用：在调查中发现学生对于利是封循环利用的意识还不错，有 72.5% 的学生选择会留到下一次使用，这是一个非常好的现象，要继续发扬下去。

3. 各地的新年习俗形成与自然环境有着密切的联系

本次的调查活动除了进行问卷调查外，搜集新年风俗也是我们的重点活动之一，我们搜集到许多民间的新年习俗，也搜集到许多新年美食。我们发现，这些新年美食选用的材料与当地的自然环境有很大的联系。例如广西新年小吃“叶包子”，选材是糯米和香蕉叶，受到气候、地势的影响，这些材料都适合在广西种植，香蕉更是随处可见。自然环境会影响当地的农业生产和人的生活习惯，新年习俗形成与自然环境有着密切的联系。

表 2－10　社会综合实践调查记录表

科目：地理　　时间：2014 年 1 月 27 日

| 班级 | 初二（14）班 | 姓名 | 温×× | 地点 | 广东肇庆 |
|---|---|---|---|---|---|
| 被采访人 | 妈妈 | 器材和工具 | 笔记本、照相机（拍照、录像）、手机（录音） | | |
| 调查内容记录 | | | | | |
| 问：我们家乡过年最传统的风俗有什么呢？<br>答：风俗有很多啊，其中最有特色的是包裹蒸啊！<br>问：是的。每到过年前的半个月就会看到很多人在家门口搭起炉，用大缸煮裹蒸了。那裹蒸的材料是什么呢？<br>答：传统的裹蒸材料是糯米、绿豆和猪肉。还有专门用来包裹蒸的冬叶。<br>问：我每年看你包裹蒸挺复杂的，一缸裹蒸从买材料、洗材料、包裹蒸到最后煮裹蒸，前后要花三四天的时间。这么辛苦我们为什么还要包裹蒸啊？<br>答：我们肇庆人制裹蒸要追溯到秦代，秦始皇当政时，劳役繁多，农民悲苦难言。当时农民为方便田间劳作，便用竹叶或芒叶裹以大米，煮熟后随身携带以作干粮，这就是最早的裹蒸了。至汉代，肇庆的城乡居民已有在春节、端午节包裹蒸和粽子的习俗，一直沿袭至今。如今，肇庆裹蒸已经成为讲白话地方家喻户晓的传统食品，作为春节探亲拜年的必备礼品，寓意着丰衣足食和来年好运。裹蒸是人们希望生活蒸蒸日上的吉祥食物哦！ | | | | | |

表 2－11　社会综合实践调查记录表

科目：地理　　时间：2014 年 1 月 20 日

| 班级 | 初二（14）班 | 姓名 | 罗×× | 地点 | 湖南 |
|---|---|---|---|---|---|
| 被采访人 | 舅舅 | 器材和工具 | 笔记本、照相机（拍照、录像）、手机（录音） | | |
| 调查内容记录 | | | | | |
| 问：回到家就能吃到家乡的味道，辣得好！舅舅，我们为什么要做年糕呢？<br>答：年糕年糕——年年升高。希望我们“一年更比一年好”“事业节节高”啊！<br>问：我在珠海的时候吃到的年糕很多都是甜的，我们这里会做辣的、咸的，口味很不一样哦。<br>答：对，这个除了跟我们的传统和历史有关以外，更重要的是我们湖南省相对湿度较大，气温条件也是比较适合种辣椒，我们湖南省是辣椒的重要生产地哦。再加上这里湿度大，人体出汗相对困难，所以人体容易产生内火重的情况。吃辣椒便是一种非常好的方法，能起到祛内火、祛湿的功效。<br>问：原来是这样。 | | | | | |

### （三）建议

（1）新年传统风俗也是中华民族文化的其中一部分，我们不愿意看到它消失在我们眼前。根据调查数据我们发现，有12.3%的同学知道自己家乡有特殊新年习俗，但已经没有沿用；有10.2%的同学的家乡没有属于自己家乡特色的新年习俗；有20.4%的同学不知道自己家乡有没有具有特色的新年风俗。这些数字告诉我们，这些具有特色的传统文化正在一点一点地消失，如果再不保护就可能永远消失、无法挽回了。

我们建议市政府可以牵头加大宣传的力度，如珠海每年举行的正月十五元宵节民间艺术大巡游，可以让更多的人了解到民间艺术和传统风俗。结合社会主义核心价值观，构建和谐社会，提高全民关注传统风俗的意识，增强传承意识和公民责任感。

（2）校园可以营造氛围，吸引更多的学生关注文化传承。如在校园文化布置方面与传统风俗相结合、开展文化大讲堂等活动。现在我们学校设立了“儒家经典”大讲堂，由专职的语文老师解读儒家经典，带领学生对古诗词进行吟诵，把传统文化贯穿于课堂上。我们也可以借鉴这种做法吸引同学们的关注。

（3）课堂上老师也可以有意识地渗透相关知识，找到合适的切入点，用课本知识联系生活，开阔学生的眼界。还有多开展综合实践活动，让全体同学都可以参与到活动中去，亲身体会和感受。

（4）需要创新模式对新年文化进行保护，取其精华继而发扬，赋予其新的生命力得以传承。通过调查，我们发现很多人对传承自己国家传统文化的意识已经渐渐淡薄了，例如像清明节、端午节，大家对这些节日的含义已经模糊化了，留给大家的就是趁着节假日去吃喝、旅游，节日已经变味了。因此，提高保护和传承传统文化的意识很重要。其次，可以举行一些有创意的活动，例如，在传统节日里穿上自己民族的服饰，让更多的人特别是年轻人去参与一些活动，亲身了解。总之，通过各种渠道共同努力，才能更好地把这些传统文化保留下来。

## 九、活动感受

这次活动学生是获益良多的，从选题到准备工作，学生一开始就热情投入、分工合作。活动的核心环节——调查记录完全由学生自己独立完成，大部分的成员都完成得比较好，没有因为老师不在身边而马虎应付，这一点我是特别感动的。而最让笔者惊喜的是同学们的展示，形式多种多样，每个组员都找到了自己的落脚点，在展示过程中都发挥了每个人的长处，展示活动精彩纷呈，内容充实并富有深刻含义，更重要的是看到了学生的成长和能力的提升。

作为指导老师，笔者也通过活动找到了另外一种开展活动的方式。与平时在学校开展第二课堂不同，这次活动调查的时间放在了假期，我们尝试完全放手把任务交给了学生，让学生自己去摸索。主题是经过精心挑选的，与生活密切相关，没有增加学生额外负担之余，还能调动学生家庭的力量，让学生与家人共同完成，所以并没有因为没有老师的指导而影响了调查效果。活动的圆满完成，也再一次印证了学生的能力是超乎我们想象的，只要我们肯相信他们。

另外，这次活动还得到了延伸，2015 年 5 月至 6 月，美国杜克大学的志愿者来到学校进行交流活动。我们这次的活动非常富有中国特色，向国外友人介绍中国的传统习俗最合适不过了，因此我们也与美国友人进行了展示和互动，这节展示课也给杜克大学的志愿者们留下了深刻印象。

因为第一次尝试这种形式开展综合实践活动，我发现还是存在着一些不足。比如在活动准备环节，考虑得还不够周详，使得学生在调查过程中有很多疑问，走了弯路。学生的调查能力还可以进一步提高。在以后的活动中，要注意学生能力的培养，另外无论是老师还是学生都要掌握更多的信息技术技能，这将有利于活动的开展。

# 寻找故乡的味道

## ——关于调查春节美食的生物综合实践活动

彭晓瑜

### 一、指导思想

中国饮食文化博大精深，融科学性、艺术性和人文性于一体。中国各地的饮食习惯与当地的地理、气候、生物等密切联系，营养的均衡性很强。各地菜系各有特色，如粤菜讲究新鲜清淡，川菜重油重味重麻辣，鲁菜擅长高热量高蛋白等。饮食不单单关系到整个民族的身体素质，而且是整个中华文化精髓的体现。来自全国各地的学生通过了解当地的饮食文化风俗，学习制作地方特色美食，相互交流，感受传统文化，提高民族自豪感，增强民族自信心。

### 二、活动摘要

让学生利用寒假回老家过年的便利，调查自己家乡的特色小吃和年夜饭，发掘当地的饮食文化，鼓励学生与家长一起参与食品制作过程，在动手实践过程中增进对饮食文化的更深一层认识，同时也让孩子们关注饮食文化中的生物学知识，让知识与文化得到传承。

### 三、活动背景

俗话说，民以食为天。美食文化，历来都是我们中华文化中的一颗璀璨明星。珠海是一座移民城市，来自五湖四海的学生都带来了自己故乡独特的饮食文化。通过调查实践、交流互动，能增进学生之间的文化交流，增长他们对各地饮食文化的认识，同时也能关注饮食文化中的生物学知识，让学生在实践中思考，领悟文化中蕴含的意义。

## 四、活动目的

（1）认识和了解自己家乡的饮食文化风俗。

（2）掌握饮食文化中的生物学知识，提高交流合作能力和动手实践能力。

（3）学会从身边的生活中探究文化意义，提高自己的传统文化素质。

## 五、活动方法

调查、采访、实地考察等。

## 六、活动时间、地点和人员

（1）活动时间：2014 年 1 月至 3 月。

（2）活动地点：全国各地如陕西、广东、湖南等。

（3）活动人员：初一（13）班 48 名学生。

## 七、活动研究过程

### （一）准备工作

教师制订活动方案、评价标准。

表 2－12　活动方案表

| 生物《寻找故乡的味道》综合实践课方案 | |
|---|---|
| 四个小主题 | 要求 |
| 寻找过年美食号火车 | 全班分为 9 个小组，每组 4～6 人。每个小组选择一个主题，分工合作，开展活动。采用调查走访、实地操作等方式搜集资料、图片等，制作成 PPT，也可自制小视频。最后活动成果上交并且在课堂上展示 |
| 特级小吃铺 | |
| 新年美食大拼盘 | |
| 饮食文化大讲坛 | |

表 2－13 评价标准表

| 生物《寻找故乡的味道》综合实践课评价标准 | | | | |
|---|---|---|---|---|
| | 一般 0～5 分 | 良好 6～8 分 | 优秀 9～12 分 | 总分 |
| 知识性 | | | | |
| 课件制作 | | | | |
| 课堂互动 | | | | |
| 参与配合度 | | | | |
| 表达能力 | | | | |

学生分成 9 个小组讨论确定自己小组的探究主题。

表 2－14

| 四个小主题 | 负责小组 | 负责组长 | 具体分工安排 |
|---|---|---|---|
| 寻找过年美食号火车 | | | |
| 特级小吃铺 | | | |
| 新年美食大拼盘 | | | |
| 饮食文化大讲坛 | | | |

## （二）调查过程

组员们利用寒假对家乡的新年美食进行调查、拍照、记录等资料搜集。

表 2－15

| 组别 | 具体地域分工 |
|---|---|
| 第 1、2 组 | 陕西、湖南、山东等 |
| 第 3、4 组 | 山西、广西等 |
| 第 5、6 组 | 广东、河南、四川等 |
| 第 7、8、9 组 | 广东、福建等 |

### （三）资料搜集整理

开学回校上交原始资料，并且按小组对资料进行整理和补充，制作PPT，准备课堂汇报。

表 2－16

| 小组分工 | 美食图片（张） | 制作过程视频（个） | PPT 成品（个） | 课堂展示代表（名） |
|---|---|---|---|---|
| 第 1、2 组 | 100 | 5 | 3 | 3 |
| 第 3、4 组 | 98 | 7 | 3 | 2 |
| 第 5、6 组 | 120 | 3 | 2 | 4 |
| 第 7、8、9 组 | 230 | 6 | 5 | 5 |

图 2－17　学生拍摄参加活动的照片

图 2－18　学生制作的课件

### （四）讨论分析问题

学生分小组课外讨论本组的展示特色，及时向老师汇报情况，针对老师提出的改进意见进一步完善浓缩，遇到问题上网查找资料，最后以小组合作形式汇报活动成果。

### （五）成果展示

1. 引入

俗话说，民以食为天。美食文化，历来都是我们中华文化中的一颗璀璨明星。作为文化的接班人和传承者，我们中学生利用寒假的时间对自己家乡的美食文化作了一次调查研究，了解了自己家乡的美食文化，同时也关注了相关的生物学知识。今天这节课，就让同学们给我们展示他们的实践成果，带我们一起品尝他们故乡的味道。

2. 汇报

（1）第 1 个小组汇报主题：“寻找过年美食号火车”。

第一步：由组长叶 × 作为列车长，带领同学们坐上美食号火车，组员们担当导游，分别介绍西安、阳江、潮州、新宁等地的特色美食小吃，让同学们可以领略到全国各地不同的美食文化和不同的风俗。

图 2 – 19

第二步：五名学生代表组成的评委团进行点评、打分。

（2）第 2 个小组汇报主题：“特级小吃铺”。

第一步：由组长赵 × × 作为店长，介绍本店的小厨师风采，然后带领几位名厨分别介绍醪糟、乞丐鸡、油角、饺子等美食的制作方法，让每个人都来学一学美食的制作，体会动手的快乐。

第二步：五名学生代表组成的评委团进行点评、打分。

（3）第 3 个小组汇报主题：“饮食文化大讲坛”。

第一步：由张 × × 和张 × × 作为小组代表，给我们带来精彩的年夜饭的由来和故事，并且重点介绍了本组成员的特色美食故事，如哈尔滨红肠、衡阳头碗、客家豆腐等的由来和含义。最后她们还分享了自己的活动感想：通过这次活动，我们知道了很多地方的风俗与特色小吃，也加深了对自己家乡的了解，第一次在饭桌前拍下了自己家的年夜饭与大家分享；第一次将自己家乡的小吃和特色菜分享给大家。这次活动是一次特别的经历，教会了我们许多知识，丰富了我们的见识，大家都有了很大的收获。

第二步：五名学生代表组成的评委团进行点评、打分。

图 2 – 20

（4）第 4 个小组汇报主题：

"新年美食大拼盘"。

第一步：在覃××同学的组织下，本组在其他小组的 PPT 展示方式基础上，又加入了许多新元素，如分享特色小吃芝麻饼、有奖问答等，极大地活跃了课堂气氛，让同学们在玩中有所获，增加了许多生物小知识，收效不错。

第二步：五名学生代表组成的评委团进行点评、打分。

3. 总结

在本次课堂上展示的四个小组课前都做了大量的准备工作，搜集了丰富的资料，并且通过 PPT 精彩地展示了他们的活动成果。这次活动中，同学们分工合作，顺利而出色地完成了各项任务，体现出同学之间的合作精神和勇敢的探索精神。相信同学们收获的不单单是饮食文化的知识，更是一次难得的人生成长经历。希望同学们在今后的学习生活中，继续延续这种探索精神和合作精神，取得更好的进步。

## 八、活动结果

公布四个小组的得分情况，分别颁发奖项，鼓励学生继续努力。本学科教师根据课堂效果展开研讨，总结活动成果和继续实施的方案。

## 九、活动感受

本次综合实践活动以学生为中心，让他们以生活中自己身边的文化为着眼点，取材、定题，让学生在自己感兴趣的主题中进行实践体验，充分调动了学生参与活动的积极性。

这种综合实践活动课需要学生课前大量的调查研究，搜集与主题相关的资料，同学之间的互助关系得到加强，同时亲身实践的经历让他们的知识和能力都得到了很大提升。学生参与这种实践活动，让知识从课堂延伸到生活中，大大拓展了他们的思维空间，促使他们更加关注自己身边的生活和社会状况，同时也培养了他们严谨的科学精神和勇于探索一切的无畏精神。

在今后的综合实践活动中，我们需要继续完善活动方案，多鼓励学生自己选题，学习制订、实施方案等，继续提升学生的综合能力。

# 我是优秀小公民

## ——关于公民素质调查的综合实践活动

王 岩

## 一、指导思想

综合实践活动课是国家基础教育课程中的一门课程。但是在中考和高考的压力下，相比语数英科目，综合实践活动课已经被远远地忘在记忆尘封的角落。对于在社会生活中学生面临的种种问题，已不是单单某一学科能够解决的，所以我们九中针对政史地生综合实践活动的认识、主题设计等问题和要求，提出这样的指导思想：必须实现传统教育向素质教育的过渡，努力打破学校的封闭性，引导学生走出校园，走进社会，走向国际化。

综合实践活动就是来自欧美，特别是美国的教育思想，确切地说是来源于杜威的实用主义哲学思想。杜威关于教育的新的三个中心：儿童为中心、活动为中心与经验为中心。而传统的学校课程是以学科为中心，没有考虑儿童的兴趣和需要，学科分得过细，脱离生活实际。他在中国的弟子陶行知先生则继承与发扬了这种教育思想，倡导手脑并举，互相合作探究，走进社会，教的法子要根据学的法子来定等。这些正是综合实践活动的前身。虽然那时不这样叫，但是，基本精神肯定是这样的。追溯综合实践活动的思想根源，一定要追溯到这两个人的教育思想上来。如果从学术思想来源看，综合实践活动主要是与科学发现史密切相连的。人类的科学探究与发现过程，其实就是很好的综合实践活动。当然，综合实践活动的内涵比科学探索与发现要丰富得多。社会实践活动也常常是综合实践活动的重要内容。作为学生的综合实践活动，主要定位于教育功能，提升学生的综合素质与核心能力，而不是探索的结果，合作、探究的过程其教育意义是主要的，而产品与结果是次要的。

基于以上的理论指导，我们开展了珠海市第九中学特色政史地生综合实践活动，依靠学科素养，带领学生领略地方学科特色，还原生活的丰富多彩，将所学运用到社会生活的边边角角，指导并培养综合素养能力。

## 二、活动摘要

本次综合实践活动包括四个活动小主题，分别是自立、自强、消费小调查和抵制身边的诱惑四部分，班级里的小组形成 PK 赛制，两组共选一个主题，然后各自行动，寻求老师的帮助与指导，自己再修改。学会全方位了解自己的生活，走进了周边的旺角广场，走进了壹加壹超市和华润万家超市，走进了网吧。学会用多种渠道获取信息，去图书馆查资料，去网上搜索资料，去社会上寻找资料，去表演展示自己所调查的主题等。学会分析用哪种方法解决什么问题。初步学会设计调查问卷，初步学会视频整理剪辑和加工，初步学会鼓足勇气和陌生人交谈。

## 三、活动背景

思想品德是初中开设的一门基本课程，初中学生正处在身心迅速发展和学习参与社会公共生活的重要阶段，迫切需要学校在思想品德上给予正确的价值引导和有效帮助。《思想品德课程标准》（2011 年版）对思想品德的课程性质定义为："思想品德课程是一门以初中学生生活为基础、以引导和促进初中学生思想品德发展为根本目的的综合实践性课程。本课程的特征有：思想性、人文性、实践性和综合性。"如何在教育教学中，将"人文性"与"实践性"和"综合性"有机地联系在一起，综合实践活动就是我们的积极尝试。

## 四、活动目的

（1）让学生关注身边的生活，关注身边的社会，有效地将思想品德知识和实际生活紧密联系，使学生体验到学习的快乐，同时，培养学生关注生活、热爱生活的精神品质，进而激发学生的爱国热情。

（2）通过综合实践活动，培养学生发现问题、自主学习、独立思考、小组合作探究以及更好地解决问题的素质和能力。

（3）通过活动锻炼学生资料搜集、社会调查以及整理、归纳、处理信息的能力，培养学生的综合实践能力、独立自主能力和创新精神。

（4）通过组织学生参与这项活动，培养学生的演讲交流能力，塑造学生的个性与自信，同时，把关爱家乡与社会融入学生的血液里，让他们肩负起自己的社会责任。

## 五、活动方法

（1）问卷调查法：调查围绕学生政治学习的抵制诱惑和消费者权益的常识展开设计。

（2）访谈法：走上街头，采访各行各业的人对诱惑和消费陷阱的看法。

（3）实地考察：学生实地考察珠海特殊学校和学校周边的网吧。

## 六、活动时间、地点和人员

表 2－17

| 组别 | 研究主题 | 时间和地点 |
| --- | --- | --- |
| 第 1 组 | 抵制身边的诱惑 | 时间：2014 年 5 月 21 日<br>地点：中午和放学期间九中周边的网吧 |
| 第 2 组 | 自立 | 时间：2014 年 5 月 4 日<br>地点：六位组员的家里 |
| 第 3 组 | 自强 | 时间：2014 年 5 月 23 日<br>地点：珠海市特殊学校（周末前后去了两次） |
| 第 4 组 | 自强 | 时间：2014 年 5 月 24 日<br>地点：珠海市体育中心 |
| 第 5 组 | 消费小调查 | 时间：2014 年 4 月 6 日至 20 日<br>地点：上冲和界冲周边的小超市 |
| 第 6 组 | 消费小调查 | 时间：2014 年 4 月 12 日至 27 日<br>地点：壹加壹超市和华润万家超市 |

（续上表）

| 组别 | 研究主题 | 时间和地点 |
|---|---|---|
| 第7组 | 抵制身边的诱惑 | 时间：2014年5月17日<br>地点：珠海旺角广场 |
| 第8组 | 自立 | 时间：2014年5月11日<br>地点：六位组员的家里和学校教室 |

## 七、活动研究过程

### （一）活动准备

（1）多方选取素材，结合思想品德课教学内容和课程标准的要求，发现现代中学生面对各种诱惑的现象很多，譬如食物、金钱、手机和游戏等，培养学生对各种诱惑的正确认识和判断是必需的，提高学生的抗诱惑能力也迫在眉睫。所以想选“身边的诱惑”为主题进行研讨，但是8个组都做同一个内容不是很合适，结合书本知识，觉得自立和自强也是很有用的一部分，再加上同学们对消费者的权益很感兴趣，综合所有因素，再基于国家对于国民的基本期望和要求，讨论后确定课题——“做合法小公民”。

（2）小组成员民主讨论确定本小组主题，每个小组任选一个主题开展活动。同时接受同主题的另一个组的挑战。组长负责填好综合实践活动课小组计划表（表2-18），各组员按要求完成。

**表2-18　综合实践活动课小组计划表**

| 班级 | | 小组名称 | | 组长 | |
|---|---|---|---|---|---|
| 学科 | | 指导老师 | | 记录人 | |
| 参与成员 | | | | | |
| 活动主题 | | | | | |
| 活动目标 | | | | | |

（续上表）

| | | | | | |
|---|---|---|---|---|---|
| 班级 | | 小组名称 | | 组长 | |
| 学科 | | 指导老师 | | 记录人 | |
| 活动分工 | | | | | |
| 具体进度安排 | 第一次：确定选题，讨论分工，组长布置任务。（第　周） | | | | |
| | 第二次：组长了解成员进度，交流情况，初步上交展示成果。（第　周） | | | | |
| | 第三次：完善成果，再次上交。（第　周） | | | | |
| | 第四次：排练，完善（第　周）—汇报总结。（第　周） | | | | |
| 预期成果展示方式 | 可供选择：PPT、手抄报、小品、调查报告、活动感想等（必须全组成员上台展示） | | | | |
| 活动体会、感想、收获 | 每人写一份（一个小组必须用统一的纸，字数300字以上）<br>每人选其中一句记录在这里<br>年　月　日 | | | | |

（3）学生动员：

①制作PPT，课堂上向全体学生讲解活动目的和探究方法。

②培训小组组长，确定每小组的选题，分发小组活动资料。

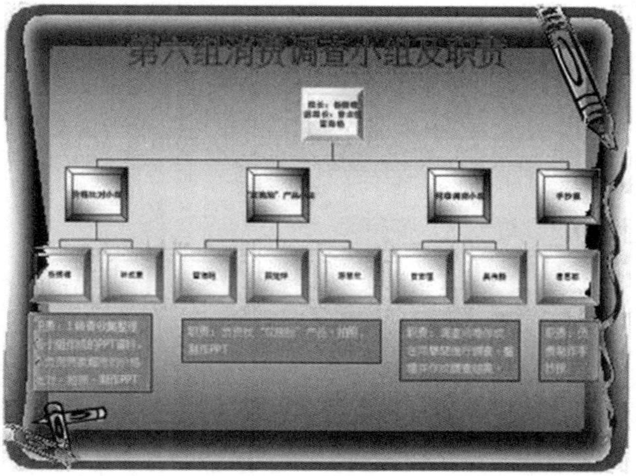

图2－21

③首先要求小组组长组织本组成员讨论该主题该如何研究，是走访？还是问卷调查？是偷拍还是录像？如何展示，是PPT展示还是录制视频？每个人的分工如何，确定集体活动的时间等，然后组长和老师交流，教师予

以他们思路的指导、细节的点拨以及安全方面的指导等。

④对于不参加活动的学生也应当有相应的办法，我们就采取过程性评价（表2－19）的方式进行管理和监督，过程性评价分数直接算进该年度德育分，凡是不参加的同学过程性评价分数不得分，该年度德育分不及格。然后，想办法调动其积极性，让其对该活动产生兴趣，进而为小组做出自己的贡献。

**表2－19　综合实践活动课组长对组员表现评价表**

| 班级 | | 组号 | | 组长 | | 选题 | | 小组总分 | |
|---|---|---|---|---|---|---|---|---|---|
| 序号 | 评价标准 | | 分值 | 组员1 | 组员2 | 组员3 | …… | 组长 | |
| 1 | 积极参与活动，认真倾听同学的观点和意见 | | 20 | | | | | | |
| 2 | 主动和小组成员配合，乐意帮助同学 | | 20 | | | | | | |
| 3 | 服从小组活动安排，按时完成分配任务 | | 20 | | | | | | |
| 4 | 积极动口、动手参与展示，不怕困难 | | 20 | | | | | | |
| 5 | 主动提出设想建议，为小组做出贡献 | | 20 | | | | | | |
| 个人总分 | | | | | | | | | |

（4）学生按小组的计划开展了自己的综合实践活动之后，上交活动原

始材料，做好前期准备。

①课件：课件的上交情况还是可以的，因为大家对于 PPT 的运用比较得心应手，所以大多数同学都上交了课件。但是问题依然存在很多，学生们喜欢把课件打扮得漂漂亮亮的，本来是非常好的事情，但是他们不知道在投影时，很可能就不是这种效果，所以还要学生们回去修改课件背景，要求对比强烈，图文并茂，切不可有太多文字。对于有些同学则要求他们把课件做得精心一些，要突出主题，要研究出内在关系，要有总结，而不是只放几张图片就可以了。所以再次发回去重新加工。

②视频：学生制作视频的比较少，但是也有一些同学愿意尝试。他们上交的时候一边跟我说他们的活动很好玩，一边说好辛苦，为了录制这个东西，跑了三四遍。原来他们是太粗心了，第一次，电池不够电，录制了一半就没办法进行了。下次吸取了教训，带够电池和充电设备，却在回家导出时一不小心删没了。他们说："当时的感受是生无可恋啊！"好在因为各方面也已经锻炼好几遍了，最后很顺利地完成，就是辛苦后期编辑的同学回去加工了很久。

③教师和每个小组的学生再次碰头研讨展示的问题，内容已经做好了，如何更好地呈现给大家也是一门学问。谁负责哪部分的解说，上台的状态和礼貌，哪几位要穿插进去，什么时候大家一起来，又怎么撤场都要经过演练。学生再次整理原始材料，结合自己的展示分工，准备活动展示课。

学生在开展活动过程中教师要进行跟踪和指导，并根据表现对小组进行过程性评价（表 2 - 20）。过程性评分一共有两次，是教师根据活动过程中，小组完成阶段任务的情况给予相应的分数，每次分数满分为 100 分，总分取平均值。

**表 2 - 20　综合实践活动过程性评价表**

| 学科 | | 班级 | | 任课教师 | | 过程性评分表 | | |
|---|---|---|---|---|---|---|---|---|
| 组号 | 选题 | | 组长 | 联系方式 | 第一次 | 第二次 | 总分 | 备注 |
| 1 | | | | | | | | |
| 2 | | | | | | | | |
| 3 | | | | | | | | |
| 4 | | | | | | | | |

（续上表）

| 学科 | | 班级 | | 任课教师 | | 过程性评分表 | | |
|---|---|---|---|---|---|---|---|---|
| 组号 | 选题 | | 组长 | 联系方式 | 第一次 | 第二次 | 总分 | 备注 |
| 5 | | | | | | | | |
| 6 | | | | | | | | |
| 7 | | | | | | | | |
| 8 | | | | | | | | |

## （二）活动展示课

（1）制定《综合实践活动课展示答辩评价量规表》（表2－21），每个小组展示结束后，按以下规表给小组打分。

表2－21　综合实践活动课展示答辩评价量规表

| 课题名称 | | | |
|---|---|---|---|
| 课题组长 | | 报告陈述人 | |
| 其他组员 | | | |
| 评价项目 | 评价标准 | 分值 | 评分 |
| 展示与交流 | 1. 观点明确，表述规范 | 10 | |
| | 2. 依据充分，材料齐全 | 10 | |
| | 3. 信息来源丰富多样 | 10 | |
| | 4. 成果展示形式恰当，呈现方式多样 | 10 | |
| | 5. 预期成果达成度高，作品成果呈现有新意 | 10 | |
| | 6. 展示过程井然有序，学生讲述大方得体，互动性强 | 10 | |
| 陈述与答辩 | 7. 声音响亮，语言表达流畅 | 10 | |
| | 8. 回答问题思路清晰，表述准确 | 10 | |
| | 9. 应答能力强，成果演示效果好 | 10 | |
| | 10. 重点突出，内容充实，时间掌握恰当 | 10 | |
| 展示答辩总分 | | | |
| 过程评价总分 | | | |
| 最终小组得分 | | | |

（2）课堂展示：

班级里选取两名主持人，小黄同学和小莫同学。

主持人：经过近一学期时间，煎熬两个多月，我们共同走过了政治综合实践活动的全过程。我们从对实践活动的懵懂无知，到蹒跚迈出第一步，都调动了所有的勇气，我们骄傲。我们从应付了事到积极贡献自己的力量和建议，我们成长。我们从百般扭捏怯于表现到熟练生动地讲解，我们自信。今天就让我们来领略各组的风采……

①第一组（1 组 vs 7 组）。

第一小组：采取的是现场演绎版——如何抵制玩牌的诱惑？参演人员：全部组员；展示人员：全部组员。汇报总结谈感悟时：一人一句轮流上。充分调动了全组人员，各司其职，幽默玩笑式解说不良诱惑的危害，让同学们在欢笑中知道这样做是不好的，这样做会有很严重的后果。

图 2－22

第七小组：采取的是街头采访的形式，提前设计好调查问卷，并且录制视频，制作出 PPT 展示。

由全组人员上台轮流讲述自己的任务，并对这次活动的小插曲小辛苦给予片花展示，最后给出了非常积极的肯定，觉得在这次活动中收获颇大，最主要的是每个人都有所成长。

图 2－23

主讲人总结：两组从不同角度给我们展示了身边的诱惑，表现非常好，下面有请同学和老师给予点评。

师生点评：第一小组是以幽默的方式展示了自己的成果，第七小组从人员分工到问卷设计再到实地采访，看出了他们的用心程度和挑战自我的程度。第一小组每一个环节都是全员参与，看似公平，实则缺少分工，缺少个人的特点，况且第七小组展示的效果更好，所以，一致认为给予第七小组金牌奖励，加 60 分。第一小组得银牌奖励，加 48 分。

②第二组（2组 vs 8组）。

第二小组：运用了资料搜集法和榜样学习法来处理自立主题。运用名言警句引入主题，分享了几个自立的榜样故事，最后生动地展现了全组人员在家里自立的一天：起床收拾屋子，做饭，写作业和运动等，吸引了全班同学的眼球。

图2-24

第八小组：通过参与社会实践活动来展现自己不仅是可以自立的学生，还是可以回馈社会的小公民。首先，第八小组也和第二小组一样展现了自己在家里生活自理的一天，并且带来了美食——辣炒年糕分享给大家。然后还分享了全组成员去市图书馆做义工的活动。大家对其组长的策划羡慕不已。

主讲人总结：两组从同一角度切入主题，却又有不同风采，我喜欢第八小组，因为年糕太好吃了，为了避免“受贿”嫌疑，下面有请同学和老师给予点评。

师生点评：第二小组是以“宅”来完成并展示了自己的成果，第八小组不仅展现了“宅”，也走出了“宅”，更会做好吃的收买大家的胃。精彩程度第八小组获胜，内容饱和度第八小组获胜，同学支持度第八小组获胜，所以，一致认为给予第八小组金牌奖励，加60分。第二小组得银牌奖励，加48分。

③第三组（3组 vs 4组）。

第三小组：设问引入。展示小品：《男儿当自强》。并请大家一起观看他们的社会实践视频汇报结果。并且现场请老师们学习手语——我爱九中。各自谈了感想，并总结。

第四小组：以名言警句导入，并且让所有人明白自强的含义，并欣赏有关自强的图片，分享名人自强故事，最后还加入了组员的自强事例，并且也都谈了感悟感想。

主讲人总结：两组从不同角度给我们展示了自强精神，表现非常好，下面有请同学和老师给予点评。

师生点评：第三小组是以实地参访与活动的方式完成并展示了自己的

成果，他们的活动实施到开花结果一定是花费了很多心思和大量时间的。第四小组从结果来看更像是一堂老师上课的 PPT。综上所述，一致认为给予第三小组金牌奖励，加 60 分。第四小组得银牌奖励，加 48 分。

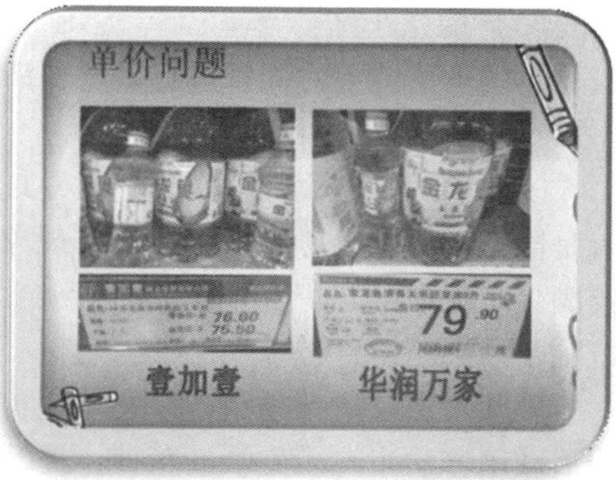

图 2－25

④第四组（5 组 vs 6 组）。

第五小组：采取对比方式让大家明确生活中刻板印象的危害。问题导入："有人觉得去壹加壹超市购买商品会更合算，有人觉得去华润万家超市购买商品更经济，到底实际情况如何呢？我们来给大家展示我们的调查结果。给出几组照片的对比，看似壹加壹超市购买更合算。实际上，我们给出了另外一组照片对比，发现事实结果完全相反。这怎么办呢？在求助老师之后，我们花了较长时间进行观察和对比，他们都会主打自己的产品或活动来吸引顾客，同时会根据时节的不同开展不同的活动，但是惊讶地发现他们几乎不会同时搞一样的商品特价活动。这里面我们猜测的原因如下……"

图 2－26

第六小组：直奔主题，组长展示分工。介绍消费陷阱引入课题，传播有关消费者权益的知识。然后进行超市的价格比对、"双胞胎"产品展示、调查问卷的树状图展示，最后给出活动照片及感悟。

主讲人总结：两组从不同角度给我们分析了生活中的智慧，简直太棒了，不相伯仲，怎么办？下面有请同学和老师解决这个难题。

师生点评：两组表现得都非常好，看到了他们之前的付出，还有分析的能力以及运用信息技术的能力，为了符合咱们的评分规则，还是要分出个高低，我们根据两组最后对主题的认识以及提升的高度，艰难地一致认为给予第六小组金牌奖励，加 60 分。第五小组得银牌奖励，加 48 分。

（3）课堂小结：

①学生主持人对同学进行采访，请同学们谈谈本次活动的收获。

②学生主持人对活动进行总结。

③我们通过这次综合实践活动发现了学生运用所学知识的能力，下面就是同学们用数学思维来分析社会现象的表现，非常棒。希望各位同学不要满足于现在的知识和能力，还要继续地学习和奋斗。一定要掌握本领，造福于社会。

教师对活动进行总结，鼓励学生勇敢参加综合实践活动，通过综合实践活动培养学生热爱生活的精神，提升学生的综合素质。

（4）颁奖。根据评分标准，小组总分按过程性分数占40%，展示和答辩的分数占60%计算，最终得分最高的三个小组为优秀小组。颁发奖状。

## 八、活动结果

从学生的角度而言，本次综合实践活动课，持续两个多月，活动形式多样，班级学生参与程度非常高。一共上了三节汇报课，其中包括班级汇报课两节与录像汇报课一节。每个学生都站上了舞台，展示了自己的成果，分享了自己的成长与收获，表达了自己对社会生活的认识。在这个过程中，学生更了解了自己身边的社会。在上台展示的过程中，学生收获了自信，也收获了思想品德学习的乐趣。

而从教师自身的角度而言，笔者认为，有人的地方就有社会，有社会就会有问题产生，就需要智慧和制度来解决问题，也需要宽容和忍让等品德，让学生理解并接受这些心理品质，带着学生走进现实，去探索和发现生活中的“美”。

## 九、活动感受

1. 部分学生感想

在这次综合实践活动中，我深刻地懂得了自强的含义：在人生的路上，我们会遇到很多困难和挫折，战胜这些困难和挫折，就是自强。每个人都有自己的弱点，克服弱点，发挥特长，就是自强。自强表现在方方面面。当我们自强起来，我们心中就有了力量，我们民族就能自立于世界民族之林。

——戴×涛

人应该懂得自强自立。尽管生活过得相当艰难，也要乐观面对。一个人通过自己的奋斗改变自己劣势的现状才是最重要的。这是多么高尚的君子所为！然而，现实生活中，却有许多人面对生活的困境，完全期待别人的帮助，把别人的帮助看成理所当然，并且接受得心安理得，这是很不好的，我们不能等待别人的施舍，要自己自强地生活。

——石×蝶

无处不在的消费，让我们的生活增添了许多色彩，让我们懂得了消费时一定要用不同的眼光去挑选每一个物品，正确的消费观会让我们多一些理性，少一些盲目。在满足基本物质消费需求后，我们更应该注重精神上的需求。当面对不良诱惑时，最有力的支持来自你自己，内心坚定的自制力是抵御不良诱惑的有力武器。

——李×茵

诱惑无处不在。有些人因禁不起不良诱惑走上了犯罪道路，我们要抵制诱惑，控制自己的欲望，提高心理素质。

——杨×

战胜不良诱惑需要我们具有毅力、勇气、信心还有智慧。

——王×智

2. 教师反思

教育是一个漫长的过程，得有耐心静待花开；教育就是慢慢磨，慢慢长，慢慢结出惊艳的果实。这次综合实践活动从实践之初的迷茫和抵触，到慢慢投入精力，再到积极主动展示和总结，提升的不仅仅是知识与能力，更重要的是在这过程中，与学生建立了情感，与同事加深了了解。我想学生们应该也在其中苦着、其中乐着，并在以后津津回味着。

# 第三篇 行（教学设计）

# “畅行珠海——水陆空并驾齐驱”教学设计

崔贵妮

## 一、教学目标

1. 知识与技能

（1）通过本次活动课，掌握初中地理教材中《交通运输》章节知识，理解各种交通运输方式的特点。学会运用教材中交通运输知识分析、解决现实生产、生活中的问题。

（2）通过本次活动课，使学生初步掌握观察、调查、统计、归纳、分析等地理学习方法。学会发现问题、分析问题和独立思考，合作解决问题的能力得到进一步提高。

2. 过程与方法

（1）通过网络搜索、实地考察、问卷调查、查找年鉴等多种方法了解珠海交通方式的发展历史、现状及发展方向，学会搜集、整理和分析资料的方法。

（2）学会结合课本地理知识分析珠海交通方式的多样性及独特性。

（3）能用幻灯片、视频等形式进行资料加工，多角度展示成果作品。

3. 情感态度与价值观

通过学习乡土地理体现地理学习的实用性，学对学生有用的地理，将所学的地理知识应用到生活当中。培养学生学习地理的热情，培养学生关注家乡、热爱家乡的感情，进而激发学生的爱国热情。

## 二、教学重难点

（1）教学重点：交通方式的现代化和多样化。

（2）教学难点：如何选择合适的交通运输方式。

## 三、学情分析

从学生认知层面上看，本节课选择以学生身边的地理为切入点，符合学生的认知，尤其是学生所生活的珠三角地区——珠海。邓小平同志南方谈话时将珠海设立为经济特区，从此珠海就发生了开天辟地的变化，从原来交通闭塞的小渔村发展为现在的水陆空等多种现代交通运输方式多样的城市，对学生们来说有很大的吸引力。广珠城轨的连续开通、有轨电车的正在修建对学生来说都非常贴近，更让他们对未来珠海的交通方式产生兴趣和期望。从能力层面看，初二的学生已经掌握了学习地理的基本能力，对身边的地理事物也已经从表面认识上升到逻辑思考，求知欲和好奇心强烈，合作探究和沟通交流的能力也都有明显提升，这些都有助于最大限度调动学生的积极性和参与度，有利于本次地理综合实践活动的顺利进行。

## 四、教学准备

1. 教师制订活动方案

（1）制订活动进度计划，引导学生确定研究思路；

（2）进行小组分工，明确各自任务；

（3）实地调查，小组合作探究，得出初步结果；

（4）教师指导提升，展示最终成果。

2. 学生分组及预期成果

表 3－1

| 组别 | 研究主题 | 研究内容 | 预期成果 |
|---|---|---|---|
| 第一组 | 水运交通 | 在九洲港、香洲港、湾仔码头等站点，实地考察获取资料，分析水运交通的特点和影响因素 | 照片、视频、问卷调查、展示课 PPT |
| 第二组 | 陆运交通 | 香洲总站、拱北长途汽车站、轻轨站等站点，发放问卷调查取样，分析陆运交通的特点和影响因素 | 照片、视频、问卷调查、展示课 PPT |

（续上表）

| 组别 | 研究主题 | 研究内容 | 预期成果 |
| --- | --- | --- | --- |
| 第三组 | 空运交通 | 在金湾机场查询当日航班及客流状况，观察、拍照获取第一手资料，分析空运交通的特点和影响因素 | 照片、视频、问卷调查、展示课 PPT |

3．制订过程评价方案

教师创建班级综合实践活动群，及时联系学生，督促学生按时按阶段上交材料，组长每周根据组员的参与度与贡献度，给组员打分。而教师则根据小组的活动开展情况，建立对组长的定期评价制度，提高学生的积极性。

4．各小组确定展示方案

教师引导学生在初步研究成果的基础上，进一步深入分析影响交通运输方式的因素，并指导学生绘制交通方式比例图；学生以小组为单位，分析整理数据，制作 PPT 和视频文件，最终完善实践报告，做好研究成果展示准备。

## 五、教学过程

1．课堂导入

播放珠海过去的旧照片、新开通的广珠城轨的照片、正在修建有轨电车的施工图片等，引出珠海的交通变化，主持人介绍本次活动的主题：畅行珠海——水陆空并驾齐驱，宣布展示课开始。

2．课堂展示

（1）第一小组：水路运输——珠海的“命脉”。

①问题导入：你知道珠海渔女的传说吗？

②小组主讲人：简单讲解渔女的故事，引出珠海是一个海滨城市，水运是它最基本最便利的一种交通方式。接着为大家分享他们小组成员去珠海的香洲港、湾仔码头、九洲港等重要港口的实地考察过程，讲解各港口的现状，对比各港口的人流量，总结出珠海的水运客流量在逐年上升，珠海各港口也是大宗货物运输的首选。

③小组成员简单分享讲解过程中遇到的困难以及如何克服不自信的情绪。最后分享此次活动的感悟。

④师生点评：从珠海渔女引入，恰当有趣。PPT 内容丰富，目的性强。组员分享活动感悟，生动有趣，尤其强调发放调查问卷时从被质疑到被信任和配合的过程，富有感染力与鼓励性。

（2）第二小组：陆路运输——“二组去哪儿”。

①（“爸爸去哪儿”音乐起）过渡：“组长我们去哪儿呀?”“我们去地理综合实践活动啊!”小组全体成员登台。

②小组成员轮流介绍出发路线：香洲总站、拱北客运站、珠海城轨站等站点的班次表和人流量的现状。

③小组主讲人对调查结果进行总结分析，播放制作好的视频：陆运是最方便快捷的一种运输方式。

④师生点评：从热播的《爸爸去哪儿》引入，趣味性强，PPT 内容丰富，图文并茂，小组成员活动与成员照片精美结合，结果分析也很到位，整个展示过程，轻松愉快又有笑点与期待。

（3）第三小组：航空运输——三组联盟。

①引入：利用谷歌地图定位，展示我们的出发点学校及目的地珠海金湾机场。

②过渡：小组成员介绍珠海金湾机场的地点、规模等概况。

③小组主持人转播现场录制过程的视频，跟随主持人的镜头看珠海机场当天的客流量及班次表。接着对金湾机场运营案例进行分析，分析它的区位优势与劣势，并与广州白云机场进行对比，反馈问卷调查结果并给出建议。认为连接市区、斗门区到金湾机场的交通工具较少，路程时间也较长。

④小组感悟分享：小组成员分享此次活动中遇到的问题及解决方法，尤其是利用端午假期集体约定时间去到车程 2 个小时的金湾机场，让大家感受到了团队的力量。

⑤师生点评：视频制作水平高，用 Google Earth 引入，吸引观众眼球，主持人演讲口才好，播放的现场录制视频有电视主持人的气质，并能对所研究的主题进行对比分析，这是能力的体现，也是对地理知识的学以致用。

3. 课堂小结

（1）学生主持人对各小组活动进行简单概括总结。并对同学就地理综合实践活动的感想和收获进行采访。

（2）学生主持人播放精心制作的《珠海交通宣传片》，对珠海交通发展的过去、今天和明天进行回顾和展望。

（3）教师对综合实践活动进行总结和颁奖，肯定学生在活动中的配合与付出，表扬学生的集体精神以及在活动中的成长与收获。这次综合实践活动，能把我们的地理素养发扬光大，培养我们热爱地理、热爱家乡、热爱生活的思想感情。

（4）课后反思，师生撰写调查报告或地理小论文。

## 六、总结提升

综合实践活动课真正实现了地理学习的实用性，不仅学习课本上的地理，更要学生活中的地理，学对生活有用的地理。在这次活动中，教师和学生也真正达到了教学相长，都有所收获有所感悟。作为教师，在综合实践活动课整个过程中，要做好统筹规划，要解决一些突发情况和新问题，并对学生的研究成果给予指导和提升，这些都比日常教学难度更大，要求也更高。学生在本次的实践活动中，走进社会走进生活，对家乡的交通方式进行调查和了解，通过网络查找和实地考察等方式参与，不仅让学生学习到课内外的知识，而且让他们在活动中锻炼了实践的能力。每个学生都敢于跟陌生人交流沟通，最后也敢于在同学和老师面前汇报和分享，更是收获了自信与能力。

# “家居环境与健康”教学设计

呼小明

## 一、教学目标

1. 知识与技能

（1）学会评价家居环境质量。

（2）通过师生、生生讨论和交流，使学生认识到影响室内污染的主要因素并找出防治对策。

（3）学会运用自己的知识参与家庭环境建设。

2. 过程与方法

（1）通过实践调查和查找资料，培养合作精神和创新精神，提高学生的自学能力。

（2）参与、讨论、探究，培养学生综合分析问题和解决问题的能力。

3. 情感态度与价值观

（1）使学生形成绿色家居、绿色文明的观念，养成良好的生活习惯，创建健康的家居环境，热爱自己的家庭。

（2）通过生生互动，使学生学会资源共享，相互帮助。

## 二、教学重难点

（1）教学重点：讨论及防治家居环境污染，形成改善家居环境的意识。

（2）教学难点：讨论及防治家居污染。

## 三、学情分析

学生求知欲强，并善于接受新鲜事物和新的观念，已经掌握了相当的基础知识，又具备一定的自学能力，但因为课堂教学时间和场地的限制，学生的探究思维有待进一步提高，分析问题和解决问题的能力需要进一步培养。

## 四、教学准备

1．教师制订活动方案

（1）本次活动预期时间是2个月。4月是活动实践阶段，5月进入成果展示阶段。

（2）校外实践活动，包括参观世邦家居城、永晟家居城，采访医生关于厨房油烟对人体的影响，街头采访家中饲养宠物情况，发放调查问卷等，均由指导老师全程带队，并提前在网上进行关于相关家居环境影响因素的资料查阅。

（3）本活动成果在班级分小组进行汇报展示。

2．学生分组及预期成果

表3－2

| 组别 | 研究主题 | 研究形式 | 预期成果 |
| --- | --- | --- | --- |
| 第1组 | 潜伏在家居装修中的隐形杀手 | 实地调查访问、问卷调查、结合上网查阅资料 | 采访视频、问卷调查分析、汇总展示的PPT |
| 第2组 | 潜伏在家居装修中的隐形杀手 | 实地调查访问、问卷调查、结合上网查阅资料 | 采访视频、问卷调查分析、汇总展示的PPT |
| 第3组 | 家用电器对家居环境影响小调查 | 上网查阅资料、调查采访、结合问卷调查的形式 | 采访视频、问卷调查分析、汇总展示的PPT |
| 第4组 | 探究厨房油烟对家居健康造成的影响 | 采访社区医院呼吸科，上网查阅资料、实地采访等形式 | 采访视频、实地采访资料分析、汇总展示的PPT |
| 第5组 | 探究厨房油烟对家居健康造成的影响 | 采访社区医院呼吸科，上网查阅资料、实地采访等形式 | 采访视频、实地采访资料分析、汇总展示的PPT |

（续上表）

| 组别 | 研究主题 | 研究形式 | 预期成果 |
|---|---|---|---|
| 第6组 | 室内动植物与家居环境 | 街头小调查采访家中养宠物的情况、上网查阅资料、采访花店老板室内植物对家居环境的影响 | 采访视频剪辑制作、实地采访资料分析、汇总展示的PPT |
| 第7组 | 室内动植物与家居环境 | 街头小调查采访家中养宠物的情况、上网查阅资料、采访花店老板室内植物对家居环境的影响 | 采访视频剪辑制作、实地采访资料分析、汇总展示的PPT |
| 第8组 | 家用电器对家居环境影响小调查 | 上网查阅资料、调查采访、结合问卷调查的形式 | 采访视频、问卷调查分析、汇总展示的PPT |

3. 制订过程评价方案

注重过程性评价方案的制订，组长每周根据组员的参与度与贡献度，给组员打分。而教师则根据小组的活动开展情况，建立对组长的定期评价制度。

4. 各小组确定展示方案

根据小组综合实践活动整理完成的资料，各小组在组长的领导下确定本组的综合实践活动成果展示方案和形式，并利用课余时间，给指导教师展示并进一步修改，为综合实践汇报课做好准备。

## 五、教学过程

1. 课堂导入

主持人介绍本次活动的主题：家居环境与健康。家是心灵的港湾，家是为我们遮风挡雨的住所，一个人70%的时间都要生活在家中，家居环境与健康息息相关。宣布展示课开始，由各组分别汇报展示实践调查研究成果。

2. 课堂展示

（1）第一、二小组：潜伏在家居装修中的隐形杀手。

①小组主讲人：通过一组家居豪华装修的照片，引导同学们思考家居装修材料是否对居住环境和人体健康产生影响。接着，小组成员分别介绍，通过走访世邦家居城、永晟家居城，调查了解到家居装修材料会释放某些隐形有毒物质，这些物质对人体健康有危害。同时，小组成员亲自用甲醛测试盒到新装修的家中测试甲醛含量是否超标。

②主持人总结：看来家居装修材料的选择一定要慎重，请其他小组成员进行点评。

③师生点评：现场就该组成员展示的内容、展示的方式、效果进行点评。

（2）第四、五小组：探究厨房油烟对家居健康造成的影响。

①小组主讲人：通过一组厨房炒菜的照片，引导同学们思考每天家人在厨房炒菜做饭是否对家居健康产生影响。接着，小组成员分别介绍，通过亲自采访社区医院呼吸科医生，了解到厨房油烟中哪些成分可能对人体哪些器官造成危害，并汇报如何预防或者减少厨房油烟对家居健康的影响；通过问卷调查反馈的数据，用事实说话，向同学们展示家中抽油烟机的选择。最后，结合主题内容，引导同学们学会关心家人。

②主持人总结：听了同学们的介绍，我得赶紧回家看看我家的抽油烟机是什么款式的？吸油烟的效果是否是最佳的？以后还是尽量少吃煎、炸的食物吧！下面，请对应小组成员进行点评。

③师生点评：现场就该组成员展示的内容、展示的方式、效果进行点评。

（3）第六、七小组：室内动植物与家居环境。

①小组主讲人：展示欢乐气氛中遛狗的视频，将同学们的关注点引入对家中饲养宠物的思考。随后播放街头小调查，关于是否养宠物、养什么宠物、家中养宠物对家居环境的影响的小调查，让同学们了解到家中饲养宠物在某种程度上对家居环境以及人体健康的影响；其他成员播放百合花的故事，通过同学们自编自导自演的百合花引起某同学过敏的实例，让同学们关注家中的植物也会对家居环境有所影响。那家中到底摆放哪些植物是对家居环境有利的？哪些是有害的呢？通过调查花店老板并结合查阅资料，向同学们介绍了适合家养的植物，以及不适合家养的植物。

②主持人总结：家养动植物也是有讲究的，看来我们得多学习，多了解周围的生活，才能保护自己啊！下面，请小组成员进行点评吧！

③师生点评：现场就该组成员展示的内容、展示的方式、效果进行

点评。

(4) 第三小组：家用电器对家居环境影响小调查（略）。

3. 课堂小结

(1) 学生主持人对同学进行采访，请同学们谈谈本次活动的收获。

(2) 学生主持人对活动进行总结。

(3) 教师对活动进行总结和颁奖，鼓励学生勇敢参加综合实践活动，通过综合实践活动课培养学生热爱生物、关心生活的精神，提升学生的生物综合素质。

(4) 课外延伸，可制作手抄报和活动视频等。

## 六、总结提升

同学们展示的成果非常的详尽具体。通过团队合作，大家展示了自己的成果，分享了其中的收获和体会，表达了自己对相关主题内容的理解，我也和大家一起了解到更多关于家居环境与健康的知识和小贴士，家居环境和健康是我们每个人都应该关注的主题。其实，生物就在我们的身边，学习即生活，生活即学习！看到同学们在展示的过程中所表现出的自信、勇敢和阳光，相信同学们在此过程中除了收获了知识，也一定有很多的体会和感悟，大家将更关心周围的生活，更热爱生物的学习。让我们一起加油，继续前行！

# “丝路明珠——敦煌莫高窟”教学设计

江新飞

## 一、教学目标

1. 知识与技能

知道丝绸之路和敦煌莫高窟。通过对莫高窟的学习和其在中西方交流史上重要地位的探讨，培养学生全面认识和思考问题的能力。

2. 过程与方法

通过让学生在丝绸之路的地图中寻找敦煌，提高学生识图的能力。通过“数字敦煌”环节，培养学生使用和分析历史资料的能力。通过“莫高窟保护”的环节，让学生感受历史与生活的紧密联系。进而通过“心灵的宣誓”强化学生保护文物古迹和传承中华文明的意识。

3. 情感态度与价值观

通过本课的学习，知道保护文物古迹的重要性和紧迫性。通过唐莫高窟的辉煌和清末莫高窟的劫难对比，强化学生的爱国思想和建设祖国的历史使命感。

## 二、教学重难点

（1）教学重点：敦煌莫高窟。

（2）教学难点：莫高窟的历史劫难和现实劫难；学生的文物保护意识。

## 三、学情分析

从知识现状来看，通过初一第一学期的系统学习，学生已经掌握了一些学习历史的方法并培养了兴趣。虽然学生小学语文学过莫高窟的壁画，但是缺乏从历史的角度去看待莫高窟。学生学习过唐朝的历史，知道唐朝的贞观之治和开元盛世，也略约知道唐朝开放的外交态度，但对于唐代的繁荣缺乏直观认识，对于丝绸之路对唐代文明的贡献缺乏相关思考。学生对清朝末年的中国有所了解，但因为没有展开讲解，对此一知半解，认识普遍片面。一小部分学生还亲自去过莫高窟，很多去过上海世博会的学生还在“甘肃活动周”中领略了莫高窟的魅力，这些兴趣点都可以成为促进学生高效学习的切入点。

## 四、教学准备

1. 教师制订活动方案

（1）本次活动预期时间是1个月，前两周是活动实践阶段，后两周进入成果展示阶段。

（2）校外实践活动，到珠海的文博单位进行宣传讲解，提高大众的文物保护意识。

（3）本活动成果分为班级内部展示与区汇报课展示两个部分。

2. 学生分组及预期成果

表3－3

| 组别 | 研究主题 | 研究内容 | 预期成果 |
|---|---|---|---|
| 第1组 | 走近敦煌莫高窟 | 查阅资料，详细了解敦煌莫高窟的历史和现实 | 莫高窟的视频剪辑和PPT |
| 第2组<br>第5组 | 敦煌莫高窟的价值 | 查阅资料，详细了解敦煌莫高窟的地位和价值，并和世界类似遗址对比 | 展示课PPT |
| 第3组<br>第6组 | 敦煌悲歌 | 登陆莫高窟网站，了解敦煌莫高窟近代所遭受的外国探险家掠夺 | 自编文本教材《敦煌劫难》 |
| 第4组<br>第7组 | 莫高窟环境保护 | 登陆中国知网查阅资料，登陆莫高窟网站了解敦煌莫高窟所面临的风沙侵害 | 展示PPT或模型 |
| 第8组 | 我爱文物 | 到市图书馆宣传文物保护常识 | 活动感想文章、展示课PPT |

3．制订过程评价方案

注重过程性评价方案的制订，组长每周根据组员的参与度与贡献度，给组员打分。而教师则根据小组的活动开展情况，建立对组长的定期评价制度。

4．各小组确定展示方案

根据小组综合实践活动整理完成的资料，各小组在组长的领导下确定本组的综合实践活动成果展示方案和形式，并利用课余时间，给指导教师展示并进一步修改。相同任务的小组，进行展示选拔，将两组搜集的内容合并，再加工后展示。

## 五、教学过程

1．课堂导入

图片音乐展示：丝绸之路路线图，请同学们分析寻找敦煌，回顾丝绸之路开辟的历史。

2．课堂展示

（1）第一小组：走近敦煌莫高窟。

①小组主讲人："数字敦煌"，出示数字：366 年，1 600 多年，492 窟，2 415 尊，34. 5 米，4. 5 万平方米和 5 万多件。请同学们用这组数字揭开敦煌神秘的面纱。学生踊跃回答，调动学习热情。

②主讲人总结："世界遗产委员会对莫高窟的评价：莫高窟地处丝绸之路的一个战略要点。它不仅是东西方贸易的中转站，同时也是宗教、文化和知识的交汇处。"初步了解和认识敦煌莫高窟。

③师生点评：教师点拨下引导学生得出结论：敦煌莫高窟是佛教艺术宝库，然而敦煌的价值却早已超出了宗教本身。

（2）第二、五小组：敦煌莫高窟的价值。

①（抢答热身）展示课件《三尊敦煌彩塑》，请同学选出最精美的一尊，思考问题：为什么敦煌彩塑中最精美的作品塑造于隋唐时期?

②学生思考说出：贞观之治、开元盛世的高度繁荣和唐代的外交成就，决定了唐代作品的艺术地位，所以可以说莫高窟是唐代艺术宝库，是唐代繁盛的生动资料。

③展示图片《金刚经》和敦煌书法，莫高窟是中国古代科技和文化的博物馆。

④展示壁画中的少数民族和外国人形象。

⑤讨论：为什么在敦煌壁画中会有这么多的少数民族和外国人形象？

⑥学生讨论：教师引用国学大师季羡林的评价。

⑦过渡：敦煌，人类文明的宝库，是世界主要文明灿烂的交汇地，令人神往。五年前的暑假，当我步入莫高窟的洞窟时，耳边却传来国学大师陈寅恪的一句话："敦煌，吾国学术之伤心史也。"因为我看到了这样的壁画。

⑧师生点评：PPT 内容丰富，资料查阅翔实，展示清晰。

（3）第三、六小组：敦煌悲歌。

①问题导入：展示被掠夺的壁画（空白），为什么莫高窟壁画中会有很多空白？

②学生阅读自编文本教材《敦煌劫难》，体会敦煌遭受的劫难。

③小组成员上台，逐个简单分享讲解过程中遇到的困难以及如何克服不自信的情绪。

④小组讲解：斯坦因、伯希和等西方探险家，将敦煌文物中最宝贵精美的杰作掠夺到西方，竟然恬不知耻地展览中国敦煌及其他国家瑰宝，难道他们没有一点羞耻吗？难道他们听不到壁画上深深割痕的控诉吗？难道这就是所谓文明的西方吗？难道只有将别国的文化瑰宝放在自己的家中，才是其所谓的保护吗？……在愤怒的同时，我也不禁要问，为什么清朝末年敦煌会一次次被西方殖民者掠夺？

⑤学生讨论：为什么清朝末年敦煌会一次次被西方殖民者掠夺？出示《时局图》漫画。

⑥师生点评：PPT 内容丰富，图片文本结合得当。组员分享，生动有趣，国家兴盛，文化方能灿烂，如唐朝；国家羸弱，文化也会受到冲击，人民生活在水深火热之中，如晚清。

（4）第四、七小组：莫高窟环境保护。

①图片展示莫高窟保护过程中所遇到的三个难题：沙漠化、游人素质低下和游客激增。

②学生讨论：如何解决这三个难题。

③保护畅想：如果我作为一个学生，如何保护莫高窟？如果我成为一个游客，如何保护莫高窟？如果我成为一个学者，如何保护莫高窟……

④师生点评：教师引导讨论，提出一些保护思路，学生根据材料发挥智慧，提出解决方式，同学们的保护热情和方法，一定能够为莫高窟的保护工作，做出积极的贡献。

（5）第八小组：我爱文物。

①“精彩瞬间”——播放活动PPT，以此导入。介绍前期与图书馆的接洽经历。

②组员轮流分享感受，主要包括：文物古迹不仅仅是一种财富的所有权，更是一个民族的精神支柱，而对别国文明的尊重与否，则反映了一个民族的文明程度，但掠夺绝不是尊重。我们青少年不仅仅是文化遗产的保护者，也是国家建设的主力军，我们愿意为国家的强盛做出自己微薄的贡献。为了我们的生活更美好，为了中华文明的源远流长，行动起来，保护文物古迹，保护文化遗产，永续中华文明。

③师生点评：准备充分，在活动开展前，已联系图书馆，取得入馆讲解资格。在校内，进行为期一周的知识培训。讲解展板精美，生动有趣，穿插许多接地气的图片。吸引不少人的观看，锻炼了学生们的胆量和能力。强化大家保护历史古迹、保护传统文化的意识，并引导大家认识到：国家兴亡，匹夫有责。

3. 课堂小结

（1）学生主持人对同学进行采访，请同学们谈谈本次活动的收获。

（2）学生主持人对活动进行总结。

（3）教师对活动进行总结和颁奖，鼓励学生勇敢参加综合实践活动，通过综合实践活动课培养学生热爱历史的精神，提升学生的综合素质。

（4）课外延伸，创建中学生文物保护微信公众号。

## 六、总结提升

《丝路明珠——敦煌莫高窟》，通过一个学生熟知又陌生的载体——完全展示了辉煌的隋唐文化的莫高窟。通过引导学生思考如何保护莫高窟，引起学生关注文明，关注环境保护。这是本课选题的出发点。通过讨论形式让同学们各抒己见，展示保护文化遗产的方法，通过让学生们思考为什么保护以及怎样保护，突出莫高窟的价值，使其感到历史就在身边，引起强烈的共鸣，特别是“心灵的宣誓”是这节课最出彩的地方。

从学生的角度而言，本次综合实践活动课，持续一个月，每个学生都在小组或者班级的舞台，展示了自己的成果，分享自己的成长与收获，表达了自己对历史的认识，由此引发学生对于国家的关注、对于历史的思考、对于使命的再反思。好的教学设计还要通过精心的课堂实施，所以每一堂课都要详细构思各环节的衔接和详略，做到有的放矢。

# “我爱我‘家’”教学设计

江新飞

## 一、教学目标

1. 知识与技能

通过本次综合实践使学生深入了解家乡，能使用政治、历史、地理和生物相关知识分析家乡的相应问题。从历史学角度构建珠海市内历史文化遗址名录；从生物学的角度分析珠海市走档食品安全与健康；从地理学的角度开展珠海市公园的乡土地理实践考察；从政治学的角度考察珠海市内交通拥堵问题情况。

2. 过程与方法

（1）培养学生的合作意识，引导学生学会分工协作，培养学生在综合活动中的创新意识和创造能力。

（2）通过活动，提高学生发现问题、解决问题的能力，培养学生善于思考、勇于探索的精神。

3. 情感态度与价值观

（1）通过调查、采访、考察等途径，培养学生对家乡的热爱，激发学生树立克服与战胜困难的勇气与信心，增强学生的城市责任感和“主人翁”意识。

（2）通过本次综合实践活动，让学生感受今日家乡的美与不足，树立为振兴家乡而勤奋学习的远大目标。

## 二、教学重难点

1. 教学重点

（1）让学生体验小组合作学习、探究的快乐，增强学生的自信心，激发学生对社会现实的关注，提高学习兴趣。

（2）研究小组选题原则、途径和方法。

（3）将感兴趣的话题转化为研究选题和展示的过程。

2. 教学难点

将感兴趣的话题转化为研究选题和展示的过程。

## 三、学情分析

通过七年级的政治、历史、地理和生物的系统学习，八年级学生思维能力开始得到迅速发展，他们思维活跃，想象力丰富，个性特征明显，追求新颖、独特。八年级学生越来越意识到同伴在学习生活中的重要性，合作意识增强。但此阶段学生的思维能力仍处在具体形象思维占据主导地位的阶段，抽象逻辑思维处于萌芽状态。虽然学生对学习实践动手技能有强烈的欲望，但是，在此阶段，学生的综合分析能力和学以致用的能力尚未建立。八年级学生虽然开始重视社会道德规范，但对人和事的评价比较简单和片面。所以在整个过程中，教师的设计和引领就十分重要。

## 四、教学准备

1. 教师制订活动方案

（1）本次活动预期时间是 1 个月，第一周为活动计划制订与修正，第二、三周为综合实践，第四周进入成果展示及总结表彰阶段。

（2）各个小组根据民主投票，选择本小组感兴趣的研究课题，将兴趣和实践活动相结合，以此调动各小组和组员的参与积极性。

（3）校外实践活动均由指导老师和热心家长全程带队，资料查询和展示由组长牵头完成。

（4）本活动成果分为班级内部展示与校园板报展示两个阶段。

2. 学生分组及预期成果

**表** 3－4

| 组别 | 研究主题 | 研究内容 | 预期成果 |
|---|---|---|---|
| 第 1 组 | 珠海历史文化遗址名录 | 制定具体名录并探访相关历史遗址 | 历史遗址名录、展示课 PPT 及宣传板 |

（续上表）

| 组别 | 研究主题 | 研究内容 | 预期成果 |
| --- | --- | --- | --- |
| 第2组 | 珠海历史遗迹背后的精神文化价值 | 查阅历史遗址背后的名人及故事，感受名人或遗迹背后的精神价值 | 展示课PPT、视频和心得感想 |
| 第3组 | 城市走档食品安全现状 | 实地调查访问、问卷调查 | 采访视频、问卷调查分析汇总展示的PPT |
| 第4组 | 我为城市食品安全提建议 | 实地调查访问、结合上网查阅资料和采访相关专业人士 | 采访视频、制作食品安全问卷表、展示课PPT |
| 第5组 | 珠海主要城市公园现状考察 | 实地调查珠海城市公园现状 | 视频或课件 |
| 第6组 | 从地理学的角度分析城市公园 | 查阅相关资料，说明城市公园所具有的调节气候的作用 | 展示课PPT、环保倡议书 |
| 第7组 | 城市内主要交通拥堵点的调查 | 实地调查走访珠海主城区交通拥堵点 | 展示课PPT，采访视频 |
| 第8组 | 城市内交通拥堵问题研究 | 结合相关资料，走访专业人士，探索解决交通拥堵问题的方法和建议 | 展示课PPT、行人交通情况视频 |

3. 制订过程评价方案

（1）注重过程性评价方案的制订，组长每周根据组员的参与度与贡献度，给组员打分。而教师则根据小组的活动开展情况，建立对组长的定期评价制度。将最后的展示课分数和过程评价的分数相结合，以此调动组员的参与性。

（2）结合各小组制订的计划和方案，请相关学科老师指导和修改。

4. 各小组确定展示方案

（1）根据小组综合实践活动整理完成的资料，各小组在组长的领导下确定本组的综合实践成果展示方案和形式，并利用课余时间，给指导教师展示并进一步修改，为综合实践汇报课做好准备。

（2）展示课当天邀请相关政史地生任课老师参与点评。

## 五、教学过程

1. 课堂导入

（1）（主持人）介绍本次活动的主题：我爱我“家”，宣布展示课开始。

（2）播放视频——“魅力珠海城市宣传片”。

（3）设置悬念：我们来自五湖四海，我们共同走向珠海这座美丽的城市，我们爱珠海的今天，我们更爱珠海的明天，我们将一起走近珠海。从四个大方面了解珠海。只有深入了解珠海，并为之付出汗水，我们才会更爱珠海，更爱我们的家。下面就有请我们的各个小组开始展示他们近一个月的成果。

2. 课堂展示

（1）第一、二小组：我爱我“家”——珠海历史遗迹名录和价值。

①第一小组主讲人：珠海是一座年轻的城市，但珠海又是一座充满故事的城市，在这个城市中有很多有名或无名的历史遗迹，在过去的一个月时间里，我们小组走访和整理了很多历史遗迹。下面就由我和我的小组伙伴，为大家通过 PPT 来展示和介绍。

②展示小组根据前期整理的遗迹目录、图片和视频，为大家介绍珠海的历史遗迹。

③第二小组主讲人：每一个历史遗迹的背后都有一段故事，每一个故事背后，都有一种精神。今天我们小组的六个人，选择了三个历史遗迹背后的小故事，向大家展示我们的实践成果的片段。

④第一对展示搭档，通过微课展示容国团的故事和名言。第二对展示搭档，通过视频展示容闳的故事和名言。第三对展示搭档，通过 PPT 展示陈芳的故事和精神。

⑤师生点评：现场就该组成员展示的内容、展示的方式、效果进行点评（正面积极点评）。

（2）第三、四小组：我爱我“家”——珠海食品安全现状和建议。

①抢答赛（抢答热身）：珠海美食知多少？

②过渡：珠海的很多特色美食都是隐藏在大街小巷的店铺和走档中。

这些特色美食是珠海的名片，在制作这些珠海特色美食时，需要注意哪些环节，才能确保我们的饮食健康呢？下面我们就有请第三、四小组进行展示。

③第三小组展示：视频展示珠海特色美食（视频提前准备好），展示过程中可以奖励部分珠海特色美食。现场重点展示部分美食的制作过程以及在制作过程中可能产生的食品安全隐患。

④第四小组展示：通过舞台剧《美食的代价》，引起同学们对食品安全的重视。

⑤舞台剧结束后，请医生的表演者为大家讲解食品安全的简单生物学和医学区分法。

⑥师生点评：现场就该组成员展示的内容、展示的方式、效果进行点评（正面积极点评）。

（3）第五、六小组：我爱我“家”——珠海城市公园。

①视频导入：珠海城市公园宣传片（视频来源于网络和第五小组学生实地录像）

②第五小组通过 PPT 介绍珠海在城市公园建设上的成就，并通过采访视频，展示珠海市民对于城市公园的评价。

③第六小组：结合距离学校最近的体育中心和梅华城市公园，查阅相关资料，通过 PPT 介绍城市公园的环境价值。

④第六小组根据本小组在网络和在城市公园中搜集到的不文明现象，发起倡议书，倡导同学和家长爱护我们的城市花园。

⑤师生点评：现场就该组成员展示的内容、展示的方式、效果进行点评（正面积极点评）。

（4）第七、八小组：我爱我“家”——绿色交通。

①第七小组展示：“拥堵时刻”——播放学生拍摄的交通拥堵时间的行人和车辆，以此导入。

②第七小组组员轮流分享综合实践成果，主要包括珠海主要交通拥堵点分布图、交通拥堵时间分布图。各拥堵点形成的原因分析。

③第八小组展示：在第七小组研究的成果之上，我们第八小组结合相关资料，采访相关专业人士，分别细致分析了两处交通拥堵点，第一处是旺角百货处的十字路口，第二处是上冲关口。针对这两处交通拥堵点的原因，结合相关文字资料和专业人士意见，我们认为可以缓解交通拥堵的方法如下（播放展示小组准备的 PPT）。

④第八小组有奖互动：有利于缓解交通拥堵小常识问答（详见PPT）。

⑤主持人结束语：此次的综合实践汇报课到此结束，感谢同学们和老师近一个月的准备和付出，在这一个月里，通过走进社会，依靠主体问题，我们从政治、历史、地理和生物的角度，分别深入研究了我们的“家”，我相信这会是我们非常难忘的一次学习经历。

⑥师生点评：现场就该组成员展示的内容、展示的方式、效果进行点评（正面积极点评）。

3. 课堂小结

（1）学生评委和教师评委，对各个小组的展示进行评分，结合过程评价得分，选出优秀小组，争取做到扩大奖励面，鼓励学生参与。

（2）指导教师对活动进行总结和颁奖，鼓励学生勇敢参加综合实践活动，通过综合实践活动课培养学生热爱历史，提升学生的综合素质。

（3）政史地生评委老师对相应小组的表现给出专业点评。

（4）制作主题为“我爱我‘家’”的宣传展板，号召全校师生做文明珠海人，共同爱护我们的城市。

## 六、总结提升

从学生的角度而言，本次综合实践活动课，学生走出了课堂，走进了社会，用双眼去发现问题，通过合作探究去解决实际问题，用所学专业知识去探究社会问题，提高了学生合作学习的能力，我爱我“家”的主题提高了学生的社会责任感。在展示过程中，每个学生都站上了舞台，锻炼了自己，展示了自己，分享自己的成长与收获，更表达了自己对珠海这座城市的关注与热爱。

而从教师的自身的角度而言，本人认为：政治、历史、地理和生物学科的知识和课堂不是孤立的，我们既是单一学科的教师，也是综合学科的传授者，我们的专业知识不应当是限制自己和学生的枷锁。我们教师更应该用自己的专业，打开广阔的知识海洋，让孩子们见识进入真正的海洋需要怎样的能力。这次综合实践活动课，让孩子把对珠海的热爱，演化成具体的行动和汗水，爱家才能爱国。

# “找寻家族记忆，开启寻根之旅”教学设计

李俊松

## 一、教学目标

1. 知识与技能

通过参与活动，使学生了解自己家族的历史、家族名人、家族变迁等，了解祖辈的命运轨迹和心路历程，使学生意识到历史就在我们身边，一个国家的历史由一部部家族史构成，由一个个小人物组成，要学会搜集身边的记忆，记录家族的历史。

2. 过程与方法

（1）培养搜集资料的能力，并且有计划地保存一些家族历史资料。

（2）培养社会调查以及整理、归纳、处理信息的能力，及视频处理、课件制作等综合能力。

（3）通过实际采访和资料研究，了解亲人的经历，探索自己生命的源头，能够严谨、有趣地讲述一个完整的历史故事，准确表达故事涉及的重大历史背景。

3. 情感态度与价值观

（1）加强学生对家族历史的了解，进一步激发学生热爱家庭、尊重长辈、孝敬家人的情感。通过聆听老人的故事，表达对老人的关心、陪伴与爱，使家人之间关系更加亲密。

（2）传承家族文化精神，通过寻根找到自己的归属感和家族的凝聚力，并将其延续下去，培养学生的家国情怀。

（3）学生通过合作对自己的实践成果有喜悦感、成就感，感受与他人合作与交流的乐趣。

（4）增强遇到困难勇于面对的自信心。

## 二、教学重难点

（1）教学重点：从祖屋、家谱、照片等入手，采访、搜集、记录家族长辈的故事。

（2）教学难点：记录家族历史对学生综合素质要求较高。

## 三、学情分析

八年级的学生知识面较广，个性普遍突出。经过一年多的历史学科的学习，具备了一定的历史基础知识和综合分析能力。综合实践活动课的开展可以激发学生的积极性，让学生主动学习。在活动中对学生的积极思维给予充分肯定，激发学生敢想、敢说、爱说的欲望，增强学生学习的自信心。对于家族史的挖掘，使学生认识到真实的历史往往存在于普通中国人的日常生活里，就在我们的身边，在祖辈的记忆里，需要我们用心去探索。

## 四、教学准备

1. 教师制订活动方案

（1）本次活动预期时间是 2 个月，利用寒假时间搜集资料，进行采访等。

（2）开学后 1 个月内，进行资料的归纳整理，撰写成文，制作视频、课件等。

（3）每个小组在组长的统一部署下，明确任务分工，开展各种调查走访活动，小组内定期开会、整合资料。

（4）活动后总结反思，整理出成果展示，分为班级内部展示与汇报课展示两个部分。

2. 学生分组及预期成果

表 3-5

| 组别 | 研究主题 | 研究内容 | 预期成果 |
|---|---|---|---|
| 第 1 组 | 老照片的故事 | 通过对家里老照片的研究，回忆家中的往事 | 展示课 PPT、分享家族故事 |
| 第 2 组 | 老物件搜集 | 搜集过去年代所用物品，并弄清老物件所处的时代背景 | 展示课上展示，并配有解说词 |
| 第 3 组 | 人物访谈、口述历史 | 采访家中长辈，了解家族故事，书写家族历史 | 记录成文，展示课分享 |
| 第 4 组 | 人物访谈、影像记录 | 采访家中长辈，了解家族历史，传承家族精神 | 录音、视频资料 |
| 第 5 组 | “年”的回忆 | 采访父母、家中老人，走访社区，了解过年习俗及其变迁 | 调查报告、优秀作文 |
| 第 6 组 | 网络查找 | 利用网络，查找相关家族历史，如姓氏来源、家族名人、历史变迁等 | 调查报告、优秀作文 |
| 第 7 组 | 实地考察 | 对老家、家中老宅、村里祠堂的实地调查研究 | 展示课 PPT、视频 |
| 第 8 组 | 自制家谱 | 通过调查，以学生家庭为实践主体，制作自己的家谱 | 家谱展示 |

3. 制订过程评价方案

评价过程注重过程性评价方案的制订，组长每周根据组员的参与度与贡献度，给组员打分。而教师则根据小组的活动开展情况，建立对组长的定期评价制度。

4. 各小组确定展示方案

结合各小组综合实践活动整理完成的资料，在组长的领导下确定本组的综合实践成果展示方案和形式，利用课余时间，指导教师进行帮助修改，为综合实践汇报课做好准备。

## 五、教学过程

1. 课堂导入

（1）主持人介绍本次活动的主题：找寻家族记忆，开启寻根之旅，宣布展示课开始。

（2）提出问题：你的老家在哪里？你知道你的家庭故事么？你的家庭中都保留了哪些见证家庭历史的东西？

（3）想要了解家庭历史，找寻被遗忘的家族记忆，我们可以从哪几个方面入手？

2. 课堂展示

（1）第一组：老照片的故事。

①小组主讲人：展示家中老照片，边播放照片边讲述照片背后的故事，回忆家庭往事。

在爷爷家发现了这些微微泛黄、但排放整齐的老照片，心中溢满了温暖和喜悦。首先是一张黑白的全家福，简单介绍家庭成员。随后展示一张照片，是年轻时候的父亲，身着军装，同时回忆着父亲曾经参军入伍的经历。最后，是一张泛黄的结婚照，是爸爸妈妈结婚时候拍的，那时的妈妈身材苗条，甜甜的微笑，岁月还没有在她脸上留下痕迹，在发现照片的时候，还倾听了父母曾经的爱情故事。

②主讲人总结：这些老照片不光有我们童年的记忆，还有父母的回忆，更有他们儿时的见证，也是一个时代的记录。

③师生点评：PPT 制作精美，内容丰富。时光荏苒，岁月如梭，照片见证了人生路上的点滴，用影像记录了彼时的美丽与感动。相信你们发现的照片还有许多许多，回忆也有许多许多。愿你们通过照片，了解到更多家人的故事，以及他们对往事的回忆。

（2）第二组：老物件搜集。

①主持人：除了老照片，老物件同样能够记录历史，但它们正逐渐消失在我们的生活中。

小组主讲人：本小组发动所有成员，回家搜集老物件，找到的东西有旧钱币、旧书、粮票、老式手表、毛主席像章、缝纫机、算盘、BB 机等。

②对小件物品进行实物展示，并介绍其用处，及所处时代背景。小组成员上台，逐个介绍一种物品。

③师生点评：组员准备非常认真，搜集老物件之后又认真了解其背后故事及所处年代。每个老物件都是有生命力的。各种各样的老物件汇集在一起，就是一个时代，总能勾起人们悠远的回忆。在每一件老物件背后，都记录着每个家庭曾经的故事。

（3）第三组：人物访谈、口述历史。

①组长宣读本小组的活动总结报告，读完后展示本小组的活动成果——作品集，发给每位同学。

②选择其中的精彩部分，现场朗读并用大屏幕呈现出来。

③小组主讲人：从自己的家庭开始，采访自己的爷爷奶奶，第一次认真聆听并记录自己家族的故事。在采访祖辈的过程中，我们不仅了解了家庭的故事，同时理解了那个时代，理解了他们的性格和习惯都和曾经的坎坷经历有着重要的关系，同时也让我们与长辈的关系更加亲近。

④师生点评：口述历史可以与每一个人发生关系，可以有几个切入点，例如家史。而这鲜活的历史就在我们身边，需要我们的同学去发掘这些原始的不经过滤的史料。家乡曾被日本人占领的太爷爷，经历过“文革”的外祖母，经历过两次高考失败仍未放弃的姑姑……这些亲人们记忆深处的故事，在同学们的记录中，被重新挖掘出来。

（4）第四组：人物访谈、影像记录。

①小组主讲人：同样是对家中长辈的采访，我们小组采用的记录方式是音频加视频，采访通过录像、录音这些方式来记录家族历史。

②播放采访视频。

③由组员代表分享感想：或许关心老人最好的方式，就是聆听、记录并分享他们的故事与经历。在记录历史的同时，这也是一次爱的教育、生命的教育。在了解祖辈命运轨迹和心路历程后，种种事迹让我对自己的家族产生了一种前所未有的荣誉感，对自己的归属、自己的根，感受得那么深切。

④师生点评：准备充分，视频记录清晰，剪辑得也非常用心。教师推荐《家谱大搜索》《客从何处来》等电视节目，社会上近年来掀起了“寻根潮”。我们可以学习他们的方式，深化我们对家族历史的记录。

（5）第五组：“年”的回忆。

①小组主讲人：随着不同文化的冲击、人们生活水平的提高等多方面

原因，我国过年年味越来越淡，对此，我们小组展开了小调查。通过问卷调查结果显示，83% 的人都表示，现在的年味的确是越来越淡了。

②小组成员分享调查报告：

小组成员一：老一辈对曾经的“年”的记忆。小时候，孩子天天盼着过年，因为过年时，家里要准备很多好吃的。由于经济条件不好，那时家里平时吃的基本上都是稀饭馍馍，好东西都不舍得吃，要留到过年吃。

小组成员二：现在的年味越来越淡。现在越来越多的人在筹备年货的时候选择成品，很少人自己包饺子做汤圆，速冻货越来越畅销。更多的小孩在过年时选择玩手机、平板电脑等电子产品消遣时光，老少同堂大扫除、备年货的环节分量越来越轻。走亲访友时一进门就问有没有 WiFi。过年不再是曾经那种温馨团聚的欢乐场面。

小组成员三：现场提出问题：“怎么做才能让年更有味?”由同学们回答，集思广益，最后整理到调查报告中。

③师生点评：随着社会的发展，年味不如以前浓厚，过年的习俗也发生了变化，通过调查发现过去的生活虽不富裕，过年却显得格外珍贵，家人团聚在一起，温暖欢乐。年味其实是一种亲情交织、共享天伦的味道。中国的传统佳节需要传承下去，传统的精神文化需要更好地被保存。

（6）第六组：网络查找。

成果汇集成作品集，通过调查报告、优秀作文的展现方式，发给其他同学。

（7）第七组：实地考察。

①小组主讲人：我们小组成员利用寒假时间，回到老家祖屋，还有的同学去了本村的祠堂，通过采访、调查、实地考察的方式，更加了解了家族的历史和本村的历史。

②播放视频（包括活动花絮、采访视频、祖屋、祠堂的现状）。祖宅、祠堂是家族的中心，象征着祖先和家族心灵的长城，是子子孙孙一条永走不完的乡恋之路。

③小组成员分享遇到的困难、解决的办法以及收获体会。

（8）第八组：自制家谱。

①小组主讲人介绍什么是家谱，家谱包含的内容，家谱的记录形式。

②由组员代表介绍制作方法：

A. 通过实地询问或打电话等方式调查以高祖父（爷爷的爷爷）为起点的家族繁衍发展情况，了解每一个家族成员的姓名、年龄、职业、重要业绩等，完成“家族金字塔”以及家族情况调查表。

B. 搜集家族成员的照片。

C. 有条件的成员拍摄一张“全家福”。

③展示本小组制作的一份精美家谱。

④师生点评：号召大家利用课余时间制作家谱，有条件的在班级内开展家谱展。本次活动使学生了解家族组成的基础及家族成员间的关系、家族结构的形式等，使学生认识自己的家庭地位，使学生对家庭有了更深刻的认识与了解，进一步激发学生热爱家庭、尊重长辈、孝敬家人的情感。

主持人结束语：对每个普通人而言，最需要了解的不是遥不可及的宏大历史，而是汇入自己生命的涓涓细流；追寻家族历史，读到的不仅是血缘和至亲，它还犹如一扇窗户，让我们窥探到一座城乃至整个国家的时代变迁。了解祖辈命运轨迹和心路历程，是近在身边的最生动、最无价的生命教育。

3. 课堂小结

（1）学生主持人对活动进行总结，简单点评各小组情况。

（2）对同学进行采访，谈谈本次活动的收获与体会。

（3）教师对活动进行总结和颁奖。

（4）课外延伸：作品集的汇总，家谱展的开展以及对本次活动的记录。

## 六、总结提升

所谓“家族史”，是书写祖辈先人对家族发展的贡献，形成家族历史传承于后代。为此，学生们走访家中至亲，聆听先辈尘封已久的故事。重回故乡祖屋，在寻根路上感悟人生……

通过这次活动，我们的同学增长了不少知识，了解了家族历史，掌握了更多本领，有的同学学会了怎样搜集资料，学会了怎样与人打交道，学会了剪辑视频、制作课件，遇到困难坚持下来，最后取得成功。对于家族史的挖掘研究，这是一个开启三代人之间共同记忆的机会，是一个弥合代际关系的过程，还是一种关心老人、表达爱的方式。

很多家族历史常常因为老人的辞世而断裂，因为来不及记录而永远地消失，本次综合实践活动把记录历史的意识渗透进普通家庭，令家史的存续得以实现，这是为子孙后代留下的一笔精神财富。同时家族的命运与社会发展紧密相连，一部部家族史构成了一个国家的历史。通过对家族历史的挖掘，使同学们更好地理解了历史书中所述说的那些年代，懂得尊重往昔、铭记历史。挖掘家史的过程，就是我们的“寻根之旅”。

# “寻找城市记忆，感悟珠海名人”教学设计

罗　敏

## 一、教学目标

1. 知识与技能

通过了解珠海三位历史名人：陈芳、唐绍仪、容闳的人生经历，从而了解与这三位名人有关的珠海古迹：梅溪牌坊、共乐园、唐绍仪故居、容闳故居、甄贤小学。

2. 过程与方法

（1）通过综合实践活动，培养学生合作学习、独立思考、主体性判断以及更好地解决问题的素质和能力。

（2）通过活动，锻炼学生资料搜集、社会调查以及整理、归纳、处理信息的能力，培养学生的综合实践能力、独立自主能力和创新精神。

（3）通过实地考察，培养文物保护意识。

3. 情感态度与价值观

通过了解珠海名人培养学生学习地方史的热情，培养学生关注家乡、热爱家乡，感悟珠海海纳百川、兼容并蓄的城市精神，进而激发学生的爱国热情。

通过组织学生展示活动成果，培养学生的演讲交流能力，塑造学生的个性与自信。

## 二、教学重难点

（1）教学重点：三位珠海历史名人的历史跨度大，涉及很多近代史重大事件。

（2）教学难点：探究历史名人对学生的综合素质要求高。

## 三、学情分析

从知识现状来看，通过初一一年的系统学习，学生已经掌握了一些历史知识，以及学习历史的方法。更重要的是初二学生综合素质有所提高，对问题的精确性和概括性能力发展迅速，逐步从形象思维为主向抽象逻辑思维过渡。从综合能力而言，初二的学生兴趣爱好日益广泛，求知欲与好奇心强烈，富有理想，热爱生活，积极向上，乐于参加各种创造性活动，对于竞争性、冒险性和趣味性的活动更是乐此不疲，愿意参与综合实践活动。从现有的学生学习方式上分析，初一的一年，学生通过自主学习、合作探究，沟通与语言展示能力都明显提升，这些因素有益于开展本次历史综合实践活动课。

## 四、教学准备

1. 教师制订活动方案

（1）本次活动预期时间是 2 个月，4 月至 6 月是活动实践阶段，6 月底进入成果展示阶段。

（2）学生必须提前搜集相关历史名人的资料，以便对所探究的历史名人有基础了解，指导教师要对资料进行审核提出反馈，要求学生带着目的进行实地考察，在过程中注意搜集照片、视频等资料。

（3）本活动成果分为班级内部展示与公开汇报课展示两个部分。

2. 学生分组及预期成果

表 3－6

| 组别 | 研究名人 | 研究内容 | 预期成果 |
| --- | --- | --- | --- |
| 第 1 组 | 总体感知 | 街头采访、问卷调查，了解市民对这三位历史名人的印象 | 采访视频、问卷调查分析 |
| 第 2 组 | 陈芳 | 通过搜集资料、实地考察了解陈芳，感悟其背后的人格魅力 | 展示课 PPT |

（续上表）

| 组别 | 研究名人 | 研究内容 | 预期成果 |
|---|---|---|---|
| 第3组 | 陈芳 | 通过搜集资料、实地考察了解陈芳，感悟其背后的人格魅力 | 手抄报、电子报、活动感想文章 |
| 第4组 | 唐绍仪 | 通过搜集资料、实地考察了解唐绍仪，感悟其背后的人格魅力 | 展示课PPT |
| 第5组 | 唐绍仪 | 通过搜集资料、实地考察了解唐绍仪，感悟其背后的人格魅力 | 手抄报、电子报、活动感想文章 |
| 第6组 | 容闳 | 通过搜集资料、实地考察了解容闳，感悟其背后的人格魅力 | 展示课PPT |
| 第7组 | 容闳 | 通过搜集资料、实地考察了解容闳，感悟其背后的人格魅力 | 手抄报、电子报、活动感想文章 |
| 第8组 | 阅读《珠海历史》 | 回归文本阅读，更深刻地领悟家乡历史的魅力 | 优秀读后感文章 |

3. 制订过程评价方案

注重过程性评价方案的制订，组长每周根据组员的参与度与贡献度，给组员打分。而教师则根据小组的活动开展情况，建立对组长的定期评价制度。

4. 各小组确定展示方案

根据小组综合实践活动整理完成的资料，各小组在组长的领导下确定本组的综合实践成果展示方案和形式，并利用课余时间，给指导教师展示并进一步修改，为综合实践汇报课做好准备。

## 五、教学过程

1. 课堂导入

引出主题——寻找城市记忆，感悟珠海名人。

图片：珠海名人雕塑园一览图。

珠海堪称名人之城，这个城市的过去和人的过去一样，变成记忆留存了下来，也许是一栋楼，也许是一座雕像。无论你是老珠海人，还是新移民，都希望我们通过寻找城市记忆，了解这个城市的过去，更好地展望这个城市的未来。名人能够为城市带来的不光是历史，更多的是这座城市的精神力量。让我们走进陈芳、唐绍仪、容闳等珠海名人，通过他们的经历再换个角度看看我们生活的城市——珠海。

2. 课堂展示

（1）第二组：中国首个百万华侨富商，檀香山华人世界缔造者——陈芳。

①陈芳在美国的影响：曾被美国评为百位最具影响力的外籍人士。

②青年陈芳：人生第一桶金、甜甜创业。30 岁的陈芳已成为声名显赫的富商，是檀香山的“糖业大王”。

③家庭美满：32 岁，他娶了夏威夷皇室公主朱丽亚，朱丽亚一生为陈芳生育了 16 个孩子，其中 12 个女儿，4 个儿子。

④政治巅峰：陈芳成为夏威夷王室成员，成为议会顾问，成为当地政治风云中举足轻重的人物，是夏威夷历史上第一位中国贵族。1881 年，56 岁的陈芳担任清政府驻夏威夷领事馆第一任领事，连任 9 年。

⑤晚年归根，热心公益：65 岁的陈芳带着他部分资产回到家乡珠海定居。他回到家乡，投资改造农业，辟水塘，种槟榔，推广夏威夷无核菠萝和荔枝。他热心公益事业，造学校，建宗祠。

⑥寻芳之旅——陈芳故居梅溪牌坊。

展示小组实地考察梅溪牌坊、陈芳故居的照片，讲述牌坊的历史，分析故居建筑的特点：中西结合。

⑦感悟：这次的历史实践活动使我们受益良多，让我们更深入地了解了陈芳。陈芳身上有着许多值得我们学习的美好品质。他的奋斗历史是中国华侨奋斗史的缩影，他们漂泊异乡，凭着中国人的勤劳和智慧打下一片天地。陈芳的身上凝聚着广东人开拓进取、开放包容的文化精神。在珠海发生水灾时，他能慷慨地拿出三千两白银救助灾民，这不正和四川地震时伸出援手的海外华侨是一样的吗？他身上爱国爱乡、热心公益的精神值得我们每一个人学习。

（2）第四组：传奇人生——唐绍仪。

①通过有趣的互动问答环节，知道唐绍仪是“中华民国”首任内阁总理。

②名人简介。

③传奇人生：留美归来→斐然成就→担任总理→担任县长→遭遇

不幸。

④通过有趣的互动问答环节，知道唐绍仪故居、共乐园。

⑤探究之旅，展示小组实地考察唐绍仪故居、共乐园的照片、视频。

⑥感悟：前几日我们去拜访了唐绍仪先生的故居。斯人已去，空余一份神秘和怅然。唐家是珠海人才辈出之地，唐国安、唐廷枢以及唐绍仪都诞生于此，无数珠海英雄人物为近代史添上浓墨重彩的一笔。纵然有曰："年少都有凌云志，平凡一生也英雄。"但他们依然为了当时贫弱的中国的崛起而竭尽全力，无论是人生初始还是铅华洗尽，"凌云志"都深刻于心，未曾被时间的巨浪冲刷去一丝赤色，实在令人钦佩。当我们去到故居时，门扉紧闭，徒留一张约一尺长的白布条，上书"抗议×××将唐家祠再次出租，保护文物，人人有责"，无力地挂在大门之上，孤零零的，似是在控诉什么，斑驳的石墙上忽地出现一只白狗，背对日光。通过故居被封一事，大家颇有感悟。文物承载着历史的记忆，我们也应该为保护文物献出自己的一份力。

（3）第六组：容闳的中国梦。

①引入主题：9 月 22 日是什么日子？是容闳及中国留美幼童纪念日。

②你认为容闳的中国梦是什么？"以西方之学，灌输于中国，使中国趋于文明富强之境"。

③实地考察珠海名人雕塑园、容闳故居、甄贤小学，展示小组活动照片。

④穿越时空的连线：小组成员依次扮演不同时期的容闳，向大家介绍容闳的个人经历：留学海外→投身洋务，敢为天下先（幼童留美计划）→戊戌喋血→共和之梦→晚年著作《西学东渐记》。

⑤珠海博物馆镇馆之宝：《西学东渐记》1909 年英文原版。

⑥感悟：通过这次历史综合实践活动，我们了解到容闳的事迹。在小组合作中，我们也懂得了团结的力量是多么的大。带给我们感受更多的是关于容闳身上优秀的宝贵的精神品质。我们体会到了容闳身上的创新精神，还有那百折不挠的毅力。他一生为祖国奔波，致力于中国的教育发展，致力于中国的振兴，这发自内心的爱国情感，是令我们最佩服也最感动的。

容闳身上体现了广东人务实、进取、坚韧的品格，他带领的留美幼童中不少是珠海人，这些人回国后不少成为国家栋梁，在中国近代史上留下了许多珠海人的篇章，容闳功不可没。

3. 课堂小结

教师总结：珠海与澳门、香港近在咫尺，在近代史上，珠海更早感受到西方文化的冲击，成为中西交汇、南北荟萃之地，也成就了这座城市的海纳百川、兼容并蓄。我们为生活在这座城市骄傲，更应在生活、学习中继承和弘扬城市精神。

教师对活动进行颁奖，鼓励学生勇敢参加综合实践活动。

## 六、总结提升

历史综合实践活动，改变了传统课堂上的灌输式教学，让学生走出课堂，走入社会，学生主动进行探究，这不仅能激起学生学习历史的兴趣，还能发挥学生的团队精神，更是促进学生掌握主动学习方法的途径，而且通过实地考察、交流共享学到更多在课堂中学不到的技能，最后通过评价体验成功的喜悦，并发现彼此的优、缺点，以便今后相互取长补短。在开展活动的过程中出现部分学生由于未理解活动的过程、未掌握整理归纳资料的方法，导致束手无策的情况，因此在整个活动过程中都需要教师细心、耐心的指导。

# “身边的诱惑”教学设计

王 岩

## 一、教学目标

1. 知识与技能

（1）知道身边的种种诱惑和不良诱惑的危害。

（2）知道战胜不良诱惑的方法。初步认识和理解社会生活的复杂性，逐步形成辨别是非的能力。

（3）初步学会用辩证的方法分析事物，逐步形成自我控制和抵抗诱惑的能力。

2. 过程与方法

（1）通过综合实践活动，培养学生发现问题、自主学习、独立思考、尝试性地解决问题的素质和能力。

（2）通过活动锻炼学生资料搜集、社会调查以及整理、归纳、处理信息的能力，培养学生的综合实践能力、独立自主能力、合作沟通能力和创新精神。

3. 情感态度与价值观

通过本节课的展开，让学生们能够追求科学、健康、充实的初中生活；通过自己的观察与判断，学会在生活中依靠家长、老师和朋友的帮助，抵制不良诱惑，恰当地追求正能量的诱惑。

## 二、教学重难点

（1）教学重点：认识并且能够区分诱惑等级。

（2）教学难点：能够用辩证法分析自己身边的事物。

## 三、学情分析

初一的学生刚刚结束天真烂漫的小学生活，在紧张而繁重的初中学习生活中，他们既有天真幼稚的一面，也有偶然的成熟和思考，但是整体来说处于不稳定状态，有冲劲也莽撞；处于学习状态，有动力也凭感觉；处于躁动状态，有活力但心不静。所以，此时帮助学生理清一些东西非常重要。比如：认识现在的自我，学会分析事物，能够认识并调节自己的情绪，对自己想做和应该做的事有深刻认识等。

## 四、教学准备

1. 教师制订活动方案

（1）本次活动预期时间是 3 个月，3 月至 5 月是活动实践阶段，5 月底进入成果展示阶段。

（2）校外实践活动，包括去超市调查、特殊学校交流以及网吧的调查，均由小组组长全程带队，并注意礼仪礼貌，甚至要乔装打扮，以发现事实为目的。其中，参观特殊学校并与学生交流需要特殊学校的老师进行二次培训。

（3）本活动成果分为班级内部展示与学校汇报课展示两个部分。

2. 学生分组及预期成果

表 3 – 7

| 组别 | 研究主题 | 研究内容 | 预期成果 |
| --- | --- | --- | --- |
| 第 1 组 | 抵制身边的诱惑 | 学生对玩牌的诱惑抵抗之路 | 表演图片、展示课 PPT |
| 第 2 组 | 自立 | 全组成员自立的一天 | 展示课 PPT |
| 第 3 组 | 自强 | 研究网上自强的例子，在生活中表演出来 | 展示课 PPT |
| 第 4 组 | 自强 | 参观珠海市特殊学校并与那里的学生进行交流 | 视频或课件 |

（续上表）

| 组别 | 研究主题 | 研究内容 | 预期成果 |
| --- | --- | --- | --- |
| 第 5 组 | 消费小调查 | 华润万家与壹加壹的对比 | 展示课 PPT |
| 第 6 组 | 消费小调查 | 超市价格比对，“双胞胎”产品的调查 | 展示课 PPT、问卷调查和手抄报 |
| 第 7 组 | 抵制身边的诱惑 | 街头采访、问卷调查，了解人们对诱惑的看法 | 活动感想文章、展示课 PPT、采访视频 |
| 第 8 组 | 自立 | 全组成员当一天家里的主人 | 感悟感想分享 |

3. 制订过程评价方案

注重过程性评价方案的制订，组长每周根据组员的参与度与贡献度，给组员打分。而教师则根据小组的活动开展情况，建立对组长的定期评价制度。

4. 各小组确定展示方案

根据小组综合实践活动整理完成的资料，各小组在组长的领导下确定本组的综合实践成果展示方案和形式，并利用课余时间，给指导教师展示并进一步修改，为综合实践汇报课做好准备。

## 五、教学过程

1. 课堂导入

主持人介绍本次活动的主题：身边的诱惑。了解身边的诱惑，了解生活，走进社会，宣布展示课开始。

2. 课堂展示

（1）第一组（1 组 vs 5 组）

第一小组：采取的是汇报形式是小品演绎。参演人员：全部组员；展示人员：全部组员。汇报总结谈感悟时一人一句轮流上。全组人员各司其职，幽默玩笑式解说不良诱惑的危害，让同学们在欢笑中知道怎样做是不好的，怎样做是好的。

第五小组：本组人员采取了资料采集分析法，从中学生的身边诱惑入手，利用头脑风暴法，将中学生身边的诱惑逐一列出。这些诱惑有美食

（零食）诱惑，有懒惰诱惑，有游戏诱惑，有武侠和言情书籍的诱惑，有领奖台诱惑，有渴望进步诱惑，有黄赌毒诱惑……然后进行分类，突出身边的诱惑有好有坏。本组同学又让同学们跟着一起分析游戏和武侠言情书籍诱惑带给我们的利与弊，重点阐述了适度和自制力的重要性。最后让同学们发表感想和意见。

主讲人总结：三组从不同角度给我们展示了身边的诱惑，表现非常好，下面有请同学和老师给予点评。

师生点评：第一组是以幽默方式完成并展示了自己的成果。第五组从人员分工到问卷设计再到实地采访，更看见了他们的用心程度和挑战自我的程度。第一组每一个环节都是全员参与，看似公平，实则缺少分工，缺少个人的特点；第五组展示的效果更好，所以，一致认为给予第五组金牌奖励，加 60 分。第一组得银牌奖励，加 48 分。

（2）第二组（2 组 vs 3 组）

第二小组：采取的就近现场调查法，针对该社区三家比较大型的超市进行现场采访调查，限时现场情况调查。展示人员：全部组员。汇报总结谈感悟时一人一句轮流上。充分调动了全组人员的积极性，全面展示了中学生视角的超市文明消费行为。

第三小组：采取的是街头采访形式，提前设计好调查问卷，并且录制视频，制作 PPT 展示。

由全组人员上台轮流讲述，自己的任务，并对这次活动的小插曲小辛苦给予片花展示，最后给出了非常积极的肯定，觉得在这次活动中收获颇大，最主要的是：自己都有所成长。

主讲人总结：两组从不同角度给我们展示了为了抵制身边的诱惑，辖区内人群自制力的状况，表现非常好，下面有请同学和老师给予点评。

师生点评：第二组是以幽默方式和数据完成并展示了自己的成果，第三组从人员分工到问卷设计再到实地采访，更看见了他们的用心程度和挑战自我的程度。第二组每一个环节都是全员参与，看似公平但缺少分工，缺少个人的特点；第三组展示的效果更好，所以，一致认为给予第三组金牌奖励，加 60 分。第二组得银牌奖励，加 48 分。

（3）第三组（4 组 vs 8 组）

第四小组：情景引入。图片和音乐让人感受到珠海梅花城市花园的美丽和魅力。以多次实地考察法和志愿者服务两种形式阐述了当代人对公共环境的热爱，以及自身对随手扔垃圾这一不良习惯的抵制。本小组以 PPT

展示，各自谈了感想并总结。

第八小组：以名言警句导入，践行“爱我珠海，文明行动”主题，展示人们在公共场所表现出的素质。其中有一点印象最为深刻：近期来香洲驿站的路人，不乱扔垃圾，非常有自制力，表现出了高素质。但是，在公众场所吸烟现象随处可见，并且吸烟者没有觉得在公众场合吸烟对其他人有不良影响。

主讲人总结：两组从不同角度给我们展示了人群的自制力和自我要求以及良好公共意识，表现非常好，下面有请同学和老师给予点评。

师生点评：第四组是以实地参访方式完成并展示了自己的成果，他们的活动从实施到开花结果一定是花费了很多心思和大量时间的。第八组从结果来看更像是一堂老师上课的 PPT。综上所述，一致认为给予第四组金牌奖励，加 60 分。第八组得银牌奖励，加 48 分。

（4）第四组　（6 组 vs 7 组）

第六小组：采取的是班级内部调查——班级内的潜伏。主讲 2 人对全班玩游戏的种类和数据进行梳理和分析，给同学展示数据图表，大概走势和特殊案例。对班级内玩游戏时间长的进行自制沉迷调查，对不玩或很少玩的同学进行采访。还有现场的走访反馈，发现周边正规的网吧在中午和放学时段没有中学生的身影。现场氛围良好，教育目的在轻松愉快的情况下得以实现。

第七小组：采取的是街头采访形式，提前设计好调查问卷，并且录制视频，制作出 PPT 展示。

由全组人员上台轮流讲述自己的任务，并对这次活动的小插曲用片花展示，最后给出了非常积极的肯定。大家觉得在这次活动中收获颇大，最主要的是感觉自己都有所成长。

主讲人总结：本组从不同角度给我们分析了生活中的诱惑，我竟没有发现自己天天处在诱惑之中，不过我太同意最后的观点了，游戏没有错，它带给我们多少快乐！错的应该是我们没有自制力或者说我们还没有锻炼好自控力。怎么办？下面有请同学和老师一起来解决这个难题。

师生点评：本组表现都非常好，看到了他们之前的付出，还有精准的观察能力、分析能力以及运用电子技术信息的能力，他们以身边的诱惑为线，为我们展示了人生中的种种诱惑，对此给予了精准的分析并获得了同学们的一致认同。本组将以上几组的活动串联起来，成功地让我们认识到有些诱惑应该坚决抵制，有些诱惑应该尽情拥抱，更多的是要我们掌握好

“度”的问题，这也是整个活动的总结。所以评委们一致认为第七组荣获金牌奖，加60分，第六组上演班级内的“潜伏”，荣获金牌加创意奖励，加61分。

3. 课堂小结

（1）学生主持人对同学进行采访，请同学们谈谈本次活动的收获。

（2）学生主持人对活动进行总结。

（3）教师对活动进行总结和颁奖，鼓励学生积极参加综合实践活动，通过综合实践活动培养学生热爱生活，提升学生的综合素质。

## 六、总结提升

从学生的角度而言，本次综合实践活动课，持续两个多月，活动形式多样，班级学生参与程度非常高。一共上了三节汇报课，其中包括班级汇报课两节与校级汇报课一节。每个学生都站上了舞台，展示了自己的成果，分享了自己的成长与收获，表达了自己对历史的认识。在这个过程中，学生更了解自己身边的社会，更了解自己身边生活的智慧，更加了解自己与同学，学会处理合作研究等很多问题。在上台展示的过程中，学生收获了自信，也收获了政治学习的乐趣。

从教师的自身的角度而言，这一过程是痛苦而又幸福的。布置任务时，学生一脸的不懂和不情愿；任务实施时，教师鼓舞学生的士气和强化他们坚持下去的毅力；展示汇报时，学生表现力的指导等。经过这一过程，我们惊讶地发现我们的思想更成熟，能力也提高了。同时，发现对彼此更了解，感情更深厚了。这也许是这次活动的最大收获。

# “了解知识产权问题，依法保护智力成果”教学设计

吴智文

## 一、教学目标

1. 知识与技能

让学生认识知识产权，知道保护知识产权的重要性，了解一些维护知识产权的途径，学会尊重与保护他人的智力成果。

2. 过程与方法

（1）通过参与实践活动，锻炼学生的独立思考能力，培养学生的探究思维，在问题中不断革新自己的想法，培养学生的批判思维。

（2）通过小组合作探究的方式，增强学生的合作意识，在分工合作的过程中，培养学生的责任意识。

（3）通过参与搜集、整理、讨论等活动过程，提高学生的综合实践能力，锻炼学生的动手、分析能力。

3. 情感态度与价值观

通过了解知识产权，增强学生的权利意识和维权意识，学生通过开展社会调查、搜集材料、街头采访等方式，锻炼其自主探究能力和必要的人际交往能力。学生在展示小组成果时，锻炼其胆量和语言表达能力，使学生个性得到充分展现。通过自主组织开展形式多样的综合活动，让学生在活动中感悟保护知识产权的重要性，懂得运用所学的相关法律知识去维护自己及他人的智力成果。

## 二、教学重难点

（1）教学重点：重视保护知识产权，尊重和保护他人的智力成果。

（2）教学难点：学生在整合资料过程中的分析，展示成果时的语言表达，以及对知识产权问题相关法律的掌握。

## 三、学情分析

初二的学生开始学习法律知识，对法律知识表现出比较大的兴趣，并且对生活中所涉及的有关法律问题有所关注，并有自己一定的想法。关于知识产权的侵权问题，在生活与社会参与中常有发生，学生有一定的兴趣想去了解接触。现今的学生，动手能力强，有个别学生通过自主创新也拥有了一些智力成果，保护知识产权的重要性学生也初有感悟。而在初一时也曾开展过社会实践活动，学生的参与度高，自主创新能力也从中体现出来，随着年龄的增长与智力的发展，学生的逻辑思维能力和语言沟通能力都有所提升，同时学生非常愿意与同学分享自己的探究成果，以上种种因素都有利于促进本次实践活动的开展。

## 四、教学准备

1. 教师制订活动方案

（1）本次活动预期时间是 2 个月，5 月是活动实践阶段，6 月初进入成果展示阶段。

（2）以小组为单位组织开展各种校外实践活动，包括采取街头随机采访、问卷调查等方式调查市民朋友对知识产权的了解程度及对保护知识产权的重视程度。学生开展实践活动前，先把活动开展方案告知老师，老师负责活动开展前的调整和指导。

（3）本次活动成果分享以班级汇报课方式展示。

2. 学生分组及预期成果

表 3－8

| 组别 | 研究主题 | 研究内容 | 预期成果 |
|---|---|---|---|
| 第 1 组 | 知识产权知多少 | 街头采访、问卷调查等方式调查人们对于知识产权的了解程度 | 对采访视频进行分析介绍、PPT 展示 |

（续上表）

| 组别 | 研究主题 | 研究内容 | 预期成果 |
|---|---|---|---|
| 第2组 | 智力成果在身边 | 学生搜集身边的智力成果内容，小组内进行整理分类 | 照片展示、PPT展示 |
| 第3组 | 著作权问题——音乐版权之争 | 搜集相关的版权争议案例进行分析 | PPT展示 |
| 第4组 | 迷你KTV专利之争 | 搜集与专利权相关的案例与材料进行讨论和分析 | PPT展示 |
| 第5组 | “高仿”品牌商品的侵权行为 | 搜集生活中假冒或仿照某品牌的商品，分析商家行为 | 照片展示、PPT展示 |
| 第6组 | 我们的智力成果 | 参观学校的科技馆，了解同学们创作的科学小制作作品 | 发表感想、PPT展示 |
| 第7组 | 保护智力成果 | 校园内、外进行随机采访，了解学生与市民朋友对于知识产权侵权行为的看法 | 采访视频展示、结合小组讨论，进行感想演说展示 |
| 第8组 | 盗版光盘该不该买 | 关注盗版光盘等侵权行为，重视维护智力成果，尊重版权 | 辩论赛 |

3. 制订过程评价方案

注重制订相关的过程性评价方案，每周组长根据组员对实践活动的参与度与重视度，对组员进行评分。教师则定期根据小组活动开展的进度和情况，对组长进行评价。

4. 各小组确定展示方案

各小组根据综合实践活动整理完成的材料，经过小组讨论，在小组长的组织和领导下准备本组的展示方案和形式，利用课余时间，与指导教师进行沟通，教师进行调整和修改，确定最终的展示方案。

## 五、教学过程

1. 课堂导入

（1）主持人介绍本次活动的主题：了解知识产权问题，依法保护智力成果。

（2）设计问题：关于知识产权，我们的了解有多少呢？我们该如何依法保护好智力成果？

2. 课堂展示

（1）第一组：知识产权知多少。

①播放采访视频——“人们眼中的知识产权”。

②小组主讲人总结：通过观看视频，可以观察到市民朋友对知识产权的了解与认识程度。大多数人对于知识产权的了解仅仅停留在音乐作品和文学作品的版权问题方面，对知识产权的了解不够全面。仍有小部分人对知识产权是完全模糊的概念。可见人们对于知识产权的了解不够，重视程度也较低。

③师生点评：通过街头随机采访的方式，了解市民朋友对知识产权的认识，较为直观地反映出市民对于知识产权的关注程度。同时，随机采访对采访者的沟通能力、语言表达能力要求较高，该小组的采访者能在较为轻松的语言环境中与市民朋友进行交流沟通，不怯场也不笑场，能够很好地完成了调查内容，也能很好地锻炼了自己的沟通能力。

（2）第二组：智力成果在身边。

①主讲人提问：什么是智力成果？

②同学们回答：用脑力劳动所创造出来的劳动成果。

③主讲人提问：那我们身边都有哪些智力成果呢？

④同学们举例回答：书、作文、画作、科技小制作等。

⑤主讲人用 PPT 展示一些智力成果的图片，如书本、画作、指南针、爱迪生发明的电灯泡、阿波罗登月等图片，配合讲解智力成果的表现形式。

⑥师生点评：根据同学们的回答，同学们对智力成果的表现形式了解较少，通过 PPT 展示智力成果的一些表现形式，使同学们对智力成果的了解更加深入，运用图片更能引起同学们对学习了解智力成果的兴趣。

（3）第三组：著作权问题——音乐版权之争。

①播放迪玛希在“我是歌手”第五季演唱 Opera 2 的片段。

②同学们分享观看后的感受。有的同学关注点在于迪玛希高超歌技的演绎，有的则关注迪玛希演唱 Opera 2 是否有事先征求原唱者的同意。

③主讲人投影 Opera 2 的原唱者维塔斯对迪玛希发出的控诉其侵权的微博截图，分析迪玛希在演唱 Opera 2 之前并无事先征得原唱者同意，侵犯了原唱者的版权。同时，主讲人补充，最近几年演艺界中类似的侵权行为常有发生，音乐作品在被翻唱的过程中可能存在版权被侵犯的行为，一些综艺节目、影视作品也存在抄袭的嫌疑，说明著作权的保护迫在眉睫。

④师生点评：能抓住近期社会的热议焦点结合著作权进行分析讲解，利用热点吸引同学们的关注，同时能够及时口述相关的案例材料进行补充，足以引起同学们对版权保护的高度关切。

（4）第四组：迷你 KTV 专利之争。

①PPT 展示咪哒迷你 KTV 录音室的照片，主讲人提问同学们在生活中有没有见过类似的迷你录音室，有没有体验过？

②主讲人在 PPT 投影“迷你 KTV 专利之争　咪哒向三家公司索赔 1.6 亿元”的新闻材料，带领同学们共同了解咪哒公司对于维护自己专利权所做出的努力，以及其他三家公司是如何构成侵权行为的。

③师生点评：主讲人在介绍案例过程中，不少同学对此表现出浓厚的了解兴趣，不断提出相关问题，主讲人临危不乱，能够一一回复，说明此小组在搜集和分析案例的工作中准备充分。同学们对其小组的表现纷纷称赞有加。

（5）第五组：“高仿”品牌商品的侵权行为。

①在讲台上展示两包膨化食品，一包是“咪咪”品牌，另一包是“味咪”品牌，让同学上台区分，正确找出“咪咪”品牌。

②请上台区分的同学分享做选择时的感受。

③主讲人在 PPT 投影一些知名品牌的“高仿”商品照片，由于“高仿”商品与正品在外包装上十分相似，容易误导消费者的购买。而有相当多的“高仿”产品存在质量问题，不仅侵犯了正品商家的商标权，也侵害了消费者的权益。

④师生点评：主讲人的总结十分到位，从主讲人的概括内容中能得知其对相关法律知识点的掌握十分扎实。利用实物展示，调动了同学们的兴奋点和参与度，课堂气氛活跃。

（6）第八组：辩论赛——盗版光盘该不该买。

①正方：盗版光盘该买。陈述赞成买的理由：正版的太贵，盗版的便宜；盗版可以创造就业机会，拉动消费等。

②反方：盗版光盘不该买。陈述反对买的理由：盗版，盗的是人家的智力成果，失去的是民族的创新能力；盗版不尊重他人的劳动成果等。

③正反双方展开自由辩论。

④正反双方分别进行总结陈词。

⑤主持人进行总结：盗版是侵犯他人智力成果的行为，为了维护知识产权，我们应该坚决抵制盗版行为，从自身做起，即从拒绝购买盗版光盘做起。

⑥师生点评：辩论赛的开展将本节课成功推向高潮，参与辩论赛的学生激烈辩论，勇敢发表自己的观点。台下观看的同学十分投入，对于辩论选手提出的观点仔细聆听分析，对盗版光盘的侵权行为分析到位。

主持人结束语：法律就在身边，维权从你我做起，尊重和保护他人的智力成果义不容辞，增强权利意识，依法维护知识产权。

3. 课堂小结

（1）第六组小组投影从学校科技馆所拍摄的一些科技小制作的学生作品，明确未成年人也能通过自身努力，创作出智力成果。

（2）播放第七组成果——采访视频，综合采访群众关于如何保护知识产权的做法，总结在生活中如何依法维护知识产权。

（3）学生主持人对活动进行总结。

（4）教师对活动进行总结和点评，对表现突出的小组进行奖励，同时表扬和鼓励学生能积极参与综合实践活动，通过自主探究，锻炼了自己各方面的综合素质，增强了自信心。

## 六、总结提升

从学生的角度出发，通过本次的综合实践课，各小组参与度与积极度都非常高，各小组成员间通过多次的沟通和讨论，根据各自探究的主题，选取了不同的活动形式进行展示，体现了学生的创造力和创新性。在搜集材料的过程中，能抓住社会热点焦点问题进行探究，把对法律知识的学习融入日常的社会生活之中，既能够充分展现个性，也能提升分析问题的能力。

对于教师来说，实践活动方案的制订全部由学生自主完成，对于学生自主学习能力的锻炼有极大的促进作用。将较为枯燥的法律知识的学习，转化成生动有趣的自主探究，引导学生关注社会、关注生活，能更好地将政治与社会、生活相结合，激发了学生对学习政治知识，特别是对学习法律知识的兴趣。相信通过开展这次社会实践活动，学生与教师都受益匪浅，教师积累了更多的教学经验，教学方式也得到了不断的创新。

# 第四篇 意

# 从常规课堂走出去学地理

## ——以珠海客运交通方式调查为例

崔贵妮

**摘　要：**地理学是研究人类生存环境以及人类活动与地理环境关系的一门学科，可见，它与人类生活密切相关。初中地理新课程改革，也是以学生的发展为指导思想，以改变学生学习方式为目标，注重理论与实践相结合，培养与锻炼学生对地理知识技能的掌握，并运用基本的地理原理解释地理现象，进而解决实际地理问题，真正体现地理学习对人类生活的意义。因此回归地理本质，从常规课堂走出去，学习地理知识，具有重要的现实意义。

**关键词：**地理学　地理新课程改革　常规课堂

## 一、活动背景

人类活动离不开交通的支撑，交通也是一个城市经济发展的先行官，尤其是进入工业社会以来，交通的发展以及交通运输方式的多样化出现了巨大的变化。改革开放以来，珠海的交通也犹如搭上了高速列车，从交通闭塞的渔村发展为现代化的大都市，发生了翻天覆地的变化，对于珠海的学生来说非常熟悉。尤其是有轨电车和港珠澳大桥的修建，更加吸引学生探究的兴趣。因此，在综合实践活动过程中，通过学生自主探究、小组合作和教师引导等方式，让学生了解珠海交通的发展历史，探究各种交通运输方式的特点及根据需要选择合适的交通运输方式，最后，在学生探究的基础上进行成果展示。这样，既满足了学生认识、探索生活环境的学习需求，又锻炼了学生对地理问题的探究能力，同时还增强了学生学习地理的兴趣，进而使学生的综合素质得到全面发展。

## 二、活动目标

1. 知识与技能

（1）通过自主探究和小组合作，认识各种交通运输方式及其特点。

（2）通过实践调查，分析影响旅客选择交通运输方式的因素及各种交通方式所占的比例。

2. 过程与方法

（1）通过搜集资料、问卷调查和实地调查等形式，了解珠海交通运输的发展历史，进一步探究交通运输方式的影响因素，针对一些交通现象给出解决对策。

（2）自主学习和小组合作学习相结合，并开展相关探究活动。

3. 情感态度与价值观

培养学生理论联系实际、发现问题、分析问题、解决问题的能力，提高学生独立自主和合作探究的综合素质，进而激发学生关注家乡、热爱家乡的热情。

## 三、实施过程

1. 制订活动进度计划，引导学生确定研究思路

教师根据活动内容，预计完成时间，制订活动计划和预期达到的研究成果，以利于学生安排小组活动，并对活动中可能出现的问题提前给出预设。

研究思路：

（1）搜集资料，认识珠海交通运输方式类型及发展历史。

（2）通过问卷和实地调查，发现客运交通方式的影响因素和存在问题。

（3）整理资料，小组探究分析，提出建议。

2. 进行小组分工，明确各自任务

第一组：在九洲港、香洲港、湾仔码头等站点实地考察获取资料，分析水运交通的特点和影响因素。

第二组：在香洲总站、拱北长途汽车站、轻轨站等站点发放问卷调查取样，分析陆运交通的特点和影响因素。

第三组：在金湾机场查询当日航班及客流状况，观察、拍照获取第一手资料，分析航空运输的特点和影响因素。

3. 实地调查，小组合作探究，得出初步结果

第一组：整理相关资料，得出水运交通客运量大、成本低、容易受自然条件限制的特点。

第二组：通过整理问卷调查数据，得出陆运交通最为机动灵活，是乘客的第一选择。

第三组：根据搜集的资料及现场观察的情况，反映出航空运输成本最高，客流量较小，受天气影响显著。

4. 教师指导提升，展示最终成果

教师引导学生在初步研究成果的基础上，进一步深入分析影响交通运输方式的因素，并指导学生绘制交通方式比例图；学生以小组为单位，分析整理数据，制作 PPT 和视频文件，最终完善实践报告，展示研究成果。以下是学生的若干成果：

（1）珠海依托优越的自然条件，建立了大型的码头和港口。通过查找珠海市统计年鉴数据分析，水运运输客运量在持续增长，2014 年比 2013 年同比增长 22%。并根据问卷调查可知，人们在出行时考虑交通工具的时效性比较多。

（2）通过对调查问卷进行整理统计发现，陆运交通在三种客运交通方式中占的比例最大（图 4－1）。同时随着广珠城轨的开通，珠海已经形成了城市轻轨与公共汽车并举的公共交通模式。

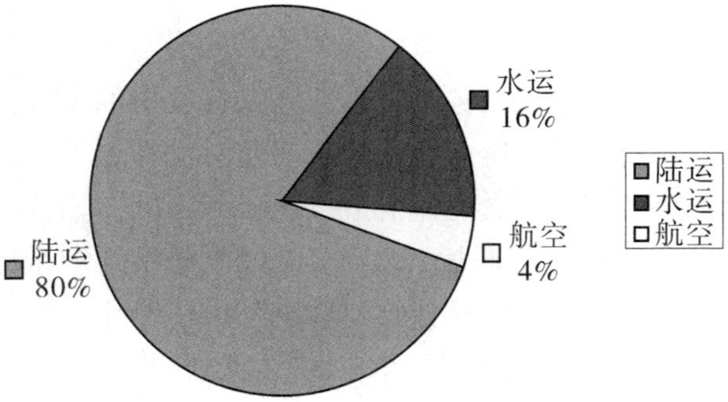


图 4－1　三种交通运输方式比例图

（3）金湾机场弥补了珠海市交通的缺陷，使珠海市成为水陆空并有的现代化城市。虽受到广深两地机场的影响，航班比较少，价格较高，客流量也比较少，但客流量稳中有升（图 4－2）。同时金湾机场的航展也给珠海带来很大的经济效益，提高了珠海的城市地位。

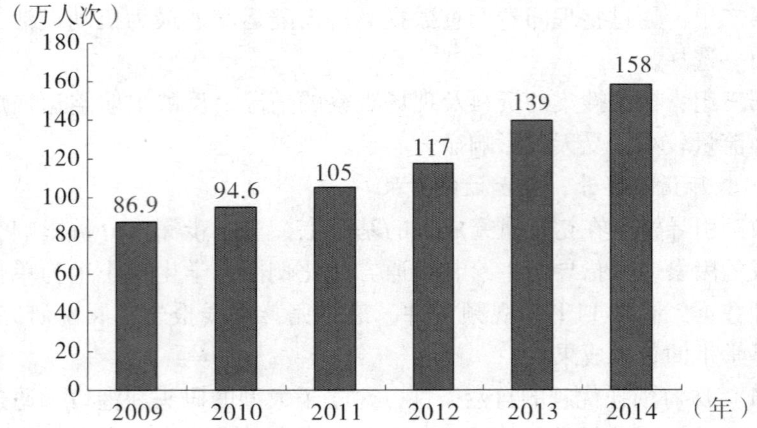


图 4－2　2009—2014 年珠海机场客运量

（4）根据三个小组的最终成果，学生制作了珠海交通的发展历史及展望宣传片。

## 四、活动反思

本次综合实践活动的开展，教师和学生共同参与，学生为主体，老师为指导，才能顺利完成本次任务。教师在整个过程中的统筹策划、指导和评价很重要。初中阶段的学生在探究地理问题时已具备了基本的地理知识和技能，但是这种知识与技能是有限的，且大多都是理论性的浅层次的，缺乏直接的实地调查和探究能力。教师要及时给予指导和帮助，提升学生的能力，比如指导学生如何利用网络搜集有用的资料，引导学生去查询《珠海统计年鉴》等这些专业数据网站，保证数据的准确性，从而并指导学生如何对数据进行对比分析。但是教师在活动过程中指导和帮助并非不让学生犯错误，而是为了保证学生探究学习总的质量和准确性，从而真正达到教学相长的目的。所以，在初中阶段开展地理综合实践活动课，作为教师要有效地指导学生探究的整个过程并及时给予评价，以提高学生的探究能力和积极性，才能保证活动的顺利完成。

在整个综合实践活动开展过程中，学生的协作精神及潜能都被激发出来，制作了精美的 PPT 及视频文件，再次证明教师要放手让学生去做，相信学生，通过创设活动让所有学生都能积极参与，合作探究，既激发了学生学习地理的兴趣和团队协作的精神，提高了学生对地理问题的探究能力，又锻炼了学生的社会交往能力，培养了学生热爱家乡的情感，同时也感受到了成功的喜悦。

以下是学生在完成实地调查后所写的感想：

穿梭在机场大厅来往的人群中，不知该怎么样发放手中的调查问卷，从一开始的手足无措，到最后的得心应手，从退缩不前到独自面对，我们的热情获得了路人的认同，问卷调查一份接着一份，有的老人看不清楚字，我们就耐心读给他听。虽然经历了不少困难，遭到质疑的、不信任的眼神，我们并没有放弃，而是重新调整心态继续前行。在不知不觉中，我们的交际能力提升了许多。在生活中，我们也会遇到崎岖和坎坷，但只要敢去尝试，敢于突破，就会跨越这些障碍。这次活动的收获不仅仅是知识上的，更是思想和能力上的。

# 初中生物综合实践活动的实践研究

呼小明

**摘　要：**初中生物新课程理念和方案已实施多年，新课程理念已被广泛认可和推广，教师们已经逐步转变了传统的以灌输为主的教学方式，在课堂教学中积极引导学生开展探究学习。然而，当前生物探究活动的开展存在着两个亟须解决的问题：一是探究活动仅仅停留于教师主导的课堂探究；二是生物探究活动通常仅仅依靠初中生物课程标准教材中一些给定选题的探究实验或活动建议，使得学生的生物科学视野和思维受到限制。基于以上问题，在生物教学中开展综合实践活动显得十分必要，具有一定的现实意义。本文以“我爱我家——家居环境与健康”小课题的探究活动为例尝试探讨生物小课题探究活动在实际教学中的具体开展。

**关键词：**初中生物　综合实践活动

初中生物新课程理念和方案已实施多年，新课程理念已被广泛认可和推广，教师们已经逐步转变了传统的以灌输为主的教学方式，在课堂教学中积极引导学生开展探究学习，力图帮助学生主动地获取生物科学知识，体验科学过程，形成一定的科学探究能力和科学态度与价值观，培养创新精神。然而，当前生物探究活动的开展存在着两个亟须解决的问题：一是探究活动仅仅停留于教师主导的课堂探究。新教材丰富的内容和有限的课堂时间，使得日常教学中的科学探究，在许多情况下都要被简化。比如，提出问题这一环节，在大部分的教学活动中，都是由教师提出问题或由教材提出问题。在获取事实这个环节，常是由教师和教材来确定工作方法、步骤、所用材料等，这样就省去了一些具体探究过程，上下课铃声成了探究教学的起点和终点。事实上，生物科学的探究仅仅凭课堂40分钟是不够的，教师要让学生带着课堂上的问题走出教室，有更充分的时间开展生物探究学习。二是生物探究活动通常仅仅依靠初中生物课程标准教材中一些给定选题的探究实验或活动建议，使得学生的生物科学视野和思维受到限制。生物学课程的开放性决定了我们更需要构建一种开放的学习环境，为学生提供一个多渠道获取知识，并将知识加以综合和应用实践的机会。因此，只有这些是远远不够的，生物学习更应该走出教室、走向校园、家庭、社会和大自然，从中发现新的探究问题。基于此，在生物教学中开展综合实践活动显得十分必要，具有一定的现实意义。开展生物综合实践活动，可以作为课堂教学的有效补充，把课堂上无法完成的生物探究活动在课外得以生根开花，利用综合实践活动鼓励学生不断深入生物学习，帮助学生掌握科学知识、体验科学探究的过程，不断充实学生的科学生活经验。同时，可以引导学生利用学校、家庭、社区、社会、大自然、网络和各种媒体中的多种资源进行生物科学学习，根据具体的实际情况，引入一些学生身边的生物学研究课题，不断激励学生层层深入，在解决实际问题的过程中，使学生更为接近真正的科学探究，探究生物科学的真正奥妙所在。鉴于以上背景和认识，初中生物综合实践活动的实践研究具有一定的现实意义。本文以“我爱我家——家居环境与健康”综合实践探究活动为例探讨生物综合实践活动在实际教学中的具体开展。

## 一、做好综合实践活动探究具体开展的相关保障工作

1. 宣传发动

综合实践活动的意义在于让学生学会参与、学会合作、学会学习、学会过程管理，开展综合实践探究活动需要学生的自主性，因此通过各种形式，向他们宣传进行综合实践探究活动的目的、意义和要求，介绍校内外等开展这方面活动的经验和体会，展示一些中外著名科学家的故事及研究的一般方法。组织学生观看有关案例，调动学生的参与热情和积极性，提出活动要求，讲解小组活动计划表。

2. 确定综合实践探究活动的评价方法

教师作为综合实践研究活动的组织者，有必要对学生的研究过程及研究成果进行评价。在学生们具体开展综合实践探究活动前，讲解各项评价量规表，需要让学生明白具体的评价方法。我们设计了评价量规表，其中组长对组员表现评价表以及探究活动展示评价量规表，分别从态度、合作、积极性以及成果的展示交流等方面，从过程和结果两个层面对学生们的小课题探究情况进行考核，让学生发现自己的不足，明确努力的方向，为今后的研究活动打下一定的基础。此外，我们还把一些学生参加综合实践探究的报告、照片、录像等进行一定的宣传，鼓励学生们更加兴趣浓厚地参加综合实践探究活动。

## 二、指导学生提出研究的问题

这是进行综合实践探究活动的第一步。爱因斯坦曾说过，提出一个问题往往比解决一个问题更重要。因为提出新的问题、新的可能性或从新的角度来分析一个老问题，需要带有创造性的想象力和思维能力。只有让学生大胆质疑，勇于提出问题，才能培养学生的创造性思维，也使学生自主进行综合实践活动探究成为可能。

教师可以根据教材中内容的安排，引导学生进一步拓展相关的探究活动，这样简便易行。当然，刚开始的时候，学生对于如何选题会存在困难，需要以教师为主导来开展，这时，教师可以根据教材内容选定一个大的主题，在这个大主题的整体思想和范畴下，引导学生提出具有研究价值和意义的小课题。这样，每一个小课题既可以是相互独立的，其所反映的具体问题、实现的方法和对象又可以有所不同。例如，笔者带领学生在"我爱我家——家居环境与健康"这一主题范畴下，设计的子课题有"探究潜伏在家居装修中的隐形杀手""我们身边的油烟——厨房油烟对家居环境的影响""动植物对家居环境的影响""不良生活习惯对家居环境的影响""家用电器对家居环境的影响"等，这样每个小课题有各自明确的研究目标和研究目的，同时又能体现整体的思想。选定的小课题要能适应学生的学习兴趣、认知水平和现有技能，要从学生所需要的问题理念出发来选定。

在此基础上，慢慢指导一段时间后，学生也会在模仿学习的基础上自己生成新的问题。教师就可以引导学生根据自己的兴趣爱好、特长或生活中遇到的困难，在课堂学习研究的基础上选择探究课题。生物小课题选题可以搜集教学中可深化拓展的知识点、可改进的实验或学生实验，也可以根据教材中所学内容，在与现实生活联系紧密的热点问题中选题。社会生活中有很多令人费解或亟待解决的问题，稍作留心，便可找到带有求异色彩、有价值的题目。当个别学生自己主动提出研究的小问题时，教师一定要寻找机会扩大影响，让学生在全班同学面前简单介绍自己选择的课题，谈谈为什么要研究这个课题。最后，教师组织学生分析课题研究的可行性，当然教师也要有一定的心理准备，不一定每个课题都能够完成，或者说每一个学生都能参与进来，毕竟小课题是一个多元的有难度的考验学生和教师的项目。

## 三、成立合作小组

在课堂上初步形成某阶段研究的探究小课题后，个人课题内容相近的同学自愿组成一个课题研究合作小组，自行选出组长，组长负责小组成员的研究分工以及对组员的活动表现进行评分、与老师的联络等工作。合作小组成员一般6~8人，做到“组内异质、组间同质”，以便加强研究过程中的同组和异组的竞争。成立小组后，要求每一个研究小组认真讨论，共同拟订研究活动的计划，形成研究方案。研究方案的内容大致包括：活动主题、参与成员、活动目标、活动分工、具体进度安排、预期成果展示方式等。刚开始的时候，这样的课题计划一定要教师进行讲解辅导，必要时提供统一的表格，供学生参考。

很多小课题都要走向社会，考虑学生课外探究活动的安全性问题，一定要合作小组的同学具有同居住地特点，这样安全性等有一定的保障。比如家住坦洲的6个同学就是一个长期的合作小组，家住安居园、翠华新村等学校周边小区的同学又可以组建一个探究小组。

## 四、开展综合实践探究活动

精心制订活动计划，开展综合实践探究活动。在确定小课题主题及合作小组后，每个课题小组就要根据主题制订小组活动计划，可见小组活动计划表，然后再根据调查研究获得的资料，提出解决问题的方案，并加以具体实施。老师在整个研究过程中提供咨询、监控及研究指导，并定期检查研究进展情况，及时解决研究过程中发生的偏差和问题。如某探究小组确定了“潜伏在家居装修中的隐形杀手”这一小课题以后，首先开展了实地调查，走访了珠海市世邦家居、永昇家居城，了解到许多家具的资料介绍中都有相关的甲醛、苯、Tvoc（总挥发性有机化合物）含量，然后通过上网查阅资料、发放调查问卷、查阅报纸杂志等了解家居装修材料中的污染物来源及危害等，为了真实感受甲醛的存在，小组成员还进行了简单的科学小实验，检测新装修家中的甲醛含量是否超标，为大家解密家居中的甲醛。最后，提出减少室内装修污染的方法，为人们的健康提供了参考性建议。

我们的小课题探究活动基本上要利用学生们的课外时间，活动时间上主要分为两块：学校中午放学后的一段时间和双休日。教师在刚开始的时候，一定要做好组织跟踪反馈工作，多方联系，甚至有必要和学生一起参与。方法上是引导学生围绕所研究的课题，通过调查、采访、观察、实验、讨论等方式，广泛积累原始资料，为撰写结题报告打基础。在研究过程中，孩子们有新奇、惊喜和赞叹，更多的则是疑惑不解，这些都促使学生们不断地刨根问底、探究根源，从而培养了学生的科学态度和科学精神。毕竟是初中阶段的孩子，我们重视和关注的是孩子在原有基础上的发展，而不一定是达到一个什么目标或层次。而且每一次的活动，孩子获得的亲身体验是最宝贵的资源和财富。小课题探究活动中，学生们常用的研究方法有：

（1）资料搜集法。现在社会是一个信息化社会，各种信息资料纷繁复杂，资料的来源很多，有书籍的、生活中的、网络的等等。教师要引导学生如何搜集资料、整理资料、应用资料。例如，学生围绕动植物对家居环境的影响开展了一些调查研究，基本上采用的是网络、书籍资料搜集法，而像“探究潜伏在家居装修中的隐形杀手”，则要专门设计问题，通过观察和走访等获取资料。

（2）参观访问法。这种方法打破课堂限制，充分利用社会资源优势，提高学生学习生物科学的能力，同时也提高他们的社会交往能力。例如，学生们对“潜伏在家居装修中的隐形杀手”这一小课题进行探究时，学生们专门走访了珠海市世邦家居、永晟家居城，采访了专业人士，又结合发放调查问卷等多种参观访问形式，了解了目前家居装修中可能含有的隐形物质，使同学们和老师对可能潜伏在家居装修中的隐形杀手有了深刻的认识。

（3）实验观察法。这是学生最喜欢，也是最能体现学生实践创新能力的活动，学生围绕探究主题，自己设计观察实验进行探究。例如，在进行探究潜伏在家居装修中的隐形杀手的过程中，学生们为了探究室内甲醛超标情况，自己购买简易版室内甲醛测试盒，组建“哦哦哦哦”科学实验室，对新装修的家居环境进行甲醛测试，用实验观察的方法获取了第一手科学资料。

（4）尝试实践操作法。生物科学最常见的实践活动是观察与实验，但学生尝试性操作也是实践。“我们身边的油烟——厨房油烟对家居环境的影响”小课题探究过程中，学生们通过体验开吸油烟机和不开吸油烟机的对比，在实践中体验厨房油烟对我们家居环境的影响，感受生活与生物的密切关系。

## 五、综合实践探究活动的展示与交流

学生们将探究的过程以照片、视频、文字、统计数据等形式记录下来，但是单纯的记录是远远不够的，还需要老师及时指导学生将课题探究过程中通过观察、调查、访问、阅读、查阅资料所搜集到的所有信息资料进行主次分明地梳理、分析、归纳和提炼，在大量案例探究的基础上进行课题总结，并制作成PPT，这一过程是由感性认识上升到理性认识的重要过程。

笔者引导学生在通过PPT展示探究成果时，至少体现四个方面：一是综合实践活动的探究主题和探究目的；二是具体安排，有任务分工、探究实践和探究方法等；三是探究内容、措施及结果，这是需要重点详写的部分，应内容充实，证据确凿，结论正确科学；四是建议或倡议，既要有独到的见解和改进的方法，又要针对性强，让人看了信服，便于他人改进、创新。笔者除了让学生以课题报告的形式展示综合实践探究活动的成果外，还积极引导学生将自己在课题探究中的真实感受、体验，用小报、微电影、朗诵、演讲等生动活泼的形式进行展示。

通过综合实践探究活动的成果展示交流会，各小组逐一上台展示小组进行小课题探究的情况，并由学生评委根据展示的情况进行打分评定。评定学生参与综合实践活动的态度和主动性以及探究成果是非常必要的，是综合实践活动的形成和展示的一个重要的环节。通过交流、研讨与大家分享成果，使学生学会发现和欣赏他人的优点，学会客观地分析和辩证地思考，同时也培养学生敢于质疑和善于申辩的能力。在综合实践活动评判过程中，小组与小组之间互评，然后请学生代表进行点评，最后由老师做活动总结，并对每个小组最闪光的一面给予恰如其分的表彰，使每个孩子都体验到成就感。通过探究成果的展示与交流，让综合实践活动研究成了学生发展的平台，学生们的语言表达能力、组织策划能力、团队合作能力等得到了一定程度的锻炼和提升。

此外，还可以进行综合实践活动的延伸，可以开展一次阶段性的校级板报宣传，对学生的作品、展示课及活动剪影等进行全校性展览；也可以自行结合班级中的主题进行各组综合实践活动在班级宣传栏进行展览。

总之，实践证明，在立足课堂的基础上，面向生活，面向社会，开展一些拓展性的生物综合实践活动，具有明显的优势和广阔的空间，是体验教育的有效载体，是全面推进生物探究性学习的有效途径。进行生物综合实践活动，非常符合学生的兴趣。

**参考文献：**

[1] 夏君：《初中生命科学教学中开展小课题实践活动的尝试》，《生物学教学》2006 年第 31 卷第 7 期。

[2] 郭东良：《让学生在小课题探究中自主发展》，《教学与管理》，2005 年 7 月 15 日。

# 穿针引线

## ——试论教师在综合实践课中所起的作用

胡绮云

**摘　要：**综合实践课作为一种新型课程，在我国《基础教育课程改革纲要》中被明确提出，是“教改”的重要内容之一。对于这种强调学生实践性活动的课程，教师主要起引导作用，学生才是实践活动的主体。教师应从课堂教学中的“主角”转化成综合实践中的“配角”，把更多的思考、活动的空间让给学生。本文从笔者自身的教学经验出发，试图对教师在此类课程中所应扮演的角色作一粗浅的探讨。

**关键词：**综合实践活动　学生主体　成果展示

综合实践课，顾名思义，是一门强调以学生的实践活动为核心，培养其探索、思考、动手、解决问题等综合实践能力的课程，是素质教育的一种体现。由于此类课程超越教材、课堂和学校的局限，引领学生把视野转向自然环境、生活及社会领域，它打破了传统的以教师讲授、传授课本知识为主的学习模式，自然就对教师的角色转换提出了新的要求。

那么，在这种课型下，教师该扮演怎样的角色呢？笔者将教师在此类课程中所起的作用归纳为四个字：穿针引线。

如果把一堂成功的综合实践课比作一串漂亮的项链，那么从项链最初的图样设计到最后的“穿针引线”等主导性工作是由教师来完成的；而其间的一些具体工作，如寻找合适的珠子材料、对选中的珠子进行打磨、抛光、展出等工序，则是由学生来完成。

也就是说，教师所起的作用不再是传统的“教”或者“传授”，而是引导学生去发现，去实施探索、思考、研究等实践行为；学生也不再是被动接受式的学习，而要通过实地考察、搜集资料、访问调查、技术实践、成果展示等种种环节来完成具体的实践过程。

具体怎样“穿针引线”，本文将以笔者指导学生进行的以访问历史遗迹来寻找历史的综合实践课为例，从以下几个方面简短地说明一下教师在综合实践课中所起的作用。

## 一、选定主题，确定实践活动的主要方向

“良好的开端是成功的一半”，教师在选题时一定要注意选择适合学生去做、符合其认知程度并能调动其兴趣与积极性的课题。历史知识浩瀚如海，即便地方史也存在不同时期、不同领域的历史内容，所以选题十分重要。

笔者在确定选题时，考虑初一学生主要接触的是古代史，就放弃了广东省最有优势的近代史，把目光投向宋元时期——南宋忠臣们在广东沿海一带为抗元救国作最后一搏的悲壮历史颇具震撼力，也极富教育意义，南宋的灭亡又是学生在课堂上已知的事实，让他们在“已知”部分的基础上去深挖一段与家乡有关的“未知”史实，无疑既符合他们现有的知识程度，又能引发他们进一步探索的兴趣，是个非常合适的课题。

这段历史中有几个联结点同珠海有关：一是宋军与元军在横琴的十字门海域发生过一场“十字门海战”；二是斗门区的赵家村村民多系宋代赵氏皇族之后，附近的赵氏宗祠是个值得考察的历史遗迹；三是“宋末三杰”之一的张世杰是南宋行朝的抗元主将，而其墓地就位于斗门区的黄杨山；四是斗门区金台寺的前身系南宋遗臣所建的“金台精舍”。

以上几个遗迹同南宋这段历史或多或少有着一定的联系，如把它们有效地串联起来，几乎可以重新演绎一遍宋末抗元简史，于是笔者决定以这几个地方为考察基点，并将本次活动的主题确定为“丹心耀珠海，铁血书南宋”。

当然，事情往往都不是十全十美的，这个选题固然好，其操作难度也相对大：几个遗址都距离市区较远，交通不便，如单独让学生自己去考察，不免有安全顾虑。在这种情况下，笔者只好选了一些家里有车、家长方便且愿意在节假日带孩子去参观的学生来参与这次活动。

## 二、设计框架，布置具体任务

主题确定好之后，接下来教师应依据主题设计一条层次、脉络清晰的线索来贯穿各项内容与任务，搭建好本次活动的框架体系。这就好比制作项链之前，教师先在纸上画好图样，再按此模型去打造。

以“丹心耀珠海，铁血书南宋”这堂活动课为例，其核心任务是演绎

出南宋这段可歌可泣的抗元救国史，培养学生爱国、正义的品质和敬重英雄人物的情感。但如何将珠海现有的几个历史遗迹有机串联起来，形成一段层次逻辑清晰的历史史实，并按其中的环节给学生布置相应的任务，这就是笔者这个“穿针引线”者要事先完成的任务。

经过思考，笔者决定把考察介绍赵氏宗祠及赵家村这一任务放在第一板块，由第一小组去完成。这样一来便能从寻访赵氏居住地开始，以“倒叙”形式开始逐步揭示出这段历史。在此逻辑顺序下，笔者设计一条可以串联整段历史的内容与任务主线：

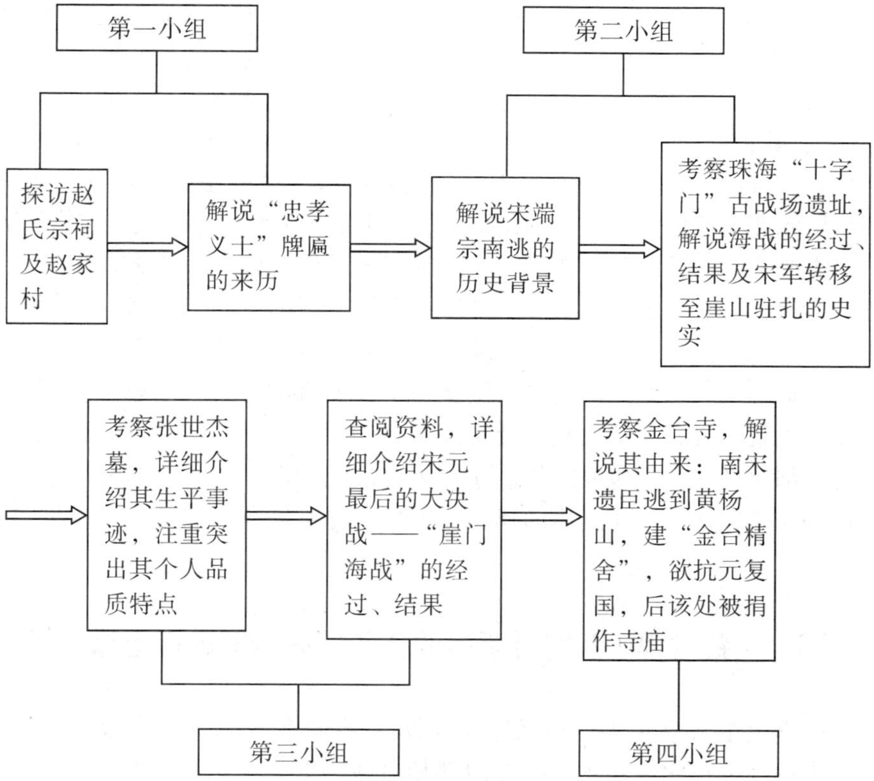


图 4－3

通过这条线索，把任务与需要考察、展示的内容大致清晰地罗列出来，形成一条有序的逻辑主线，学生要做些什么，也就很明确了。“框架”基本搭建好，接下来就是将各项任务进一步细化，并布置学生去完成。

## 三、实践前对学生的具体任务进行方向性指导

任务布置下去了，由于各小组学生目前接到的只是“总任务”，除极少数主动性较强、策划能力也很强的学生不需要教师费多少指导工夫外，绝大部分的学生对于自己具体要做些什么、怎么去做，还是茫然的。这时候就需要教师实施进一步的细化指导。

由于学生们的分工、任务有所不同，教师应对不同的小组或个人（例如小组长）进行单独指导。例如，对第一小组，笔者除了要求他们要拍摄出一些有价值的图片、视频资料外，还提醒他们要注意阅读、记录遗迹中重要的文字资料，建议他们要抓住赵家村体现“皇族特色”的地方进行重点介绍，最好能采访一下当地村民（如赵家村是否全体姓赵，有多少年历史等），获得第一手资料；对第二小组，要特别提醒他们拍摄、抄录横琴那块石碑背后的碑刻文字，由于现场资料有限，他们还应通过各种图书、网络资源搜集相应的资料等等；第三、四小组，笔者也作了类似的指导。

需要说明的是，教师在这一环节的指导工作总体上应是方向性、建议性的指导，不宜太细致、强硬，要留给学生一定的空间去思考、计划、安排，发挥他们的主观能动性。如果教师计划得过于细致，以至于学生不需要怎么动脑筋，只要按部就班去做就行了，那就剥夺了他们思考和创意的空间。也就是说，教师的指导既要清晰到让学生明白他们要做些什么，又不可太细化到替学生包办了他们应该去解决的问题。比如，对此阶段的某些任务安排，教师只作适当的建议和提醒，并不硬行规定他们一定要这样去做。

## 四、实践过程中及时对学生的任务完成情况进行追踪、督导

中学生是未成年人，相较于成年人，他们在意志力、自控力、自觉性、主动性、纪律性和耐性等方面都相对薄弱些。在综合实践过程中，他们往往会出现种种状况，例如不能按期完成任务或完成情况不达标，或在外出考察时因贪玩而耽误正事，最终对教师敷衍了事等等。此时，教师必须扮演敦促、督导者的角色，促使他们按时、有效地完成任务。这个督导工作是烦琐、反复的，也需要教师具备一定的耐心和敦促力。

为了及时跟踪他们的进展状况并督促他们按时按质完成任务，笔者要

求他们分三个阶段上交任务：资料搜集阶段、成果制作阶段，成果展示阶段。

### （一）资料搜集阶段

这一阶段主要检查学生搜集资料的情况和能力，好比串项链之前，先检查他们采集来的“珠子”原石在材料、质地、大小、形状、颜色各方面合不合格一样。

在笔者布置任务大约一周之后，学生将他们考察、拍摄、查阅的各种图文、视频资料交了上来。检查他们第一阶段的“作业”之后，笔者的感觉是喜忧参半。

欣喜的是他们确实通过自己的参观、查阅挖掘到了一些地方性史料。例如，第一小组通过追踪赵氏宗祠里“忠孝义士”牌匾的来历了解到宋端宗行朝南逃时，斗门的赵氏三兄弟曾组织几百乡勇具舟“勤王”的事迹；第二小组知道了“十字门海战”的历史地位——中国史上规模最大的海战等。

不满的是，学生们筛选、整理资料的能力还比较欠缺，大段的原文摘抄较多，自我加工的痕迹少。

### （二）成果制作阶段

这一阶段是学生将其了解到的信息通过思考加工上升为其制作的各种成果——即将采集来的“珠子”原石打磨、抛光，制作成亮色的成品。

成果的形式可以多样化，例如制作手抄报或 PPT、写调查报告或小论文、设计表演历史剧等等。这一阶段的工作需要一定的综合思考力，对学生而言难度更大，教师自然要花费更多心思去帮助他们完成总结、思考和提升的过程。

笔者选择的成果展示方式是让每组学生制作一个 PPT，以“小老师”的身份在课堂上将他们所了解的这段历史讲述给其他学生听。

从学生上交来的 PPT 看来，有些令笔者失望。他们缺乏对主题的深入理解与提炼，缺乏自己的理解和感受，大部分课件只是“文字 + 图片”的简单拼凑。简言之，就是形式上具备课件的特征，但内容缺乏创意，缺乏灵魂。

于是笔者又利用自习课时间，把参与活动的学生找来，针对本次活动的主题、课件的制作要求以及这段历史涉及的人文价值观对他们进行了一个简短的培训，让他们将课件拿回去重新加工。如此反复修改了两三次后，大部分学生的课件才开始具备一定的质量，而个别学生的课件仍需单独对其进行指导、修改，直至过关为止。

### （三）成果展示阶段

这一阶段的任务是让学生将制作出来的成果展示给观众看，犹如将制作好的项链戴出去展览、推介一样。

对于本次活动的成果展示方式，笔者要求学生以讲课形式道出这段历史，普及给其他学生。这对从未上讲台讲过课的他们来说又是一大难题。讲课前，我先让他们演练了一遍，大部分学生起初都表现出紧张、拘谨、背稿甚至忘稿现象。笔者只好多次组织他们在讲台前讲解，并对他们的语言、动作、仪态等进行训练，这个过程也是复杂而烦琐的。

当然，功夫不负有心人，孩子们最后都被训练成了像模像样的“小老师”，在上公开课那天表现出色。最后，从他们对台下听课学生的提问检测看来，听课的学生们基本已掌握有关这段历史的基础知识，这说明他们的讲课基本是成功的。

## 五、总结提升

学生通过自己的实践固然取得了相应的收获，教师在最后的展示阶段还可予以他们思想上的点化提升，这也是教师指导作用的重要体现，或者说是整个活动的画龙点睛之笔。

学生们讲完课后，为了留给他们一点深度思考的空间，笔者抛出了一个有梯度的问题：有人说宋朝是“弱宋”，也有人说它是“铁血强宋”，你认为它是“强宋”还是“弱宋”，为什么？

这个问题需要学生综合其在课堂上学习的有关宋朝的历史、特征和其新掌握的这段地方史进行拔高性思考，是个有点难度但又不至于完全解决不了的问题，这种“跳一下能摸得着”问题最能激发他们思考的积极性。

经过讨论，学生的答案“百花齐放”，有主张“弱宋”的，也有主张“强宋”的，他们的理由都有各自的角度，看得出认真思考的痕迹。有一个学生的回答特别得我赞许，她认为宋朝在科技文化方面很强，但军事打仗方面较弱（比如“崖门海战”中的战略性失误），因此结论是“强宋”“弱宋”都对。

众说纷纭之际，最后当然需要教师来“一锤定音”。笔者作了总结性的点评，引导学生理解“弱在军事，强在精神”的特点。

经过这样一番点化提升，学生对宋朝及其精神文化的理解更深了一层。

当然，综合实践课的表现形式、操作方式形形色色，不拘一格，可以因学科、课题、内容和教学设计的不同而呈现出不同的特色。教师的指导方式也是多样化的，例如，有些时候，教师也可以陪同学生一起参加实践。但有一个原则，就是学生能自己完成或“跳一步”能完成的工作，教师尽量不要“包办”或“代办”，应更多地在“引领”上下功夫，这才是“综合实践”的本旨所在——“实践”的最重要主体不是教师，而是学生。

总之，综合实践课概念广泛，内涵深远，形式多样，非片言只语或一文篇章所能言尽。我们只能努力通过自己的教学尝试，力求为综合实践课这座创新型大厦添一块砖，加一片瓦，略尽绵薄之力。今后，还应在更多的教学实践中进一步探索，让更多的经验来丰富综合实践课这片全新的领域。

# 积极心理学视阈下的综合实践课提问研究初探

## ——以两节《难忘九·一八》为例

江新飞

**摘　要**：积极心理学是致力于研究人的发展潜力和美德等积极品质的一门科学。本文关注的是积极心理学视阈下的历史课堂提问，本文以研究课堂实例为途径，强调教师要从积极心理学的三个研究方向出发：通过将积极心理学作为历史课课堂提问的核心理念，以学生和教师的积极情绪体验为核心着眼点，关注师生积极的人格特质。教学过程中通过小组解决问题，将学生个体体验、人的积极品质和学习小组联系起来，努力为学生创造积极体验的课堂，提高教学提问的效率。

**关键词**：积极心理学　历史课堂　提问策略　九·一八

## 一、什么是积极心理学

积极心理学（Positive Psychology），兴起于美国心理学界，中国大陆地区通常将其翻译为“积极心理学”，中国台湾地区将其译为“正向心理学”，中国香港则将其翻译为“正面心理学”。

学界通常将积极心理学定义为：致力于研究人的发展潜力和美德等积极品质的一门科学。积极心理学有三个主要的研究方向：第一个方向是以主观幸福感为核心的积极情绪体验研究。第二个方向是塑造积极的人格特质，创造积极的心理状态。第三个方向是将个体体验、人的积极品质和社会环境联系起来，包括健康的家庭、有效能的学校、有社会责任感的媒体等。积极心理学的研究重点在于人自身的积极情绪，主张以积极的心态来面对生活，激发人们内心的积极力量和优秀品质来应对学习、工作，进而促使人更积极和幸福地生活。

积极心理学改变了心理学界之前以消极心理为主的研究方向，主张心理学应当研究人的积极心理取向和人的积极心理品质。实践证明，积极心理学，对于学校教育意义非凡。积极心理学视阈下的历史课堂提问，提倡在提问中，关注学生历史课堂的积极心理体验，引导学生挖掘自身潜在的积极课堂因素；提倡通过历史教学中的合作探究和全体参与者的真诚赏识，创设积极课堂环境，最终影响和强化学生内心的积极人格，生成积极心理学视阈下的历史课堂。

## 二、积极心理学视阈下的综合实践课和普通历史课提问对比

结合积极心理学的理念，笔者研读两位教师的教学设计和课堂实录。两节课内容丰富、各有特色，研究后颇有收获，但在积极心理学的视阈下，两节课的提问研究也引发了笔者的一些思考。

**表 4－1**

| | 对象 A | 对象 B |
|---|---|---|
| 教学内容 | 《难忘九·一八》 | |
| 授课教师 | 甲老师 | 乙老师 |
| 本课荣誉 | 江苏省优质课 | 中山市精品课程 |
| 素材来源 | 教学设计和实施发表在《中学历史教学参考》 | 中学历史教学园地课堂实录 |
| 教学过程/教学提问 | 1. 课前准备：分组，分发加分牌，指定加分员，说明加分办法，展示奖品<br>2. 导入：展示习近平总书记“和平是人民永恒的期望……受益而不觉，失之则难存。”你们理解这句话的意义吗？历史这个词用英语怎么说？<br>3. 第一学段：History 故事会——你讲我讲大家讲：布置学生的知识储备（小组活动）<br>“九·一八”的历史谁来讲？（小组代表讲，组员补充）<br>“西安事变”的历史谁来讲？（小组代表讲，组员补充）<br>4. 第二学段：历史过程展览板——我学我做我展示（展览板完善，小组竞答） | 1. 导入：导入新课，心灵触动：播放歌曲《松花江上》，大家知道这首歌的历史背景吗？<br>2. 学习新课，见证历史：每年九月十八日的晚上，东北的沈阳市都要拉响长长的警报，为什么这个日子如此让人没齿难忘、痛心疾首呢？这一天，究竟发生了什么事呢？请大家分小组合作完成下面这个表格（略）<br>3. 问题式教学：A. 日本侵略中国的野心由来已久，他们侵略中国的东北，为什么先制造“柳条湖事件”呢？<br>（B 至 F 题略） |

（续上表）

| | 对象 A | 对象 B |
|---|---|---|
| 教学过程/教学提问 | 5. 第三学段：故事背后深思考——共同探究悟历史（小组合作探究三组共 10 个问题）<br>A. 日军为何发动“九·一八”事变？柳条湖事件是一个偶然吗？<br>（B 至 I 题略）<br>J. “西安事变”和平解决后，国共两党的关系及中国的时局发生了怎样的变化？<br>6. 总结提升：学完本课，你有哪些感受和收获呢？引用习总书记指示：让我们共同铭记历史所启示的伟大真理……和平必胜！人民必胜！<br>7. 表彰：根据小组排名，颁发奖品（1953 年发行的 1 分钱纸币） | G. 各小组合作完成“西安事变”表格。<br>（H. I 题略）<br>J. 蒋介石被扣押了，但究竟该如何处置他呢，是杀是留？这真的是一个非常棘手的问题。下面请同学们分小组讨论。<br>K. 那么“西安事变”的和平解决有什么重大意义呢？<br>4. 课堂小结，知识再现，教师总结。<br>5. 巩固练习，深化提高：A. 下面我们进行巩固练习 B. 总结 |
| 学生回应 | 1. 课前准备：好奇并关注小组和奖品，学生有集体归属感和参与感<br>2. 导入：拉近历史和现实的距离，导入新课。异口同声答<br>3. 第一学段：整组学生选取两位发言人培训帮助，整组人上台讲故事<br>4. 第二学段：学生抢答<br>5. 第三学段：先独立思考，后小组讨论，师生对话提高历史思维能力。<br>6. 总结提升：学生畅所欲言，教师发问，引发学生关注<br>7. 表彰：师生共同享受参与课堂、互动合作学习的喜悦成果 | 1. 导入：学生答：东北发生“九·一八”事变。<br>2. 学习新课，见证历史（由各小组代表回答，老师指正）<br>3. 问题式教学：A. B. C. D. E. F（答案略）<br>G. 各小组合作完成“西安事变”表格（学生查书）<br>H. I（答案略）<br>J. 小组讨论后回答<br>K. （答案略）<br>4. 课堂小结，知识再现：学生读。<br>5. 巩固练习，深化提高：A. 各小组快速抢答；B. 学生读。 |

（续上表）

| | 对象 A | 对象 B |
|---|---|---|
| 教师评价 | 1. 课前准备：“同学们想要奖品就应该自己努力争取！”（激励性语言）<br>2. 导入：异口同声（互动参与）<br>3. 第一学段：“我为大家的口才点赞！”（鼓励表扬）<br>4. 第二学段：“我为你们的表现再次点赞！”（鼓励表扬）<br>5. 第三学段：（无）<br>6. 总结提升：（无）<br>7. 表彰：按约定颁发奖品 | 1. 导入：无<br>2. 学生活动：老师指正<br>3. 问题式教学：无<br>4. 课堂小结，知识再现：无<br>5. 巩固练习，深化提高：A. 无 B. 无 |
| 特点 | 小组活动 互助探究 活动式推进 积极表扬 态度积极 | 集体问答 问题式推进 课堂沉闷 |

通过上述课堂实录对比，我们可以看到，教师甲的综合实践课提问多以组织课堂的进行为主。历史方面的学科问题，教师甲通过小组活动方式让学生在活动中思考和作答。教师甲的综合实践课每次小组学习和展示，主题鲜明、分工明确、参与度较高、小组讨论积极。问题设计充分调动和保护了学生发言的积极性，整节课共 3 个主题活动，共 8 次小组讨论机会，有 2 组 12 人次上台展示，有 6 组 12 人次起立代表小组发言。虽然他们发言的内容和精彩程度各不相同，但由于采取了综合实践课的常用模式：小组内先讨论，后选代表发言的方式，充分调动和保护了学生发言的能力和积极性。教师甲这节实践课问题设计以活动为出发点，以学生的积极体验为着眼点，对学生发言的反馈，多采用积极和正面的评价鼓励。教学进程中对学生的集体鼓励就有 4 次，期间还有多次对个人的积极评价。

教师乙的传统课堂则特别注重对历史事件的梳理和历史问题本身的问答，教学过程中共提出了 11 个历史问题，虽然历史问题的总数和教师甲的几乎一样，但其中 8 个问题是采取个别提问的方式，有 3 个采取了小组讨论的方式，但有 2 个小组讨论实际是完成表格互助，有 1 个小组讨论是针对问题“蒋介石被扣押了，但究竟该如何处置他呢，是杀是留”。在整个问答的过程中，教师乙的课堂气氛严肃，学生参与和投入状态不理想。教师乙较多关注历史事件和历史问题，传统历史课堂较少给予学生积极正面的引领和评价，甚至采用了“老师指正”这一偏向负面的评价。

## 三、积极心理学视阈下的初中历史课堂提问优化

带着对积极心理学的向往，怀着改变历史课堂的强烈愿望，笔者认为必须解决一个问题，那就是：如何在积极心理学视野下进行综合实践课的课堂提问和教学？本文将从以下三个方面进行初步优化的探讨：

1. 将积极心理学作为综合实践课提问的核心理念

初中历史教学提问需要将积极心理学作为综合实践课提问的核心理念。研究发现，教师的积极心理状态会直接影响学生的课堂问题回答。综合实践课中，随着教师积极情绪和语言的增加，学生的积极情绪和语言出现的次数也会提升，综合实践课效率会显著提升。反之，学生的消极情绪和课堂违纪情况则会增加，综合实践课效率会下降，课堂心理环境会恶化。心理学家哈洛克的实验证明：对学生来说，由于受到表扬而引起喜悦、快乐、得意等积极情绪，可促进其智力发展。而教师的积极因素，如积极的情绪、积极的语言和积极的表扬等，是改变传统课堂心理环境最有效、快捷和最直接的方式。历史教师在综合实践课课堂提问中要做积极种子，而不要消极地成为“毒舌老师”：只信强制，不信自觉；只讲约束，不讲自由；乐于训导，不善鼓励；勤于指正，吝惜赞赏，从而影响综合实践课的心理环境，影响课堂的效果。

2. 综合实践课通过问题设计寓教于活动，激发学生的积极状态

一个问题引起一场探索。提出问题不仅有利于引起学生的兴趣，也有利于培养学生解决问题的能力。课堂提问有效性标准的九个方面，其中有两个方面强调的是兴趣，两个方面强调的是参与度。从这个角度说，如何利用综合实践课中的问题激发学生的兴趣，利用活动提高学生的参与度就显得尤为重要。

从积极心理学的角度出发，综合实践课问题设置太简单，激不起学生思考的积极情绪，不利于学生思维能力的发展；综合实践课问题设置太难，会挫伤学生的学习积极性。历史综合实践课的问题难度设计，最好设在学生的思维最近发展区内，即应以学生跳起来能答对为最佳。通过问题设置的循序渐进，将学生一步一步引向积极的成功体验。由浅入深，层层深入，逐步将学生引到历史思维的高峰。这里的由浅入深，不仅仅是指历

史综合实践课问题难度的由浅入深，也指的是通过问题设置，使综合实践课的课堂教学活动设计的由浅入深，更指的是学生学习知识、参与课堂的心理状态从平静甚至是消极，过渡到积极参与综合实践课的心理状态。

3. 通过学习小组解决综合实践课问题，体验积极的学习团体

常见的历史课堂，教师讲课时间长，师生间、生生间是一种消极的心理状态，师生间信息交流消极被动，师生间和学生之间的交流和碰撞在课堂上出现次数有限，学生的学习始终处于被动应付的状态。这样气氛沉闷的课堂，不利于将学生的积极个体体验和积极的学习环境联系起来。实践证明，综合实践课课堂上，最受欢迎的问答方式是以小组为载体的问答对话。从积极心理学来说，当一个人作答时，胆子没有那么大，情绪比较消极；一个小组合作后，人就容易鼓起勇气，因为有了同伴的智慧支持，有了同伴的鼓励，积极情绪就会增加。

在积极心理学视阈下的综合实践课课堂，教师善于利用小组创造积极的课堂环境，以小组活动由浅入深地推进课堂，当学生参与程度达到积极状态后，再通过小组探究历史问题和培养历史思维。这样既有利于师生互动，也有利于学生与学生之间的互动，更有利于学生与历史之间的互动。小组的形式会激发学生的参与度，在小组智慧下，学生容易有获得成功的能力和获得掌声的结果，进而使得整个小组，整个课堂展现出了一种积极向上的心理环境。在历史综合实践课课堂提问中取得积极心理体验的学生，往往表现出强烈的课堂兴趣和学习动机。而在综合实践课课堂中获得消极心理体验的学生，总忐忑于课堂问题，希望能逃避问题，甚至在以后的提问中扰乱课堂。

综上所述，引导学生获得积极情绪，凭借自己和组员的积极力量参与综合实践课的课堂，发展同学间的人际关系，引导学生寻找学习的意义，引领学生在课堂中实现自身价值，教师要从积极心理学的三个研究方向出发：将积极心理学作为历史综合实践课的核心理念，以学生和教师的积极情绪体验为核心着眼点，关注师生积极的人格特质。通过学习小组解决问题，将学生个体体验、人的积极品质和学习小组联系起来，尽量减少学生失败的次数，努力为学生创造课堂的积极心理体验。

# 提高实践活动有效性策略初探

李　民

**摘要：**实践性是道德与法治学科的特点之一，开展实践活动是促使初中生正确的价值观以及道德法律要求内化为其素养的重要途径。本文根据探索和总结，针对实践活动提出系列化、制度化、基地化、社团化、多样化的策略以提高其有效性，希望能够为同行提供借鉴和参考。

**关键词：**实践活动　核心素养　策略

道德与法治是一门以学生生活为基础，以初中生健康发展为目的的综合性必修课程，实践性是它的重要特点之一。学生参与实践是实现课程目标的必然途径，若脱离社会实践，没有了参与体验，课程很容易陷于空洞说教的泥潭，正确的价值观念、社会道德要求就无法深入学生的内心，更不可能内化为学生的素质，也不利于学生核心素养的发展。

为扎实有效地开展道德与法治课实践活动，笔者尝试运用了以下策略，以提高活动的有效性。

## 一、系列化策略

核心素养是课程设计的依据和出发点，也是实践活动的依据和出发点，活动不能盲目随意，不能单纯为了活动而活动，更不能偏离教材和文本，毋庸置疑，脱离教材和文本，就失去了活动的意义。例如，在对七年级上册教材全面分析和对学生需求基本了解的基础上，以学期为单位，根据学生发展核心素养的明确方向，对整个学期的活动主题、内容、形式、时间作出系列化规划，避免泛化和随意化。

表 4－2

| 学生发展核心素养 | 活动主题 | 活动形式 | 活动内容 | 活动时间 |
| --- | --- | --- | --- | --- |
| 学会学习 | 适应初中学习生活 | 小组或社团活动 | 调查“学霸”是如何炼成的 | 9 月上旬 |
| | | 小组或社团活动 | 演讲“遇到更好的自己” | 9 月中下旬 |
| 沟通与合作 | 交流故事会 | 小组或社团活动 | 我与朋友故事会 | 10 月中旬 |
| | | 小组或社团活动 | 我与老师故事会 | 10 月下旬 |
| | | 小组或社团活动 | 我与家长故事会 | 11 月上旬 |
| 家的认同 | 我爱我家 | 小组或社团活动 | 展示交流“我的家谱” | 11 月中下旬 |
| | | 小组或社团活动 | 调查“我的好家风” | 12 月上旬 |
| 生命意识 | 关爱生命 | 全班活动 | 实地考察“生命体验馆” | 12 月上旬 |
| | | 小组或个别活动 | 关爱临终老人 | 12 月中旬 |
| | | 小组或个别活动 | 交通维护志愿体验 | 12 月下旬 |

## 二、基地化策略

实践活动尤其是校外实践活动存在安全隐患，教育部门、学生家长、教师都很担心，作为教师如果没有充分的准备、提前踩点、做好预案，是不能进行且不能取得实效的。

学校和教师应主动和相关部门联系沟通，实地走访相关单位，了解周边的教育教学资源，进而与相关单位建立长期合作关系，作为实践活动的固定场所。比如珠海市青少年妇女儿童活动中心的科技馆、香洲区中小学生生命体验馆，此类基地一般都免费开放也便于沟通和联系；敬老院（养老院）、儿童福利院等，学校可以在平时或者在重阳节、儿童节组织开展活动；污水处理厂、垃圾焚烧厂等，与公众生活密切相关的地方，适合作为开展环境保护教育基地；珠海市斗门区会同村适合作为特色美丽乡村教育基地；横琴自贸区作为新的改革开放教育基地等等。

## 三、制度化策略

实践活动不同于在学校教室上课，活动的有效开展，涉及人员安排、安全措施等方方面面，开展前、开展中、开展后做什么、为什么做、怎么做等都要想清楚，尤其是校外活动中要及时跟进、随时联系、注意安全，这就对管理提出了更高的要求，因此实践活动的制度一定要健全。

（1）人员分组，选出组长，确定组员，制定小组成员及其家长联系方式表，确保能随时联系；

（2）《活动手册》人手一本，标明活动内容、思考问题、任务要求、注意事项、考核评价办法等，进行量化细化，现实可行可操作；

（3）活动前进行严格的培训，熟知纪律、安全注意事项、活动开展事项等。

通过制度化策略，整体着眼，通盘考虑，科学安排，杜绝仓促低效地走马观花、一窝蜂行动。

## 四、社团化策略

提高实践活动的有效性，靠一学期组织几次活动是不够的，也是不能解决问题的，要把一些活动与学生的兴趣爱好结合起来，开办兴趣班，加以目标章程的制定和约束，就可以社团化，有了社团就可以常态化、规范化、深入化。

当然，社团化需要学校和备课组的大力支持和配合，根据学科老师的强项和兴趣，分别开展活动并予以指导，比如演讲团、模拟法庭团等，必要的时候也可以引进校外优秀专业的人力资源，如专家、学者、教练等为学校社团服务。

## 五、多样化策略

1. 实践活动形式多样化

以往的实践活动大多停留在参观层面，形式单一，学生积极性不高，为了调动学生的积极性，笔者依据课标要求，确定了调查、访问、志愿服务、参观、基地劳动、宣传等形式，其中以志愿服务、调查、访问为重点。

2. 组织形式多样化

一般情况下，校外实践活动以班级为单位开展，但因人数多、安全隐患大、实效性差，笔者分别设计了小组单位、社团单位、班级单位、个人单位四种组织形式。小组和个人适合调查、访问、志愿服务，班级和社团适合基地锻炼、参观、宣传。

3. 展示评价多样化

实践活动尤其是校外实践活动，活动空间和时间弹性较大，人员流动性大，故评价形式需多元化。评价促使学生反思实践过程中的得与失，例如，“我是怎么开展研究的”“我掌握了哪些方法”“研究的过程中有哪些收获和感受”“我取得了哪些成果”“研究中还有哪些遗憾和未解决的问题”“通过研究我有哪些变化”“我产生了哪些新问题”等，有利于学生对已经获得的解决问题的方法进行归纳和总结，有助于学生自我经验的提炼与升华，以及学生反思和总结能力的发展。

（1）自评：每个学生针对自己的活动表现，获得的感受、体验、困惑，填写“自评表”；

（2）互评：小组或社团对“自评表”进行分析并补充完整，给出等级、评语；

（3）成果展示：分别展示图片、活动数据、小论文、探究题目等，由教师给出等级；

（4）纸质测试：结合文本内容与实践活动进行深入分析，测试认识、情感、能力的变化。

**参考文献：**

［1］刘作建、冯俊学、李建明：《公民教育实践活动：社会主义核心价值观教育的新锐载体》，《中学政治教学参考》2016 年第 4 期。

［2］曾夏凤、李初霞：《两翼展示：思想品德主题探究教学主旋律》，《中学政治教学参考》2015 年第 10 期。

［3］张景钦：《让乡土资源成为教学的源头活水》，《中学政治教学参考》2015 年第 1 ~ 2 期。

# 浅谈富有珠海地方特色的综合实践活动课程的实施策略

罗　敏

**摘　要：**《国家九年义务教育课程综合实践活动指导纲要》指出：综合实践活动课程资源的开发在充分发掘学校课程资源的同时，要研究和分析地方和社区的背景和条件，充分挖掘地方自然条件、社区经济文化状况、民族文化传统等方面的课程资源，体现课程资源的地方特色。“立足本土、开发资源、服务地方”，开展富有地方特色的综合实践活动课程对提高学生兴趣、培养学生核心素养有重要意义。在平时历史教学中发现学生对珠海历史知之甚少，对珠海的文物古迹也鲜少问津，因此结合地方历史，开展历史综合实践活动课，使学生通过综合实践活动拉近对本地的认同感，有助于对学生进行爱国主义教育，感悟珠海的城市精神。

**关键词：**综合实践活动课　珠海地方特色

综合实践活动课程是一门综合性课程，以融合的方式实施综合实践活动的四大指定要素，将研究性学习、社区服务与社会实践、劳动技术教育、信息技术教育融合为一个整体，是综合实践活动实施的基本要求。《国家九年义务教育课程综合实践活动指导纲要》指出：综合实践活动课程资源的开发在充分发掘学校课程资源的同时，要研究和分析地方和社区的背景和条件，充分挖掘地方自然条件、社区经济文化状况、民族文化传统等方面的课程资源，体现课程资源的地方特色。

“立足本土、开发资源、服务地方”，开展富有地方特色的综合实践活动课程对提高学生兴趣、培养学生核心素养有重要意义。富有地方特色的资源其生活气息浓郁，不仅易得、易用、实用，而且为学生所喜闻乐见，存在于学生的整个生活世界，与之相关的主题活动也是学生发自内心的真实需求，有利于激发学生开展活动的兴趣。

珠海市第九中学政史地生学科关于初中综合实践活动课程的实践研究，具有学科特色，与身边的教学资源结合，其中历史学科结合珠海地方史，展开一系列综合实践活动探究，增强了学生对本地的认同感，有助于对学生进行爱国主义教育，感悟珠海的城市精神。

## 一、因地制宜，确定富有珠海历史特色的活动主题

在综合实践活动课程中，研究性学习、社区服务与社会实践、劳动与技术教育、信息技术教育在本质上不是课程的内容，而是学生活动的形式，真正的课程内容是活动主题。据调查表明，大部分学生都对地方史的内容有兴趣，尤其是珠海这个城市特有的历史文化。由于临近港澳，珠海在近代历史中更早感受到西方的政治经济文化冲击，中西文化在此交融，造就了海纳百川、兼容并蓄的城市精神。选择富有珠海地方历史特色为主题的综合实践活动课最贴近学生的生活实际和心理需要，对学生最有亲和力，最能激发学生的探究兴趣。

表 4－3 珠海市第九中学历史综合实践活动课程主题

| 年级 | 阶段 | 主题 | 培养目标 |
|---|---|---|---|
| 七年级 | 第一学期 | 家族调查：年的记忆 | 人文底蕴 |
| | 第二学期 | 珠海近代历史名人 | 社会参与 |
| 八年级 | 第一学期 | 珠海历史名胜古迹的保护 | 社会责任 |
| | 第二学期 | 珠海古今科技的发展 | 实践创新 |

## 二、活动实施方式

### （一）总体安排

主题确定后，活动的实施采用全班集体讨论和小组合作研究相结合的形式。以研究主题“珠海近代历史名人”为例，全班同学需要围绕同一个研究主题——“珠海近代历史名人”，通过探究珠海名人了解珠海历史，全班集体讨论后提供探究的珠海名人有陈芳、唐绍仪、容闳、唐国安、容国团等。学生根据自己的兴趣、爱好结合成小组，然后集体搜集资料，开展探究活动，取得结论或形成观点，再经过全班集体讨论或辩论，分享研究成果，具体阶段见下图：

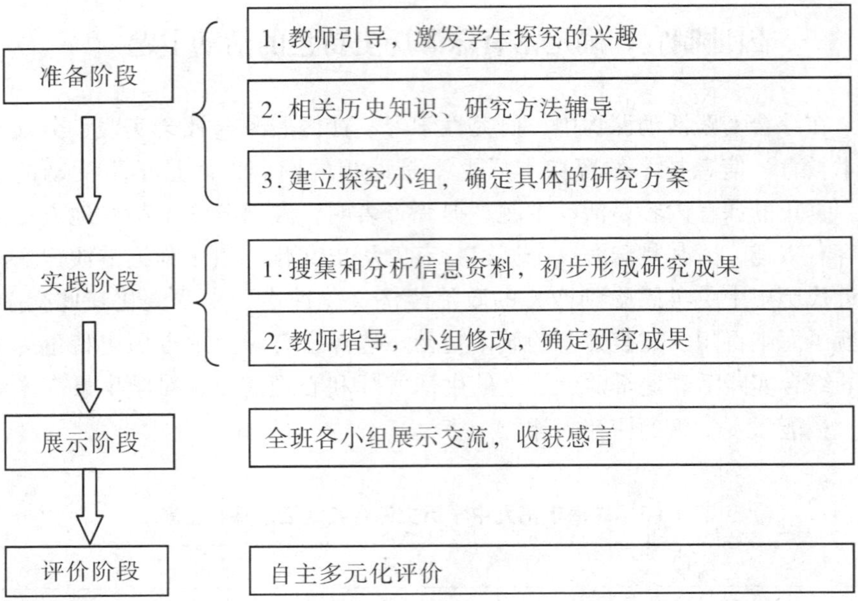


图4－4

### （二）准备阶段

因学生对珠海地方史知之甚少或模糊不清，在进行相关的综合实践活动之前召开专题讲座很有必要。以研究主题“珠海近代历史名人”为例，教师在学生开展实践活动之前召开有关“珠海近代历史名人”的讲座，把珠海历史名人逐一简单介绍，尤其是涉及的珠海文物古迹，同时也要留给学生很多疑问，留给学生的问题越多越好，主要目的是激发学生探究的欲望和揭露事实真相的历史责任感。

此外准备阶段的重要一步是对学生在研究方法、研究途径方面的辅导，这直接牵涉到学生具体如何开展研究，也直接影响到学生的研究成果。常用的历史研究方法有资料搜集法、调查问卷法、实地考察法、参观访问法等，而资料搜集的主要途径包括：查阅档案资料；利用网络查阅资料；查阅书籍报刊资料；采访知情人；搜集口头资料等。这些方法都需要老师在开展实践活动之前对学生进行普及。

在了解最基本的相关知识和方法之后，学生就要自主开展探究了。具体方式是组成研究小组，每组5～7人，并选出组长，在教师的指导下，研究小组制订研究方案，填好小组计划表，主要内容为：探究主题、小组成员、组长组员的分工、活动的步骤、预期成果的展示方式、具体进度安排等。

**表 4－4　研究小组制订小组计划表**

| | | | | | |
|---|---|---|---|---|---|
| 班级 | | 小组名称 | | 组长 | |
| 学科 | | 指导老师 | | 记录人 | |
| 参与成员 | | | | | |
| 活动主题 | | | | | |
| 活动目标 | | | | | |
| 活动分工 | | | | | |
| 具体进度安排 | 第一次：确定选题，讨论分工，组长布置任务 | | | | |
| | 第二次：组长了解成员进度，交流情况，初步展示成果上交 | | | | |
| | 第三次：完善成果，再次上交 | | | | |
| | 第四次：排练，完善，汇报总结 | | | | |
| 预期成果展示方式 | 可供选择：PPT、手抄报、小品、调查报告、活动感想等（必须全组成员上台展示） | | | | |

### （三）实践阶段

在实践阶段中教师要事先提醒学生，在外出活动时注意人身安全。要求学生在整个活动过程中与教师有及时的联系，尤其是碰到困难的时候，师生共同讨论解决的办法。研究小组必须按照小组计划表，进行资料搜集、分析信息资料，小组内初步交流讨论，按时上交初步研究成果，教师要对研究成果适时提出修改意见，小组完善成果，直到教师审核通过。

以研究主题“珠海近代历史名人”为例，该研究小组探究的珠海名人为陈芳，学生先搜集相关资料，了解其一生的成就，教师辅导学生辨别真伪资料，去伪存真，小组组内交流讨论，确定展示成果的主题为：中国首个百万华侨富商，檀香山华人世界缔造者——陈芳。小组再进行实地考察，通过探访陈芳故居——梅溪牌坊，进一步走进陈芳，感悟其人格魅力。在不断完善研究成果后，小组确定以 PPT、手抄报、电子报的形式呈现研究成果。

图 4－5

图 4－6

图 4－7

**（三）展示阶段**

研究小组展示研究成果，不必拘于展示的形式，鼓励学生大胆创新，可以以 PPT、手抄报、电子报、小品、调查报告等形式，但必须整个研究小组成员上台展示，向全班同学发表成果，同时也谈谈自己在探究过程中的心得体会。

以研究主题“珠海近代历史名人”为例，探究陈芳的研究小组展示了主题为“中国首个百万华侨富商，檀香山华人世界缔造者——陈芳”的 PPT，小组成员依次介绍陈芳人生的不同阶段：人生第一桶金→甜甜创业→政治巅峰，展示寻芳之旅——考察梅溪牌坊的所见所得。

图 4－8

图 4－9

探究陈芳的研究小组通过知识答题的形式贯穿整个 PPT 讲解，课堂气氛非常活跃，掌声不断。其中该组成员的感悟：这次的历史实践活动使我们受益良多，也让我们更深入地了解了陈芳。陈芳身上有着许多值得我们学习的美好品质。他的奋斗历史是中国华侨奋斗史的缩影，他们漂泊异乡，凭着中国人的勤劳和智慧打下一片天地。陈芳的身上凝聚着广东人开拓进取、开放包容的文化精神。在珠海水灾时，他能慷慨地拿出三千两白银救助灾民，这不正和四川地震时伸出援手的海外华侨是一样的吗？他身上这种精神值得我们每一个人学习。

通过学生的展示，教师看见了学生无限的智慧和能力，真正体悟“教学相长”的本质和快乐，使自己在教学中更具有民主、开放、人文精神。转变教育观、课程观和教学方式，使教师成为学生学习的促进者、合作者和指导者。改善教师知识结构，促进教师的自身专业化成长。具体地说，对师生而言，是师生在研究中共同成长。

对学生来说，有利于学生理论联系实际，养成学以致用的习惯。既能加深对知识的理解、拓宽知识面，同时也有利于促进历史学科和其他学科知识间的相互渗透与联系，提高学生的综合能力，改进学习方式，培养学生初步的科研意识和科研方法，使其具备一定的科学精神和创新能力，为以后进入高等院校历史专业学习和从事历史学研究打下基础。

**（四）评价阶段**

本课程不是一次就能完成的，而是长期的、反复的过程，本课程开发尚属起步阶段，还需不断完善才能达到课程的最优化。其中包括教学内容的选择更符合学生的兴趣，选择有更多的文字、图片、声音、视频材料的呈现形式，问题设计更有助于学生探究性学习课题的开发，并制定出更为科学规范的学生评价标准。

**参考文献：**

[1] 黎奇主编：《综合实践活动课程实施与实例》，长春：吉林教育出版社 2007 年版。

[2] 郭元祥：《综合实践活动课程的理念与实践》，北京：首都师范大学出版社 2002 年版。

[3] 郭元祥：《综合实践活动课程的理念》，北京：高等教育出版社 2003 年版。

[4] 姜平：《体验新课程——综合实践活动》，长沙：湖南教育出版社 2002 年版。

[5] 刘婉华、罗朝猛主编：《聚焦研究性学习：从理论到实践》，广州：中山大学出版社 2002 年 2 月版。

# 综合实践活动在初一年级政治学科的实践与研究

王　岩

**摘　要：**珠海九中在政史地生学科开展了小范围的综合实践活动与研究，距今已经有一年的实践经验，其中历经了初期的迷茫与探索，中期的坚定与反思，后期的改革与创新。现将实践过程与结果呈现出来，希望对于后来者具有一定的指导和借鉴的意义。虽说我们依然走在路上，但是必要的思路经验梳理不可或缺。综合实践活动是建立在针对社会问题，本着锻炼学生分析问题和解决问题的能力，使其能够有全局和大局观念，多角度思考问题，同时和自己小组的成员建立友谊，与此同时发展学生的竞争与合作意识。在活动中，锻炼自己的领导能力、协调能力以及对综合信息的正确处理能力。最为重要的是，因此而形成的道德观念在现实中得到强化，慢慢形成比较成熟的人生观与世界观。

**关键词：**综合实践活动　可操作性　学生主体

在当今信息时代的大背景下，学生会面对各种各样复杂的问题，单纯用学校的知识来应对家庭、学校乃至社会的各种问题，那是十分不够的，当面对摔倒的老人及与同寝室室友关系不良等问题时，这样的知识略显单薄。因此，有必要开展综合实践活动来提升学生的综合素质。综合实践活动是建立在针对社会问题，在锻炼学生分析问题和解决问题的能力的基础上，使其能够有全局和大局观念，多角度思考问题，同时和自己小组的成员建立友谊，与此同时发展学生的竞争与合作意识。在活动中，锻炼自己的领导能力、协调能力以及对综合信息的正确处理能力。最为重要的是，因此而形成的道德观念在现实中得到强化，慢慢形成比较成熟的人生观与世界观，对于学生的一生都会是受益无穷的。

《国家九年义务教育课程综合实践活动指导纲要》指出综合实践活动的产生既适应了学生个性发展的需要，又适应了社会发展的需求。每一个学生的个性发展都具有独特性、具体性，每一个学生都有自己的需要、兴趣和特长，都有自己的认知方式和学习方式，综合实践活动为每一个学生个性的充分发展创造了空间。当今社会迅猛发展，产生了一系列新的问题，如环境问题、道德问题、国际理解问题、信息科技问题等，这些问题都具有跨学科的性质，综合实践活动为学生参与、探究、理解这些新的社会问题提供了机会。

根据以上精神，九中在政史地生学科开展了小范围的综合实践活动探究，现在已经有一年的实践经验，其中经过了初期的迷茫与探索，中期的坚定与反思，后期的改革与创新。现将实践过程与结果呈现出来，希望对于后来者具有一定的指导和借鉴的意义。那么，什么是综合实践活动呢？

综合实践活动是国家规定的从小学至高中设置的必修课程，其指定领域为：研究性学习、社区服务与社会实践、劳动与技术教育、信息技术教育。综合实践活动不是教育层面的一种具有独立形态的课程；作为一种特殊的课程形态，综合实践活动课程打破知识体系和技能体系的学科界限，强调以学生的经验、社会实践和社会问题为核心，是一种在学生生活领域养成综合实践能力、创新和探究能力的发展性课程。

综合实践活动是现代教育中的个性内容、体验内容和反思内容，与传统教育片面追求教育个体的发展、共性和知识有所不同，综合实践活动提供了一个相对独立的学习生态化空间，学生是这个空间的主导者，学生具有整个活动绝对的支配权和主导权，能够以自我和团队为中心，推动活动的进行。在这个过程中，学生更谋求独立完成整个活动，而不是聆听教诲和听取指导。教师在综合实践活动这个生态化空间里，只是一个引导者、指导者和旁观者。

所以，笔者认为综合实践活动是未成年人在教师有计划的指导下，进行的某种有目的的活动，这种活动具有可操作性，贴近未成年人的生活；这种活动具有综合性，可以结合多学科知识形成复杂知识网络；这种活动具有研究性，要有理论高度，要有前瞻性和时代性。

九中初一年级学生近 900 人，采取小组教学模式，学生各具特色，活泼好动并且十分可爱，具有沿海开放城市的开放精神和视野，对于事物的认识还具有青春期色彩的偏激与片面，同时可塑性高。教师近 40 人，专业从事政治教学任务的教师有 2 人，形成一老一少的合作模式。为了在九中初一年级政治科组顺利开展此项活动，我们专门组建了政史地生综合实践科组，前期进行策划，试点尝试并展示，笔者承担了政治科组方面的试点展示任务。所以，对于综合实践活动，笔者认为最重要的有以下几个步骤：

## 一、选题要慎重

常有人说“好的开始是成功的一半”，而选题就是政治综合实践活动成功的那一半。选题要让学生感兴趣，要有学科观念，并且还要有系统性、时代性和可操作性。最为头痛的是，没有什么可以参照的教学课本，全部要靠教师的知识储备和学生的兴趣爱好来制定。所以，笔者综合考虑了初一学生的特点以及政治教学的内容，选定了几个主题方向，譬如抵制诱惑、自立、自强以及生活消费小调查这四个方面，作为一堂展示课肯定要有一个名字的引领，笔者认为现在都号召要将孩子培养成未来的人才和国家栋梁，那就命名为“我是优秀小公民”！殊不知就是这样的命名也导致了不小的失败，因为中国“小公民”道德建设计划——“小伙伴”“小主人”“小帮手”“小标兵”“小卫士”，即“中国五好小公民”是这样的：

（1）“小伙伴”：在学校做团结友爱、互相帮助、尊重他人、善于合作的“小伙伴”。

（2）“小主人”：在独立面对生活时做胸怀宽阔、心理健康、勤奋自主、善于创新的“小主人”。

（3）“小帮手”：在家做孝顺父母、关心亲人、勤俭节约、热爱劳动的“小帮手”。

（4）“小标兵”：在社会做热爱祖国、文明礼貌、诚实守信、遵纪守法的“小标兵”。

（5）“小卫士”：在社会和公共场所做爱护公物、讲究卫生、保护环境、遵守秩序的“小卫士”。

虽然距离标题稍微有一点偏差，但是对于选题的要求还是基本符合的。不过，选题依然要保持专业的严谨性。

选题要精炼，本校的生物科组就选择了一个非常短小精悍且又内涵丰富的题目，他们选择的题目是“家居生活对身体健康的影响”，其中包含了家电对人体健康的影响、养植物花草对人身体健康的影响、养宠物对人身体健康的影响等，具有系统性且贴近生活实际，题目也很吸引人，所以选择题目要精选，不要贪大贪多。如果再选一次题目，也许我会选择自立或者自强，在这一两个小点的基础上再寻找拓展的空间，譬如“中国五好小公民”就是青少年具有自立精神的体现。

## 二、指导要到位

面对一群刚刚告别孩童时期的小孩，对于他们的要求和期许不要太高，想要达到一定的效果，就必须有恰当的指导与督促。对于小组的选题一般采取的是自由选题，这样才可以保证高度的行动力和强劲的兴趣，对于学生们成果的展示要有要求，否则就会是一两张照片，一个几页的PPT而已。所以，第一步要让学生进行选题，同时教师予以选题指导，即选这个题目要做些什么事，最后可以以哪几种形式展现给大家。譬如选择自立为综合实践活动主题的小组，笔者就会给予一定的指导，比如在我们生活学习这些方面，都需要我们要有自立的能力和自主的精神，自己怎么证明自己能做到呢？因此，当时选择这一题目的第二小组就加入了讨论自立的必要性的内容，于是抵制诱惑小组就进行了本班学生一天买零食的情况调查和中学生午休时违规进入网吧的调查。要相信学生的创造力和实践力，但也要给予学生必要的思考方向。

跟踪要及时。当你面对一个班级甚至一个年级的学生的时候，所有的活动过程都是要跟踪进度的。因为学生的情况各不相同，能力也是有差异的，不可能每一个学生都会积极地表现自己，这个时候就需要教师及时督促和检查，同时也能够给予恰当的指导。当时在十班进行综合实践活动时，第三组就是积极参与、不甘落后的小组，所以在四改后呈现了轰动的效果，但同样选题的第四组最后却草草了事，这样的情况就要予以制度上的惩罚。为了下一次能够顺利进行这样的活动，要让学生明白不努力是不能成功的，成功是绝不会对不努力的人予以青睐的。这样也是人生的一课，不是吗？

## 三、展示要培训

能够做得出来的小组不一定表现出很好的效果，表现自我也是我们学生要学会的技能之一。面对全班同学以及来听课的众多老师，紧张是在所难免的，所以所有的步骤都应该提前预演几遍。教师这时候要对每个小组进行培训，比如礼仪培训、进退场培训、语音语调培训等等，甚至对PPT的制作，动画音乐的选择也要予以一定的指导，这样一堂成功的政治综合实践活动才能画上圆满句号。

## 四、制度要健全

管理制度就是小组长管理制度。教师直接找九个小组长，九个组长各自找自己的组员，任务明确，将责任落实到每个人身上，做事才能事半功倍。参与此项活动的小组长具有组长权力和职责，权力就是给小组成员打分，职责就是要组织和带领好本小组成员完成小组任务。对于活动的分数也采取细化的原则，第一次看交上来的资料是否齐全，是否有拖延等情况，如果没有再按质量打分，有的话直接降低一个档次；第二次重点按质量和修改完善的程度打分；第三次将权力下放给全体学生，进行展示打分，综合以上三个分数，再按一定的比例计入期末成绩。为了能够引起学生足够的重视，我们将活动分数以百分之四十计入期末总分，这样就算学生都参与到活动中来，也都能够得到锻炼。我们坚信，好的制度必定能够激发学生的潜能并且能够规避风险和弊端，当然所有的制度都在完善之中。譬如，我们进行的第二次大规模的综合实践活动就是学科组成员一起讨论定下的题目和具体方向，这样就将选题难度降低，同时也避免了因为个人问题而造成选题偏颇的现象。同时我们也在试图拓展我们实践的领域和内容，我们学校开展了暑假书香活动、义工活动、社区服务等活动，这些都在初期尝试中，还没有完善总结，但是这些都是综合实践活动的内容，对学生、对社会都有积极的作用。

# 让思想政治综合实践活动课真正既"活"起来又"动"起来

梁玉葵

**摘　要：**初中思想政治《新课程标准》十分重视对学生能力，特别是分析问题、解决问题能力的培养，从教学方法上也突出强调要大力加强"实践活动"课教学环节，以有意识地提高学生的实践能力和创新能力。上好思想政治综合实践活动课关键要使学生既"活"起来又"动"起来。本文从走出误区，学生既能"活"又能"动"；认真组织，学生既乐"活"又乐"动"；把握关系，学生既善"活"又善"动"三个方面阐述了如何让思想政治综合实践活动课真正既"活"起来又"动"起来。

**关键词：**思想政治　综合实践活动课　活动

初中思想政治综合实践活动课作为一种新课型，是课内课外相辅相成、并行发展的全新教学组织形式，是一个不可缺少的重要教学环节。但是综合实践活动课教学怎样才能让学生真正既"活"起来又"动"起来，是众多教师遇到的头疼问题。本人就综合实践活动课教学中的"活"与"动"，结合自己的教学实践谈点体会。

## 一、走出误区，让学生既能"活"又能"动"

### （一）误区一：综合实践活动课是一个可有可无的教学环节

受长期的应试教育和传统的教学模式的影响，有些思想政治教师看不到综合实践活动课的意义所在，总认为综合实践活动课不实在，可有可无。于是，有的把综合实践活动课上成了"自习课"或"放羊课"；有的虽然在形式上上了综合实践活动课，但主题不突出，组织不严密，无任何效果；有的甚至把综合实践活动课的内容放在一边，不予理睬。

综合实践活动课是素质教育的必然要求，是培养学生能力的有效途径。当今社会需要的是素质高、能力强的人才，这就要求我们的教学应该注重学生素质的提高和能力的培养，要使我们的教育真正成为一种能力教育。而加强综合实践活动课这一教育环节，就是有意识地去培养学生的实践能力和创新能力。因此，我们每一位思想政治教师都不应该把综合实践活动课看成是可有可无的环节，而应当把它作为呈现教学内容不可或缺的重要环节，要从教育和教学目标的要求上去认识综合实践活动课。

**（二）误区二：综合实践活动课是一种巩固教学效果的手段**

综合实践活动课的内容是独立的、比较重要的基础理论知识，并非对某一章节的总结。《新课程标准》对这些知识的掌握也有独立的、比较高的要求。如果我们把综合实践活动课当作是教学效果的巩固手段的话，那就达不到综合实践活动课的目的，在知识的掌握、能力的培养方面都实现不了综合实践活动课的独立要求。

**（三）误区三：综合实践活动课的内容不是教学的必须内容**

现在一些思想政治教师，因为对综合实践活动课缺乏正确的认识，加之对新一轮《课程标准》和教材钻研、领会不够，所以，总认为综合实践活动课的内容不好考，也不会考，所以在教学中总是将其淡化。

《新课程标准》中用“活动”层次的要求代替了原《课程标准》的“运用”层次的要求，如前所述，综合实践活动课的内容又具有独立性，由此可见，综合实践活动课的内容不但是教学的必须内容，而且是教学的重要内容，其中的基本理论，要求学生能运用到实际中去，用它来分析和解决实际问题。所以，这就要求学生不是一般性地掌握好综合实践活动课的内容，而是要求学生在理解的基础上，灵活地运用综合实践活动课的知识内容。

综合实践活动课，不但要求在“活动”和“实践”中掌握一些理论知识，而且还要求学生在“活动”和“实践”中，提高多种能力。所以，它对教师的本人素质和工作要求不是降低了，而是大大地提高。这样看来，思想政治教师必须走出以上误区，以严肃认真的态度来对待综合实践活动课，否则，是无法完成思想政治的教学任务的。

## 二、认真组织，学生既乐“活”又乐“动”

**（一）搜集、分析信息，让学生提前在课外动起来**

人们的认知过程总是由感性到理性，材料是感性的，课本知识是理性的，只有通过丰富的感性材料认识才能逐步上升到对理论知识的理解运用上。课前可让学生围绕一个主题搜集信息，通过查看报纸、杂志、访问、调查、上网、观看电视专题等手段进行。上课时将学生课前搜集的案例信息，在适当时间让他们展示出来，对理解课本知识起到深化的作用，真正做到把课堂延伸到社会，把社会融进课堂，让学生都动起来。

**（二）形式多样，让学生在课堂上动起来**

综合实践活动课的内容固然重要，但形式也是不可缺少的，二者相辅相成，密不可分。基于此，在综合实践活动课的形式上，可在以往的班级活动的基础上，采取班级活动、小组活动与个人活动相结合等多种形式。具体形式主要有：演讲、讲座、辩论赛、实地参观、社会调查、撰写小论文等等。内容不同，形式也有所区别，但每一种形式得以恰当运用都会收到良好的效果。班级统一活动，易于增强学生的集体观念和你争我比的氛围。多种活动形式既面向全体，又关注个体差异，使不同类型的学生在知识、能力、心理品质等方面都有不同程度的提高。

**（三）情感体验，使学生在心灵里动起来**

根据活动的内容和方式，需要情景模拟，让学生转换角色，想象着自己当时就置身其中，激发学生的活动热情，引导学生在交流活动中获取知识、陶冶情操、发展完善的人格，让他们切身感受，引起内心的共鸣，以便付诸实际行动。这类活动的开展更加关注学生内心的精神世界和情感世界，使其个性更加完善。

**（四）体验成功，让学生在意愿上动起来**

心理学表明，成功的生活经验是个人自尊自信的基础。多年的教学实践，使本人有一个重要的体会：失败是成功之母。要给学生以成功的体验，让学生相信自己的能力，激励他们不断追求成功，这种成功感对学生的终身发展是很重要的。综合实践活动课的开展，为学生提供了一片施展才华、体验成功的广阔天地。在开展一系列活动的基础上，让学生展示、介绍自己的成果，使学生在成就感中获得成功的喜悦和自信，发现自己和他人的长处，不断努力，不断学习。

初中思想政治综合实践活动课教学的着眼点应放在考虑如何使学生得到自主发展，而不是停留在活动本身和表层，不能为活动而活动，综合实践活动成果要呈现。这有利于学生对已经获得的解决问题的方法进行归纳和总结，有助于学生自我经验的提炼与升华，以及学生反思和总结能力的发展。同时，教师也在这一环节中与学生一起成长、共同提高。

## 三、把握关系，让学生既善“活”又善“动”

### （一）要处理好主体与主导的关系

要培养学生的创新意识、能力和个性，教师就要在综合实践活动课课堂教学中尊重学生的主体地位，激发学生主动学习、实践、领悟、探索、创新。当前，有许多教师越俎代庖，代替学生学习。例如，开展小组讨论，教师帮学生查阅资料，然后把资料分发给学生，要求学生按照自己设计的方案、步骤，按部就班地由学生代表发言，最后由教师进行小结，依据教师所谓的标准答案，对学生的发言进行评判。这样的综合实践活动课，把学生牢牢地套在框框里，既不能调动学生的积极性，更不能培养学生的创新精神。

诚然，我们在肯定学生主体地位的同时，并不能否定教师的主导作用。事实上，由于学生的社会阅历、知识水平和年龄特点，决定了综合实践活动课堂教学和实践活动都离不开教师的指导，离开了教师的指导，学生的学习就成为无舵之舟，学习就存在盲目性。所以，要正确理解和发挥教师的主导作用。在创新教育中，教师的主导作用应该体现在：通过点拨思路，启动学生的创新思维；通过学法指导，使学生自觉学习；通过鼓励学生标新立异，使学生自我创新。

### （二）要处理综合实践活动课过程和结果的关系

初中阶段思想政治创新教育的目的是使学生拥有求知的信念、科学的观点、实践的精神和创新的热情。因此，教师在综合实践活动课教学中，应该更重视学生的创新过程，而不是创新结果。要看学生参与活动的热情是否高昂，是否从多角度、多层次去考虑问题、分析问题、解决问题，得出的观点和结论是否新颖。至于活动的结果并不是最重要的。因为中学生的知识基础并不足以形成系统的科学方法和正确的判断能力。因此，教师不要把学生的创新结果作为主攻方向，而应该着重培养学生的创新思维和动手、动脑、动口、灵活运用知识的能力。

### （三）要处理好因材施教与面向全体的关系

教师在设计综合实践活动课教学方案和教学中，要照顾每个学生，使综合实践活动课成为学生的内在需要和表现自我的平台，让学生在自觉意识与能动作用的支配下进行学习，使学习成为一种愉悦的活动。因为学生在社会阅历、知识水平和身心特点等方面存在差异性，决定了每个学生都有自己的个性。因此，教师要因材施教，使每个学生都在先天赋予和后天发展的基础上，学有所得，学有所乐，使学生的个性通过创新教育得到充分的发展。综合实践活动课不应只是教师或学习成绩好的学生的活动场所，而更应该是全体学生活动的乐园，应让有不同爱好和兴趣的学生都积极地参与到各种活动中去，使他们各得其所、各尽其能，让每个学生“动”起来。

**（四）要处理好课堂教学和社会实践活动的关系**

综合实践活动课离不开课堂教学，在教学中，教师除了向学生传授基本知识外，重点要利用教材中的创造性因素对学生进行创造思维的训练，培养学生的复合思维能力和发散思维能力。传统的讲授课主要是在课堂内进行，综合实践活动课则不然，它的真正意义在于“活动”。所以在大多数情况下，综合实践活动课是课内与课外的有机结合；在特殊情况下，课外所占的时间和空间可能会更多。就课本中的综合实践活动课而言，有相当一部分就是要求学生广泛搜集材料然后进行分析，可以说，没有充分的搜集材料的功夫，所谓提出问题、分析问题，就只能是纸上谈兵。而要搜集多方面的材料，就要充分利用课外时间进行社会实践。教师要善于组织学生利用课外时间认真细致地做搜集材料的工作。这就要求教师要善于处理课堂教学与社会实践的关系，不能局限于课堂，局限于书本，要向现实生活寻找素材，敢于让学生走出去。教师要辩证地处理课内与课外的关系。

总之，思想政治综合实践活动课安排要根据教学内容实际，既要体现“活”更要体现“动”，使每个学生都参与，防止综合实践活动课成为少数学生的表演课；综合实践活动课要注重对学生能力的培养，教师指导而不主导；综合实践活动课要注重课内课外的有机结合，充分利用社会教育、家庭教育的资源和优势，在教学实践中不断创新，真正使综合实践活动课教学成为促进学生学习和发展的最佳途径和手段。

# 后　记

综合实践活动是课程改革中一个重要的组成部分，从课改纲要提出到现在已经有十几个年头了。在此过程中很多地区、学校和教师都依据自己对综合实践活动课的理解和想法进行一系列操作层面的实践，总结出一些经验和方法，但实际上真正在学校中能够贯彻实施的却寥寥可数，很多综合实践活动课只是课改观摩课，而非常态课。这其中的原因有很多，笔者认为比较重要的有三点：第一是一线教师没有转变观念，对于综合实践活动课的理解仅仅局限于活动，而非实践；第二是在目前教育系统的分科体系下，综合的概念很难操作和实施；第三是学校层面上的不重视，在评价方式依然以考试为主的形势下，学校课程的设置还是围绕考试科目构建的，所以综合实践活动课在基础教育中很难发挥其优势。

本书的内容是建立在长达三年的省级课题的探索研究基础上形成的。此次课题的主持人是学校主管教学工作的副校长，所以本次研究得到了学校层面的大力支持，保证了研究的时间、地点和参与人员的稳定性；同时由于联合了学校政治、历史、地理、生物四个学科的骨干教师同时进行了点面结合式的探索，打破分科体系，将重点放在“综合”二字上。虽然找到了关键问题，但是在研究过程中笔者并不是理论指导实践，而是选择自下而上的实践—理论的过程。先请四个学科的青年教师按照自己对学科知识的认识和对综合实践活动课的理解进行实践层面的操作，然后学科内老师进行听评课，搜集问题，总结探索适合本学科的综合实践活动课的操作模式。因为出现的问题都来自实践层面，所以解决的办法更具有效性和操作性。因对本学科的综合实践活动课有了一定的直观经验积累，在进行不同学科融合时，老师们的主动性更强，方向性更明确。

三年的研究时间过去了，由于搜集了大量一手资料，总结了一定的实施策略，我们的课题也得到上级部门的认可并顺利结题，但这并不代表我们的研究结束了。我们只是走完了从实践到理论的道路，而从理论到实践的再磨合还需要相当长的时间来完成。一般基层的教育研究都很喜欢以模式化来体现研究成果，以展现研究成果的可操作性。但是科学研究都有一定的实验条件的预设和掌控，因此产生的模式可能只是适应某个地区、某个群体的需要。所以在整理本书内容时，我们更多的是展现研究的过程，期望让读者更多地了解我们的观点产生的基础和经过，从而对结果有更全面的了解。并且在表述时，我们更偏向具体的案例和对细节的描述，让读者在身临其境中思考、批判，而不是对于理论的阐述和宣扬，这也是一线教师作为研究者的特点。“有一千个读者就有一千个哈姆雷特”，也希望每个读者在阅读后都有一定的感触和思考。

三年的研究虽然给我们带来了大量的案例和实施策略，但也给我们留下更多的困惑和思考。例如，如何进行综合实践活动课教材的系统性开发，如何培养学科教师的综合素养，如何将综合实践活动课和学科教学有机地结合在一起……这些都会成为我们接下来研究的主要方向，然后通过每一个主题的研究成果来不断修正我们之前所得出的结论。

简言之，对于综合实践活动课的研究，我们依然在路上。

编　者

2018 年 3 月